Knaur
MensSana

Von Marko Pogačnik sind außerdem erschienen:

Schule der Geomantie
Wege der Erdheilung
Erdsysteme und Christuskraft
Elementarwesen

Über den Autor:

Marko Pogačnik, geboren 1944 In Kranj/Slowenien, studierte Bildhauerei. Er leitet weltweit Seminare und Lithopunkturprojekte zur Heilung von Orten und Landschaften.
Marko Pogačnik ist Dozent an der 1995 gegründeten »Schule für Geomantie – Hagia Chora«.

Marko Pogačnik

Die Erde wandelt sich

Erdveränderungen aus geomantischer Sicht

Aus dem Englischen von
Diane von Weltzien

Knaur
MensSana

Besuchen Sie uns im Internet:
www.droemer-weltbild.de

Originalausgabe 2001

Redaktion: Regina Konrad
Umschlaggestaltung: ZERO Werbeagentur, München
Satz: Ventura Publisher im Verlag
Druck und Bindung: Nørhaven A/S
Printed in Denmark
ISBN 3-426-87097-5

2 4 5 3 1

Ich widme dieses Buch meinen wichtigsten Lehrern: meiner lieben Frau Marika, unseren Töchtern Ajra und Ana und meinem Weggefährten William Bloom, der mich in den schwersten Zeiten unterstützte.

Inhalt

Einführung

Es ist kaum zu glauben, und doch belegen es die Erfahrungen, die ich während meiner Arbeit an zahlreichen Erdheilungsprojekten gesammelt habe: Die Erde hat sich in den Jahren 1998 bis 2000 von Grund auf verändert. Die Erdwandlungen fanden auf allen Ebenen statt – am wenigsten jedoch auf der physischen Ebene, die zu beobachten wir gewöhnt sind.*

Das vorliegende Buch hat den erneuerten Erdkosmos zum Thema, der bereits überall um uns her pulsiert. Da wir einer Zivilisation angehören, die ausschließlich nach der physischen Ebene des Lebens giert, bemerken wir Veränderungen in anderen Bereichen kaum. Wir denken, fühlen und handeln auch weiterhin auf der Basis unserer altvertrauten Muster und ignorieren die fantastischen Möglichkeiten, die uns das vibrierende und nun vollständig erwachte Erdbewusstsein bietet.

Ich gehörte ebenfalls zu jenen, die nicht begriffen, was an der Schwelle des neuen Jahrtausends mit unserem Planeten geschah, doch merkwürdige geomantische Erfahrungen, in meinen Träumen übermittelte Alarmsignale und die von meinen Töchtern Ana Pogačnik und Ajra Miška empfangenen Botschaften aus dem Engelbewusstsein haben mich wachgerüttelt. Nachdem ich den inneren Ruf erst einmal akzeptiert hatte und beobachtete, was sich in mir und um mich herum veränderte, verdichteten sich rasch die Hinweise auf einen einzigartigen Transformationsprozess. Durch meine weltweite Arbeit im Bereich der Erdheilung und Geomantie boten sich mir genügend Gelegenheiten, um relevante und bestätigende

* Die Essenz dieser verschiedenen Ebenen beschreibe ich ausführlich in meinem Buch *Schule der Geomantie* (München: Knaur, 1996) – siehe insbesondere Seite 61 bis 86 und Seite 235 bis 436.

Erfahrungen auf der ätherischen, emotionalen, geistig-seelischen und sogar auf der physischen Ebene zu sammeln.
Wir müssen davon ausgehen, dass die Veränderungen, die auf den inneren Ebenen des Planeten fast zum Abschluss gekommen sind, nach und nach in unsere physische Wirklichkeit vordringen. Dies könnte durch ein dramatisches Hereinbrechen der neuen Wirklichkeit in unsere Welt geschehen. Daher ist es erforderlich, dass wenigstens ein bestimmter Prozentsatz der Weltbevölkerung vorbereitet ist und über spirituelle Hilfsmittel verfügt, die ein Zusammenspiel mit den vielfältigen Veränderungen ermöglichen. Sonst besteht die Gefahr, dass wir von den Erdwandlungen überrannt werden.
Das Ziel dieses Buches ist es folglich:

- Den Leserinnen und Lesern meine persönlichen Erfahrungen und Einsichten im Hinblick auf die Veränderungen als Spiegel anzubieten, mit dem sie die eigenen Intuitionen, Träume und Wahrnehmungen besser verstehen lernen.
- Die Offenbarung des Johannes als die vollkommene Leitlinie zu entschlüsseln, die der Menschheit rechtzeitig zur Verfügung gestellt wurde, damit sie sich im Labyrinth der in der jüngsten Vergangenheit erfolgten Erdwandlungen nicht verliert.
- Übungen beizusteuern, die eine Einstimmung auf die neuerlich hervortretenden Kräfte und Qualitäten unterstützen und die Wahrnehmung der unsichtbaren Dimensionen der Wirklichkeit ermöglichen, sowie Meditationen und Gruppenrituale vorzustellen, die den Prozess der Erdwandlungen harmonischer ablaufen lassen.
- Die Geomantie als universelle Sprache einzuführen, mit deren Hilfe man Verbindung mit Welten und Dimensionen jenseits des Physischen aufnehmen kann. Eine solche Spra-

che benötigen wir dringend, um die vollständige Entfremdung zwischen uns und den verschiedenen Aspekten und Seinsweisen des hervortretenden multidimensionalen Erdkosmos aufzuhalten.

Marko Pogačnik
Šempas, im April 2000

1. Erdwandlungen im Überblick

Ende November 1999, an der Schwelle zum neuen Jahrtausend, besuchte ich Saõ Paulo in Brasilien. Können Sie sich vorstellen, wie diese von einer Stadt bedeckte Landschaft, die Behausungen für mehr als 20 Millionen Menschen bietet, überleben soll, wenn sie nicht richtig atmen kann? Wohnblöcke und große Gruppen von Wolkenkratzern bedecken abwechselnd eine Fläche, die sich Kilometer um Kilometer ausbreitet. Die Natur hat hier zum Atmen keinen Platz. Selbst die Parks sind so angelegt, dass sie die Anforderungen ihrer städtischen Nutzer erfüllen: Sie sollen hauptsächlich Raum für Spaß und Erholung bieten.

Um die Qualität der Bodenstrahlung zu prüfen, ließ ich meine linke Hand wieder und wieder über dem Boden federn*, während ich an mehreren U-Bahn-Stationen auf meinem Weg in die Innenstadt anhielt. Ich wollte herausfinden, wie die Struktur dieser sich endlos ausdehnenden Stadt sich auf die Lebenskräfte auswirkte. Doch ich musste feststellen, dass da nichts war, was man hätte spüren können. Die Lebenskraft sollte eigentlich bis weit über den Kopf hinaufreichen – dies konnte ich in jungfräulichen Wäldern und an anderen Orten beobachten, die ganz und gar ihre ursprüngliche Natur bewahrt hatten. Doch in der rational strukturierten Megalopolis von Saõ Paulo trifft dies nicht zu. Hier kommt man überwiegend zu der Auffassung, dass die Lebenskraft erschöpft ist und sich in eine dünne Vibrationsschicht verwandelt hat, die jeden Moment den Blick auf den Abgrund des Todes freigeben könnte.

* Ich teste die Bodenstrahlung, indem ich meine Hand über den Boden halte, sie locker hebe und senke, damit sie dem Strahlungsmuster folgen kann.

Doch wurde mir in Saõ Paulo eine Überraschung zuteil. Als ich mit meinem Gastgeber Franklin in die Stadtmitte ging, kamen wir auf einen mit Bäumen bepflanzten Platz vor der Kathedrale, den die Einwohner »Se« nennen. Plötzlich rief Franklin erstaunt: »Hier ist ja eine Mauer!« Im Verlauf der letzten paar Jahre durfte ich seine Fähigkeit ausbilden, die unsichtbaren Dimensionen des Lebens wahrzunehmen. Franklin organisiert meine jährlichen Workshops und Vorträge in Brasilien, und so haben wir häufig die Gelegenheit, gemeinsam durch das Land zu reisen und uns über unsere Erfahrungen mit den subtilen Ebenen bestimmter Orte und Landschaften auszutauschen. Folglich hatte ich guten Grund, seinen Wahrnehmungen zu trauen und selbst zu überprüfen, welches Phänomen sich dort mitten auf dem lärmerfüllten Platz befand. Ich hielt einen Moment inne, führte mein Bewusstsein tief in mein Inneres und in das Zentrum meines Seins, schloss meine Augen und machte mich bereit. Was ich »sah«, war geradezu unglaublich. Ich erkannte eine Säule, die sich aus subtilen, aber kräftigen Vibrationen zusammensetzte und die Qualität weißen Kristall-Lichts hatte. Sie stand im unmittelbaren Kontrast zu den chaotischen Rhythmen, die die Menschen auf dem Platz zum Bild beitrugen, und zu der ungewöhnlich schwach ausgeprägten Lebenskraft des Platzes selbst. Also drang ich in die »Säule« ein, die einen Durchmesser von etwa zehn Metern hatte, und betastete sie, um die Atmosphäre in ihrem Inneren mit meinem Körper zu spüren und mich auf ihre emotionale Essenz einzustimmen.

Es gab keinen Zweifel, diese Lichtsäule entsprach in ihrer Qualität genau jenen, auf die ich bereits an verschiedenen anderen Orten in Europa gestoßen war und die erstmals nach dem 10. Februar 1998 in Erscheinung getreten waren. Seit diesem Datum spüre ich die Manifestation bedeutender Erdwandlungen. Ihre Ähnlichkeit mit anderen Lichtsäulen er-

kannte ich daran, wie meine Hand, nachdem ich sie auf die emotionale Qualität des Ortes eingestimmt hatte, sich im Zeitlupentempo bewegte und einen vollkommenen Kreis in der Luft beschrieb. Doch die Ähnlichkeit basiert nicht allein auf der kreisförmigen Bewegung; weit typischer für dieses neue geomantische Phänomen ist der Eindruck ewiger Schönheit, der mit ihm einhergeht. Mir erschienen diese »Säulen« wie die unsichtbaren Hände des Himmels auf Erden. Sie wachsen offenbar aus dem Boden heraus und leiten die edelsten Impulse des Universums auf die Erde.
Bei der weiteren Untersuchung der Stadtlandschaft von Saõ Paulo stieß ich noch auf eine Reihe weiterer solcher »Inseln vollkommenen Lichts«. Es wurde offensichtlich, dass diese heilenden Lichtsäulen, die im Durcheinander des sehr geschwächten Organismus für Stabilität sorgen, dem drohenden Kollaps der Lebenskraft in dieser Stadt entgegenwirken. Die Erde mobilisiert wohl Selbstheilungskräfte, um den Zusammenbruch des existierenden Kräftesystems zu verhindern und einen festen neuen Kern zu schaffen, um den herum sich im Verlauf der Erdwandlungen* neue Wirklichkeitsschichten aufbauen können.

Die Lichtinseln waren jedoch nicht das einzige hoffnungsvolle Phänomen, das ich an diesem Tag in Saõ Paulo wahrnahm, in einer Stadt, die ein außergewöhnlich schwieriges geomantisches Forschungsfeld darstellt. Immer, wenn ich anhielt, um mit der oben beschriebenen Methode die Ausstrahlung des Bodens zu testen, nahm ich wahr, dass sie zwei Seiten besaß. Einerseits erkannte ich die extreme Verkümmerung der vom Boden ausgehenden Lebenskraft – die erstickenden Bedin-

* Im vierzehnten Kapitel meines Buches *Erdsysteme und Christuskraft* (München: Knaur, 1998) habe ich diese Erdwandlungen bereits zum Thema gemacht.

gungen der Stadt machten dem Erdorganismus das Atmen unmöglich. Andererseits gelang es meiner Hand, wenn ich mich auf das Luftelement konzentrierte und sie dann zum Boden hin federn ließ, um die Qualität der Erdstrahlung zu ermessen, die richtige aufsteigende Spirale zu ziehen: ein deutliches Zeichen für das unverminderte Vorhandensein der Lebenskraft. Wie ist dieser erstaunliche Widerspruch zu verstehen?

Auch wenn dies zunächst vielleicht unglaublich erscheint: Seit Februar 1998 zeigt mir die Wirklichkeit zwei Gesichter, die wie parallel nebeneinander existieren. Einerseits bin ich mir des turbulenten und instabilen Zustands der »alten«, uns vertrauten Erde bewusst. Sie ist von den Narben und Traumata gezeichnet, welche Jahrtausende menschlicher Entwicklung und insbesondere die ungewöhnliche Aggressivität des vergangenen Jahrhunderts ihr zugefügt haben. Ich beziehe mich damit nicht nur auf die überall offensichtlichen ökologischen Schäden, sondern auch auf die emotionalen Spuren menschlichen Leids, ob es nun durch Kriege, Kolonisation oder durch die fortgesetzte Missachtung der Menschenrechte verursacht wurde.

Andererseits nehme ich seit dem 10. Februar 1998 eine zweite, parallele Wirklichkeit wahr. Ich glaube, dass sie im Begriff ist, sich zu manifestieren, und dass sie in Zukunft die entscheidende Rolle übernehmen wird. Man kann sie an einer anderen Art Bodenstrahlung erkennen, die ich seit diesem Tag in zahlreichen Ländern und auf mehreren Kontinenten festgestellt habe. Diese Strahlung hat eine besonders frische und unverdorbene Qualität, die sich leicht von jener der »alten Erde« unterscheiden lässt. Wie bereits erwähnt, nimmt sie die ausgeprägte Form einer Spirale an oder lässt sich mit der Qualität des Luftelements identifizieren.

An dieser Stelle fragen Sie sich vielleicht, wer ich eigentlich bin und wieso ich für mich das Recht beanspruche, so weit reichende Behauptungen aufzustellen. Die Erfahrung, auf die ich mich stütze, ist das Destillat einer 20-jährigen intensiven Beschäftigung mit Erdheilung und der geomantischen Arbeit mit Plätzen und Landschaften. Ende der 70er Jahre begann ich, mit Erdakupunktur zu experimentierten, und begründete nach einigen Jahren meine eigene Methode, die ich als »Lithopunktur« bezeichne. Darunter verstehe ich das Platzieren von Steinsäulen auf Akupunkturpunkten der Landschaft mit dem Ziel, die ökologische Heilung des Ortes zu stimulieren. Die Lithopunktursteine sind so aufeinander abgestimmt, dass sie ein Netzwerk bilden. Ihre Wirksamkeit wird ergänzt durch Zeichen, die ich »Kosmogramme« nenne und in die Steine meißel. In diesen Zeichen ist die Essenz des betreffenden Ortes enthalten, und sie unterstützen durch ihre spezifische Gestalt den Heilungsprozess auf der emotionalen und der geistig-seelischen Ebene.

Um Akupunkturpunkte lokalisieren und die Lithopunktursteine richtig positionieren zu können, musste ich mein Gespür für die Lebenskraft der Erde entwickeln, die den unsichtbaren geomantischen Organismus unseres Planeten bestimmt. Doch ist solche Sensitivität nur dann hilfreich, wenn man auch die der Landschaft zu Grunde liegende Mehrdimensionalität begreift. Also begann ich mich für Geomantie zu interessieren, für die Kunst, die Erde als Zusammensetzung verschiedener hoch entwickelter Ebenen zu sehen. Bei diesen Ebenen handelt es sich um die vitalenergetische beziehungsweise ätherische sowie um die emotionale, die geistig-seelische und die physische Ebene. Nachdem ein paar Jahre vergangen waren, fing ich an, Bücher über Geomantie zu veröffentlichen. Meine Herangehensweise an das Fach ist eher modern, und ich arbeite in einem Familienteam mit meinen Töchtern Ajra und Ana zusammen. Beide sind dazu in der

Lage, mit dem universellen Bewusstsein, das wir als Engelwelt bezeichnen, in Verbindung zu treten. Auf diese Weise wird meine Erfahrung auf dem Gebiet der Erdheilung verstärkt durch eine Art theoretisches Wissen, das nicht an erster Stelle von irgendeiner der alten Traditionen abhängt, sondern auf die Schritte unserer zukünftigen Entwicklung abgestimmt ist.

Die sorgfältige Beobachtung der Erdstrahlung ist eines der geomantischen Mittel, das ich seit 14 Jahren an Orten einsetze, die ich untersuchen will. Wie im Fall von Saõ Paulo gewährt dieses Werkzeug einen guten Einblick in den Gesundheitszustand eines Ortes. In all diesen Jahren habe ich immer wieder festgestellt, dass die Erdstrahlung überall ein und demselben Muster folgt. Der Strahlungsstrom verlässt die Erde und fließt senkrecht nach oben, und die Höhe, die er erreicht, ist ein genauer Gradmesser für die energetische Qualität eines Ortes.
Die aus dem Boden aufsteigende Erdstrahlung bringt jedoch auch eine emotionale Qualität mit sich, die eine Ausdrucksform des Erdbewusstseins ist. Während all dieser Jahre spürte ich deutlich, dass die Qualität der Erdstrahlung vom Willen des Erdbewusstseins – das wir üblicherweise als »Gaia« bezeichnen – erfüllt war, dem Leben formhaft Ausdruck zu verleihen, das heißt, es zu materialisieren. Übersetzt in die Sprache der vier Elemente Erde, Wasser, Feuer und Luft korrespondiert dieser »Formgebungswille« mit dem Element Erde.*
Doch in jener Vollmondnacht des 10. Februar 1998, als mich meine Intuition aus dem Bett trieb und mich zwang, die Bodenstrahlung zu überprüfen, stellte sich diese mit einem

* Es mag verwirrend sein, dass hier von *vier* Elementen (Wasser, Feuer, Erde und Luft) die Rede ist, wo doch die chinesische Tradition *fünf* kennt. Man darf nicht vergessen, dass sich die chinesische Tradition eher mit den fünf Phasen des Lebensprozesses beschäftigt, während die westliche Tradition auf die vier Grundqualitäten der Ätherwelt Bezug nimmt.

Mal vollkommen anders dar. Die Vibration entsprach nicht dem normalerweise vorliegenden Muster, das sie mit dem Erdelement verbindet. Vielmehr war ich sicher, dass sich die Erdstrahlung entscheidend geändert hatte. Nun war sie an das Wasserelement geknüpft und brachte weiche, wässrige und weibliche Eigenschaften zum Ausdruck. Das Muster entstand unmittelbar oberhalb der Erdoberfläche, doch dann strebte es nicht in die Höhe, sondern breitete sich horizontal nach beiden Seiten aus, als würde jemand mit der Hand über eine Wasseroberfläche streichen.

Ungefähr einen Monat lang änderte sich nichts an dem neuen Bild, dann, am 9. März desselben Jahres, verwandelte es sich erneut radikal und war nun von einer rhythmischen, feurigen Qualität. Immer, wenn ich auf Reisen war, konnte ich das neue Muster deutlich spüren. Dann folgte in der Nacht vom 19. zum 20. April ein weiterer Wandel. Nun war die Qualität des Luftelements an der Reihe, und es entstanden jene spiralförmigen Eigenschaften, die ich bereits im Zusammenhang mit den beiden Aspekten der Erdstrahlung im Stadtgebiet von Saõ Paulo erwähnt habe.

Zusammenfassend stelle ich fest, dass sich im Zeitraum zwischen Februar und April 1998 eine entscheidende Verlagerung in der ätherischen Aura der Erde ereignet hat, die durch eine veränderte Erdstrahlung erfahrbar wurde. Beginnend mit der Qualität des Erdelements, dann die Wasser- und Feuerqualitäten aufgreifend und schließlich bei der Qualität des Luftelements anlangend, durchdrang sie das gesamte Spektrum. Seit jener Zeit ist die ätherische Aura der Erde unverändert. Das bedeutet, dass die Erde sich selbst ein neues Nest gebaut hat oder, um genauer zu sein, eine Gebärmutter, in deren Innerem sie sich während des kommenden Zeitalters einem tief greifenden Wandlungsprozess unterwerfen wird.

Die symbolische Bedeutung, die mit den Elementen Erde und

Wasser verbunden ist, verhilft uns zu einem besseren Verständnis der Wandlung, der sich die ätherische Aura der Erde unterzogen hat, indem die Dominanz vom Erdelement auf das Luftelement übergegangen ist. Ich erwähnte bereits, dass das Erdelement für Prozesse steht, die Ideen Form geben und geistige Wirklichkeiten zu Materie verdichten. Während der gegenwärtigen Ära der Erdentwicklung, die nun wohl ausläuft, wurde offensichtlich dem Impuls zur Manifestierung in materieller Form absoluter Vorrang eingeräumt.

Die Art und Weise, wie wir modernen Menschen Erde und Natur behandeln, spiegelt die gleiche Tendenz wider. Wir empfinden sie als ausschließlich materielle Objekte, die mit Hilfe unserer Sinnesorgane vollständig wahrgenommen und von unserem Verstand vollständig durchdrungen werden können. Das Luftelement hingegen steht für das absolute Gegenteil einer solchen Auffassung. Es symbolisiert Freiheit und, im direkten Zusammenhang mit ihr, Bewegung und Kommunikation zwischen den einzelnen Existenzebenen. Das bedeutet, dass man sich nun, inspiriert durch das Luftelement, mühelos über die Grenze hinwegsetzen kann, die bisher die materielle Dimension der Wirklichkeit von ihren nicht sichtbaren Ebenen trennt. Damit wir uns also mit dem entstehenden Planeten befassen können, müssen wir lernen, die unsichtbaren Ebenen der Wirklichkeit ebenso genau wahrzunehmen wie heute die materielle Welt; mehr noch, wir müssen lernen, uns mit unserem Körper und unserem Bewusstsein durch verschiedene Dimensionen der Wirklichkeit gleichzeitig zu bewegen. Außerdem müssen wir die Fähigkeit erlangen, unter Bedingungen kreativ zu sein, die sich jenseits der traditionellen Trennung zwischen Geist und Materie befinden.*

* Welche Rolle das Luftelement in der Zukunft spielen wird, können Sie im fünften Kapitel meines Buches *Elementarwesen* (München: Knaur, 1995) nachlesen.

In den Monaten nach dem 19./20. April 1998, als die letzte Veränderung auf der Ebene der ätherischen Aura der Erde zum Abschluss kam, begann für mich eine schwere Zeit. Einerseits war ich überwältigt von der neuartigen Strahlungsqualität, die ich überall um mich herum spüren konnte. Andererseits fragte ich mich aber auch ständig, wie sich die Erdwandlungen fortsetzen und in welchem zeitlichen Rhythmus sie sich manifestieren würden. Dabei hatte ich viel zu tun: Ich reiste von Land zu Land, arbeitete an meinen Erdheilungsprojekten und hielt überall Vorträge und Seminare. Doch die Monate verstrichen, und ich konnte mir keinerlei Bild davon machen, auf welche Weise sich der Prozess der Erdwandlungen fortsetzen würde.
Dennoch war ich mir sicher, dass die Erdwandlungen weiter voranschritten, doch geschah dies offenbar auf einer Ebene, die ich mit meinem Geist nicht erfassen konnte. Als mir das mangelnde Verständnis am meisten zu schaffen machte, gewann ich jedoch Klarheit, und mein Höheres Selbst half mir mit der Bildersprache der lebhaften Träume, die ich Nacht für Nacht hatte, weiter.

Am 31. August 1998 zum Beispiel träumte ich, dass ich ein Fischer sei. Während ich mit meiner Angel am Strand entlangging, erschien ein riesiger Fisch im Wasser. Sein Kopf hob sich über den Meeresspiegel, und sein Maul, das größer war als ein Garagentor, öffnete sich. Seine kleinen, doch strahlenden Augen blickten mich mit beispielloser Liebe an. Statt mich zu freuen, fing ich an, mir Sorgen zu machen und mich zu fragen, wie ich reagieren sollte. Da ich Fischer war, dachte ich: »Was sonst soll ich tun, als meine Angelschnur mit dem daran befestigten Haken in sein aufgerissenes Maul werfen?« Ich fühlte, wie der winzige Haken in den Magen des Fisches wanderte, bis er schließlich an etwas Weichem hängen blieb.

In diesem Augenblick wurde mir die Sinnlosigkeit meines Handelns bewusst.
Die Botschaft des Traums berührte mich tief, doch erst Monate später, als die neue Phase der Erdwandlungen offensichtlicher wurde, konnte ich ihn richtig deuten. Zunächst einmal machte mir der Traum klar, dass die neue Phase nicht unbedingt etwas mit Kraftfeldveränderungen zu tun hat, sondern mit der Beziehung zwischen der lebendigen Erde und der Menschheit. Der Riesenfisch symbolisiert den Kern der Erde, ihr inneres Wesen und damit also den Seelenaspekt des Planeten, den die Alten »Mutter Erde« (griechisch: *Gaia)* nannten. Es gibt auf der Welt nur wenige Völker, die die Mutter Erde als Riesenfisch darstellen, der die Weltenscheibe auf seinem Rücken trägt. In meiner eigenen, der slowenischen Tradition, ist die Mutter Erde als Fisch Faronika* bekannt. Die Faronika ist verantwortlich für das Wohlergehen allen Lebens, das sie auf ihrem Rücken trägt, und sie ist dazu in der Lage, Erdbeben und Fluten auszulösen, falls das Leben aus dem Gleichgewicht gerät.
Der Fischer andererseits steht für den modernen Menschen, der in seine ausgezeichneten Technologien, die jedoch auf der Ausbeutung der Erde und der Natur beruhen, verliebt ist. Diese Technologien wirken sich natürlich äußerst schädlich auf alles Leben aus. Im Traum werden sie durch die Angelrute und den winzigen Haken symbolisiert, die in keinem Verhältnis zu der unglaublichen Macht der Weltseele und ihren endlosen Potenzialen stehen.
Diesen Potenzialen wird von der Menschheit keinerlei Beachtung geschenkt; sie konzentriert sich ausschließlich auf die materielle Ebene der Erde und lässt ihre Bewusstseinsdimensionen, ihre Lebenskräfte und ihren spirituellen Kern vollstän-

* Auf Seite 24ff. meines Buches *Elementarwesen* berichte ich von meinen Erfahrungen mit dem Fisch Faronika.

dig außer Acht. Der Traum bezeichnet die neue Phase der Erdwandlungen als den Zeitpunkt, zu dem die Erde ihre Begrenzung auf die materielle Form transzendiert und ihr Herz öffnet, um ihre immense Liebe allen Lebensformen, die sich auf ihrer Oberfläche befinden, zuteil werden zu lassen.
Wir haben nicht bemerkt, dass die Bedingungen, die unsere Existenz auf diesem Planeten steuern, radikalen Veränderungen unterworfen sind. Stattdessen folgt unsere Kultur automatisch ihrem gewohnten Muster, das sie veranlasst, die Erde ausschließlich als ein materielles Objekt zu betrachten, das ihr zur Befriedigung ihrer Bedürfnisse zur Verfügung gestellt wurde. Unser Unvermögen, die Notwendigkeit einer sofortigen Veränderung dieses Musters zu erkennen, ist eine Tragödie und war die Hauptbotschaft meines Traums.

Seit Mai 1998 stellte ich fest, dass sich in meinen Meditationen und in der Reaktion der Erde auf meine Versuche, mich ihr als Ganzes zu nähern, ebenfalls eine Veränderung durchsetzte. Wenn ich mit dem Erdorganismus in Verbindung treten wollte, war es bisher ausreichend, mit den Füßen oder vertikal über das Wurzelchakra Anschluss zu suchen. Aber nun gelang dies nicht mehr. Plötzlich sagte mir meine Intuition, dass diese Methode nicht mehr ausreichte. Um unter diesen neuen Bedingungen auf den ätherischen, den emotionalen und den geistig-seelischen Ebenen eine gute Verbindung zur Erde herzustellen, musste man den Kopf weit zum Boden hinunterbeugen und zugleich durch das Kronenchakra, das Wurzelchakra und die Füße Anbindung suchen.
Die Erfahrung mit dieser Art der Kontaktaufnahme hat meinem Bewusstsein die Empfindung ermöglicht, dass die Erde sich nicht mehr länger nur unter meinen Füßen befindet, sondern überall um mich her. Nun nahm ich eine Beziehung zu ihr auf wie etwa zum Kosmos, dessen Dimensionen sich ja

auch überall um einen herum erstrecken. Statt sie nur als »Erde« zu empfinden, war sie für mich nun zum »Erdkosmos« geworden. Erst da wurde mir bewusst, dass diese umfassende Herangehensweise selbst im Zusammenhang mit der physischen Ebene durchaus angemessen ist. Wenn man sich vorstellt, dass die dicke Lufthülle über uns gleichfalls ein Bestandteil des Erdkörpers ist – und eine solche Vorstellung ist durchaus korrekt, auch wenn diese Schicht nicht so dicht ist wie die geologische –, dann erstreckt sich die Erde tatsächlich nicht nur unter unseren Füßen, sondern wir sind auch von ihr umgeben.

Der Eindruck, dass ich mich nicht mehr lediglich auf der Außenhaut der Erde befinde, sondern stattdessen an ihrem Innenraum teilhabe und sogar in ihrem inneren Sein fuße, wurde außerdem dadurch bekräftigt, dass ich gleichzeitig eine ganz besondere Art blaues Licht aus ihrem Kern hervortreten sah. Ich nahm wahr, dass es von unendlicher Liebe erfüllt war und mich in einer noch nie verspürten Innigkeit an ihr ganzes Wesen band. Genau die gleichen Gefühle löste in mir der Blick in die liebevollen Augen des Riesenfisches aus meinem Traum aus.

In einem Traum, den ich am 15. Dezember 1998 hatte, wurde mir der nächste Einblick in die Bedeutung der neuen Phase der Erdwandlungen gewährt. Der Traum beginnt mit dem gefühlsmäßigen Wissen, dass tief unten im Keller ein Abflussrohr undicht ist. Also gehe ich die Treppe hinunter in den Keller, um festzustellen, dass tatsächlich Abwasser aus dem Mauerwerk schießt. Da ich mir vorstelle, dass ich die Mauer werde aufbrechen müssen, um das schadhafte Rohr zu finden, überfällt mich Verzweiflung. Doch im nächsten Augenblick bemerke ich, dass es nicht Abwasser, sondern kristallklares Quellwasser ist, das aus der Wand in den Keller eindringt.

Noch bevor ich meine Überraschung verwinden kann, stelle ich fest, dass der Keller nach der anderen Seite viel größer ist als angenommen. An der Wand dort sind aus massiven Eisenstangen gefertigte Käfige aufgestapelt. Und siehe da! In einem der Käfige entzündet sich plötzlich ganz von allein ein Feuer. Ich springe herbei und ziehe den Käfig in die Mitte des Kellerraums, damit das Feuer in ihm nicht auf das Haus übergreift.
Mir war sofort klar, dass die Bilder dieses Traums etwas mit den merkwürdigen Ereignissen in der Zeit nach dem Mai 1998 zu tun hatten und mich herausforderten, diese Ereignisse besser zu begreifen. Ebenso wie ich im Traum die auslaufende Flüssigkeit für Abwasser hielt, so hatte ich auch in den bisherigen Ereignissen einen Hinweis auf die Aktivität negativer, ja sogar destruktiver und unfreundlicher Kräfte vermutet. Als ich die Situation jedoch mit meinem inneren Auge betrachtete, erkannte ich, dass genau das Gegenteil der Fall war. Die am Werk befindlichen Kräfte erwiesen sich als unglaublich rein und bedeutsam. Dies wird im folgenden Beispiel deutlich.
Anfang Mai 1998 wurde mein Heimatland Slowenien an seiner Westgrenze von einem starken Erdbeben heimgesucht. Obgleich einige Dörfer schwer in Mitleidenschaft geraten waren, kam kein Mensch zu Schaden. Freunde, die in der betroffenen Region lebten, ließen mich an ihren Eindrücken teilhaben. Sie hatten das Gefühl, dass die Erde sich große Mühe gab, nicht mehr Zerstörung anzurichten als unbedingt nötig. Als ich die Gegend kurz darauf besuchte und mit meinem inneren Blick in den zentralen Berg namens Krn hineinschaute, erkannte ich, dass sich in seinem »Bauch« neue, mir früher unbekannte Dimensionen manifestiert hatten. Mir vermittelte sich der Eindruck, dass das unangenehme Erdbeben erforderlich gewesen war, um als Vorbereitung auf die Zukunft Raum für etwas Neues zu schaffen.
Ein paar Tage später, am 12. Mai, traf ich in Sonnenhausen,

einem Ort in der Nähe von München, ein, wo die Schweisfurth-Stiftung ein Ausbildungszentrum unterhält. Ich sollte dort eines meiner jährlichen Erdheilungsseminare abhalten. Als ich mich nach Orten umsah, an denen ich am nächsten Tag mit den am Seminar Teilnehmenden arbeiten konnte, stieß ich auf einen Platz in einem nahe gelegenen Wald, der von Elementarwesen und Naturgeistern belebt war. Ich kannte ihn von früheren Aufenthalten gut, doch diesmal war ich entsetzt. Vor nicht allzu langer Zeit war eine riesenhafte Buche vom Wind abgebrochen worden, und sie lehnte nun mit ihrer Krone an den umstehenden Bäumen. Dennoch gedieh und wuchs der Baum weiter. Die Qualität der spirituellen Atmosphäre im Umfeld der Buche war erstaunlich hoch, und es gab keine Spuren von Trauer, obwohl die Zerstörung offensichtlich war. Als ich mich auf die subtileren Ebenen einstimmte, sah ich eine Doppelhelix, die sich aus einem roten und aus einem blauen Kraftstrang zusammensetzte und senkrecht aus dem Boden aufstieg. Meine Intuition sagte mir, dass der Baum abbrechen musste, um Platz für eine neue Kraftquelle zu schaffen, die aus der Erdoberfläche austreten wollte.
In den darauf folgenden Monaten stieß ich auf einige ähnliche Erscheinungen, und immer waren sie begleitet von der gleichen frischen, gesunden, aus dem Boden austretenden Energie. Im Verlauf der zweiten Hälfte des Jahres 1998 stellte ich fest, dass selbst mein eigenes Leben ein vergleichbares Muster angenommen hatte. Es gab Nächte, in denen ich auch nicht eine Sekunde schlafen konnte; während des Aufenthalts in Brasilien hatte ich mir böse den Fuß verstaucht; und die üblen Infekte, die mich immer wieder aufs Neue quälten, will ich gar nicht erst erwähnen. Doch mitten in all diesen Ereignissen, die ich als so beunruhigend erlebte, wurden mir unerwartete Einsichten und Inspirationen geschenkt.

Nach dem Jahreswechsel 1998/99 wurde mir das Wesen der

zweiten Phase der Erdwandlungen erheblich klarer. Inzwischen war der Prozess so weit fortgeschritten, dass ich die »neuen Kräfte« wahrzunehmen vermochte, ohne dabei von merkwürdigen Ereignissen, die das Netz der physischen Wirklichkeit durchbrachen, abhängig zu sein. Seit jener Zeit erscheinen sie einfach als runde Öffnungen im ätherischen Organismus eines Ortes. Durch diese Öffnungen strömt die neue und unbekannte Form von Energie aus und ergießt sich in das Umfeld.
Es ist eine überraschende Eigenschaft dieser Kraft, dass sie zugleich irdische und kosmische Qualitäten aufweist. Es konnte beispielsweise geschehen, dass meine Aufmerksamkeit auf den Grund einer dieser Kraftquellen gezogen wurde und dass ich dort eine Art wirbelnde Dynamik bemerkte. Doch im nächsten Augenblick wurde mir bewusst, dass diese unterirdische Erdkraft mit den Sternen verbunden ist, und ich konnte sie durch die kosmische Sphäre gleiten sehen. In meiner bisherigen geomantischen Arbeit waren mir alle nur denkbaren überraschenden Phänomene untergekommen, doch sie alle hatten eines gemeinsam: Ihre Qualität war entweder *yin* oder *yang*, und sie hatten ihren Ursprung entweder in der Erde oder waren Bestandteil der kosmischen Reiche. Sie konnten nicht beides zugleich sein. Doch offensichtlich kannte die »neue Kraft« keine solchen Einschränkungen.
Eine weitere bemerkenswerte Eigenart dieser so genannten »neuen Kräfte« ist ihre Unbeständigkeit. Obgleich sie immer das bereits beschriebene Grundmuster aufwiesen, präsentierten sie es doch jedes Mal in einer anderen Form. Im Verlauf dieses Jahres habe ich sie in Hunderten verschiedener Ausprägungen in den Ländern Europas und Amerikas beobachtet; keine einzige Form ist mir zweimal begegnet. Ganz offensichtlich haben sie mit der mechanistischen Realitätsvariante, an die wir gewöhnt sind, nichts zu tun. Um diese Besonderheit hervorzuheben, bezeichne ich sie entweder als die »neuen

Kräfte« oder aber im Singular als »neue Kraft«. Damit will ich verdeutlichen, dass sie alle für ein und dieselbe archetypische Energie stehen.

Während meines Aufenthalts in Rio de Janeiro im August 1998 war ich zu Besuch in einem Privathaus, das jedoch auch ein Kulturzentrum mit dem Namen »Vila Riso« ist. Es zeigte sich, dass die Vila Riso besonders stark mit der geheimnisvollen »neuen Kraft« aufgeladen war. So wies man mir beispielsweise eine Stelle im Garten, wo während eines Sturms im vorangegangenen Monat ein großer Baum entwurzelt worden und zum Glück genau zwischen die vorhandenen Gebäude gefallen war. An der Stelle, wo der Sturm den Baum aus der Erde gerissen hatte, nahm ich eine Doppelhelix wahr, die aus dem Boden drang und jener glich, die ich bereits im Zusammenhang mit meiner Arbeit in Sonnenhausen erwähnt habe. In der folgenden Nacht hatte ich einen bemerkenswert klaren Traum über das außergewöhnliche Wesen der »neuen Kraft«. In meinem Traum sah ich eine Frau und einen Mann, die auf eine Weise nackt in einem Loch im Boden lagen, dass ihre beiden Körper sich zu ergänzen schienen wie das schwarze und das weiße Feld im Yin-Yang-Symbol. Sie selbst waren eine merkwürdige Mischung aus Schwarz und Weiß. Es war Nacht, und dennoch konnte ich sie so deutlich erkennen wie bei Tageslicht. Während sie so auf der Erde lagen, glitt ihr Blick über den mit zahllosen Sternen geschmückten Himmel. Daneben befand sich jemand, der sie beobachtete und dafür sorgte, dass sie nicht einschliefen. Und doch war zugleich klar, dass sie gelegentlich zehn Minuten schliefen, ohne dass ihr unablässiges Wachen dadurch unterbrochen wurde.
Wenn man die Bilder des Traums einzeln betrachtet, dann kann man in ihnen leicht einige der oben erwähnten Eigenschaften der »neuen Kräfte« erkennen. Sie halten sich nicht an

die hergebrachte Ordnung, die zwischen männlichem und weiblichem Pol unterscheidet oder irdische und kosmische Ebenen trennt. Das zentrale Traummuster betont wieder und wieder ihr unlogisches Wesen. Damit steht es ihnen frei, zugleich hell und dunkel, männlich und weiblich, yin und yang, wach und schlafend sowie der Erde und dem Himmel zugehörig zu sein.

Gemäß biblischen Sprachgebrauchs sind diese »neuen Kräfte«, die während der zweiten Phase der Erdwandlungen in Erscheinung traten, als die ursprünglichen Kräfte zu identifizieren, die vor dem Heranbrechen der Schöpfung und damit also vor der Trennung von Licht und Dunkelheit das Universum beherrschten. Es heißt, dass vor diesem ersten göttlichen Akt, mit dem das Ordnen des Universums begann, Chaos waltete. Doch auf Grund der Chaosforschung wissen wir heute, dass Chaos nicht einfach nur einen Zustand der Unordnung bezeichnet, sondern ein ursprüngliches geeintes Kraftfeld, in dem alle Schöpfung und alle Information ihren Ursprung hat.

Es ist leicht, sich vorzustellen, welche Heilwirkung derart ursprüngliche Kräfte auf einen Planeten haben können, der durch die Menschheit so grundlegend fragmentiert und umstrukturiert wurde. Wir neigen dazu, zu zergliedern und zu kontrollieren, indem wir etwas in Gegensätze spalten, was natürlicherweise eigentlich ein Ganzes bildet. Folglich kann unser Geist seine Herrschaft nur in einer dualen Welt aufrechterhalten, in der einander widerstreitende Kräfte sich ständig gegenseitig im Kampf schwächen. Da die Lebenskraft auf diese Weise entmachtet und aufgesplittert wird, kann sie von Menschen wirkungsvoll missbraucht werden, um deren egoistische Bedürfnisse zu erfüllen. Dies schwächt und blockiert die Lebenskraft jedoch auch im Zusammenhang mit der Gesamtheit des Planetenorganismus dramatisch. In der Folge nehmen ökologische Verwüstungen immer mehr zu.

Am anderen Ende des Spektrums stehen die »neuen Kräfte«, die sich gegenwärtig auf dem Planeten ausbreiten und sich gemäß ihres Wesens jeder Art Spaltung zutiefst widersetzen. Sie stehen für die ursprüngliche Einheit des universellen Ganzen und sind fähig, diese Einheit überall dort, wo sie zerstört und die Lebenskräfte verschwendet wurden, wieder herzustellen. Ihre Heilwirkung wirkt auf den Erdkosmos sehr beruhigend und regenerierend, die Menschheit jedoch wird sie als äußerst unangenehm und störend empfinden, wenn sie sich weiter gegen grundlegende Veränderungen in ihrer Beziehung zur Erde als einem biologischen, ätherischen, emotionalen und geistig-seelischen Ganzen sperrt.

Noch einmal zu meinem Traum mit dem undichten Abflussrohr zurückkehrend, sollte ich vielleicht darauf hinweisen, dass mir mit dem Traum eine hoffnungsvolle Vision zuteil wurde. Ich sah aus massiven Eisenstäben zusammengesetzte Käfige, die sorgsam an der rückwärtigen Wand des Kellers aufgestapelt waren; ihre verfestigten Strukturen stehen für die Muster der Trennung, an denen die Menschheit so dickköpfig festhält. Dann bekam ich zu sehen, wie neues Feuer in ihnen entzündet werden konnte. Es ist sehr gut vorstellbar, dass die ursprünglichen Kräfte, die die Erde derzeit auf ihrer Oberfläche manifestiert, als auslösender Funke dienen könnten – auch wenn sie sich dazu unbewusster Pfade bedienen müssten –, um Menschen massenweise zu ermutigen, die alten Muster hinter sich zu lassen und sich wieder dem kosmischen Ganzen zuzuwenden.

Doch wäre es nicht richtig, fortgesetzt auf die Bedeutung dieser vergessenen Kräfte universeller Einheit zu pochen, ohne zugleich darauf hinzuweisen, dass sich auch auf den Ebenen planetaren Bewusstseins weit reichende Veränderungen vollziehen. Selbstverständlich meine ich damit nicht nur Be-

wusstsein im abstrakten Sinn des Wortes, sondern insbesondere die Naturgeister und Elementarwesen, durch die sich Bewusstsein auf der Erde manifestiert. Würde sich das Erdbewusstsein nicht in diesen zahllosen Arten von ätherischen Einheiten niederschlagen, die sich um die verschiedenen Wesen und Lebensformen kümmern – für gewöhnlich bezeichnen wir diese ätherischen Einheiten entweder als Elementarwesen oder Naturgeister –, dann wäre es nicht dazu in der Lage, das sich unablässig verändernde Netz des Lebens zu dirigieren und im Gleichgewicht zu halten.
Als ich im April 1999 durch Amsterdam wanderte und mich auf meinen dort abzuhaltenden dritten Workshop zum Thema Erdheilung vorbereitete, stieß ich im Rembrandt Park auf eine Gruppe von Quellen, der die »neue Kraft« entströmte. Mich reizte der Gedanke, sie den Teilnehmerinnen und Teilnehmern des Seminars zu zeigen und ihnen so die Gelegenheit zu geben, sich selbst ein Bild von ihrer Qualität zu machen. Außerdem fand ich eine Reihe anderer Plätze im Park, an denen die Gegenwart der neuen Vibration deutlich spürbar war, sich jedoch in einer anderen Form manifestierte.
Einer dieser Orte war von einem starken weißen Licht gekennzeichnet, in dem ich eine Vielzahl weißer Wesen sah, die sich in einer feierlichen Prozession der Erdoberfläche näherten. Ein anderer Platz entwickelte seine Dynamik in Form einer Spirale, die aus dem Boden heraus aufstieg. Diese Spirale wurde von kleinen ätherischen Wesen, die in erdige und grüne Farben gekleidet waren, umkreist. Auch in diesem Fall war die Gegenwart der »neuen Kräfte« offensichtlich. Damit war es mir unmöglich, die Erscheinung einfach als Zentrum von Elementarwesen zu identifizieren, vergleichbar jenen, die mir seit Jahren vertraut sind. Ein dritter Ort ähnelte den beiden bereits genannten, befand sich von seiner Art her jedoch genau zwischen beiden. Er schien auf einem erhabenen arche-

typischen Wesen zu beruhen, das auf einer Wolke gerade oberhalb der Erde zu stehen schien und ein Bein ausstreckte, als wolle es von der Wolke hinuntersteigen.

Ich hatte den Eindruck, dass ich hier auf neue Arten von ätherischen Wesen stieß, die mir niemals zuvor begegnet waren. Kann es sein, fragte ich mich, dass sich parallel zum Aufwallen der »neuen Kräfte« in den unsichtbaren Reichen der Erde neue und bisher unbekannte Elementarwesen manifestieren? Wer sind sie? Haben sie ihren Ursprung in den archetypischen Schichten des Erdbewusstseins, die Bestandteil der unterelementaren Welt tief im Inneren von Gaias Körper sind?* Oder gehören sie zu den berühmten Außerirdischen, die nun seit mehreren Jahrzehnten den materiell orientierten menschlichen Geist herausfordern?
Um klare Antworten auf diese Fragen zu finden, musste ich mich von meinen hier möglicherweise vorhandenen Fantasievorstellungen distanzieren und bat deshalb meine Tochter Ajra Miška, meine Fragen ihrem Engelmeister vorzulegen, der sie nun schon seit Jahren bei ihrer Heilarbeit unterstützt. In den letzten paar Jahren haben wir drei häufig zusammen an Erdheilungsprojekten gearbeitet. Im Juni 1999 befanden wir uns im schottischen Findhorn und hielten einen einwöchigen Workshop ab, der den letzten Erdwandlungen und ihren Auswirkungen auf Orte, Landschaften und ihre Bewohner gewidmet war. Ohne Zweifel war dies der richtige Zeitpunkt, um solche Fragen zu stellen.
Zunächst wies der Engelmeister meine Vorstellung zurück, dass ich es in meinen Beobachtungen mit einer neuen Art von Elementarwesen oder Naturgeistern zu tun hatte. Er

* Mehr über meine Erfahrungen mit der unterelementaren Ebene des Universums finden Sie auf den Seiten 136 bis 145 meines Buches *Wege der Erdheilung* (München: Knaur, 1997).

betonte, dass sie zu den existierenden Wesen gehörten, die ihren Ursprung im Erdbewusstsein haben. Sie kämen mir nur deshalb anders vor, weil sie gerade einen Prozess tief greifender Verwandlung durchliefen. Deshalb würden neue, bisher unbekannte Qualitäten aus ihnen sprechen. Er bezeichnete sie als die »Geburtshelfer der neuen Erde«. Durch ihre Transformation lernen sie die Richtungen kennen, die die Erdwandlungen nehmen werden. Deshalb werden sie dazu in der Lage sein, der Erde und den sie bewohnenden lebenden Organismen bei dem zu erwartenden Geburtsprozess wirkungsvoll Hilfe zu leisten.

Bezug nehmend auf die oben erwähnten Wesen, die ihre Absicht mitgeteilt haben, auf die Erde zu kommen, sagte er, dass sie zu den Dienern des Luftelements gehörten. Ich konnte sie als solche nicht erkennen, da sie zusätzliche »artfremde« Qualitäten aufwiesen, die offenbar für den Veränderungsprozess erforderlich sind. Die Erste dieser Qualitäten ist die Freiheit. Sie würden, so der Engelmeister, die Qualität Freiheit in die Elementaratmosphäre der Erde einweben, um sie damit zur Hauptqualität des heranbrechenden Zeitalters zu machen.

Der Engelmeister hob außerdem die Transformation der Elementarwesen als primäre Aufgabe im Rahmen der Erdwandlungen hervor und führte dies auf ihre Fähigkeiten zurück, der Erde bei der Manifestation ihres Entwicklungswegs helfen zu können. So, wie Engelwesen Menschen darin unterstützen, spirituell zu wachsen, tragen Elementarwesen dazu bei, dass die Erde sich gemäß ihrer Absichten entfaltet. Außerirdische wissen dem Engelmeister zufolge zu wenig über die Substanz der Erde, um dem Planeten bei einem so komplizierten Vorgang wirklich von Nutzen zu sein.

Ende Juli 1999 befand ich mich zufällig an einem bestimmten Ort in meinem Heimatland Slowenien, wo ich zahlreiche Elementarwesen sehen konnte, die die Atmosphäre mit ihrer strahlenden Gegenwart erfüllten. Mir schien es, als seien sie alle in ganz und gar weiße Roben gekleidet – ein Zeichen für den Erneuerungsprozess, den sie gerade durchlaufen. Ich stellte ihnen die einfache Frage, was sie an diesem Ort taten. Sie reagierten, indem sie auseinander glitten und einen weiten Kreis um eine kahle Fläche bildeten. Als ich näher hinsah, vermochte ich durch den Boden die verschwommenen Konturen einer schlafenden Riesin zu erkennen. Im gleichen Moment begann die Riesin, ihre Arme und Beine zu bewegen; dann hob sie ihren Kopf durch die Schicht der sie bedeckenden Erde. Ich nahm wahr, wie sie langsam die Augen öffnete und nun seit langer, langer Zeit zum ersten Mal wieder Tageslicht erblickte.

»Die Erde wird in ihrer Gegenwart vollständig erwachen, und wir bereiten uns darauf vor, ihr dabei zu helfen, ganz und gar sie selbst zu werden«, ließen mich die Elementarwesen wissen.

Es ist wirklich aufregend, sich die ersten Schritte des Prozesses der Erdwandlungen vor Augen zu halten und zu sehen, mit welcher Geschwindigkeit eine Veränderung der anderen folgt. Doch wir dürfen nicht davon ausgehen, dass der Weg gefahrlos ist. In den Jahren 1998 und 1999 wurde ich mehrmals wegen eines möglicherweise bevorstehenden Kollapses in Alarmbereitschaft versetzt. Man darf nicht vergessen, dass die Erde ihren sicheren Entwicklungsweg verlassen hat und nun in einer Art Gratwanderung zu einer neuen Ebene der Sicherheit unterwegs ist.

Die Situation wird auf dramatische Weise durch die Tatsache erschwert, dass die Menschheit dieses gefährliche Unternehmen überwiegend nicht unterstützt, ja sich noch nicht einmal der entscheidenden Veränderungen bewusst ist, die

die Erde gerade auf sich nimmt. Stattdessen widersetzt sich die Menschheit jeder tief greifenden Veränderung, indem sie einfach die Bedeutung der Wirklichkeitsebenen leugnet, auf denen dieser evolutionäre Quantensprung stattfindet.
Bevor ich Amsterdam am 19. April 1999 wieder verließ, hatte ich einen Traum. In diesem Traum saß ich zu Hause an meinem Schreibtisch und blickte wie zufällig aus dem Fenster. Erschrocken stellte ich fest, dass die Landschaft kippte und sich wie ein gestrandetes Schiff zu einer Seite neigte. Das Licht war trübe und von einer giftigen Qualität. Ich war sicher, dass die Erdachse jeden Augenblick kollabieren würde. Ich lief aus dem Haus, um die Erdstrahlung zu testen, und stellte fest, dass sie fragmentiert war, Schwankungen aufwies, zuckte und zitterte. Ich wurde von Panik ergriffen und war im Begriff, meine Frau zu rufen, damit wir gemeinsam erste Hilfe leisten konnten, als ich feststellte, dass ich meine Stimme verloren hatte und ihr nicht sagen konnte, was zu tun war.
Als ich mein Amsterdamer Hotel verließ und die Erdstrahlung mit meinen Händen untersuchte, stellte ich tatsächlich fest, dass ihr normales Schwingungsmuster schwer beschädigt war. Es dauerte die zwei darauf folgenden Tage, bis ihr Schwingungsmuster seinen normalen Rhythmus und seine gewohnte Qualität wiedergefunden hatte. In diesem Zusammenhang war es natürlich nicht schwer, den Traum als Warnung dafür zu begreifen, dass es während des Prozesses der Erdwandlungen sehr wohl zu plötzlichen Krämpfen kommen konnte, die im Rahmen des menschlichen Erfahrungshorizonts in etwa einem Herzinfarkt gleichen. Die Botschaft des Traums machte mir die vernichtende Wirkung bewusst, die panische Angst haben kann. Besonders gefährlich kann sie sein, wenn sie Millionen Menschen erfasst, die nicht wissen, dass die Erde einen Wandlungsprozess durchläuft, und die

sich deshalb auch die Möglichkeit eines gelegentlichen Teilkollapses nicht bewusst machen. Statt dass der Erde in einer solchen Situation die Hilfe zuteil wird, die sie dringend benötigt, könnte die entstehende Massenhysterie den vollständigen Zusammenbruch des Planeten herbeiführen.

Um eine solche gefährliche Reaktion zu verhindern, muss die Botschaft verbreitet werden, dass sich gegenwärtig tatsächlich Erdwandlungen ereignen, auch wenn sie sich auf einer unerwarteten Ebene entfalten, auf der sie weitgehend unsichtbar sind. Wir sollten dankbar sein, dass der Prozess auf diese Weise weit sicherer und friedlicher ablaufen kann als jene, die die alten Seher vorhergesagt haben. Sie prophezeiten, dass die Veränderungen durch entsetzliche Kriege und verheerende Umwälzungen zu Stande kommen würden. Nostradamus ist unter diesen Sehern wohl der bekannteste. Er weissagte im 16. Jahrhundert, dass sich der gefürchtete Zusammenbruch in der zweiten Hälfte des Jahres 1999 ereignen würde.

Die alten Seher konnten nicht wissen, dass sich der Mensch bis zu diesem Zeitpunkt zu einer Reife entwickeln würde, die es ihm ermöglicht, auf der Höhe der Erdwandlungen zu bleiben, indem er sie im Mikrokosmos seiner Psyche, seines ätherischen Körpers und der spirituellen Welt nachvollzieht. Folglich muss es nicht sein, dass der Veränderungsprozess uns auf der physischen Ebene überfällt, wo er die vernichtendsten Konsequenzen haben würde. Es war möglich, die anstehenden Veränderungen von der physischen auf die subtileren Ebenen der Existenz zu heben; dort sind sie, während ich hier versuche, einen Überblick über die Erdwandlungen zu geben, in vollem Gange. Da sich folglich die Veränderungen langsam und Schritt für Schritt auf der physischen Ebene manifestie-

ren sollen, hat die Erde die Möglichkeit, sie mit weit weniger Störungen zu bewältigen.
Menschliches Bewusstsein, das in den Erdwandlungsprozess eingebracht wird, kann sich als enorme Kapazität erweisen. Diese Tatsache überträgt uns Verantwortung für die Erdwandlungen. Zum ersten Mal kam mir diese Erkenntnis, als ich mit meiner Tochter Ana Pogačnik die Botschaften über die bevorstehenden Erdwandlungen auswertete, die sie seit Ende 1997 bis Anfang 1999 aus der Engelwelt empfing. Ihnen ist zu entnehmen, dass der Übergang zu einer neuen Entwicklungsebene erstmals durch die bewusste Kooperation von Erde, Menschen und der Engelwelt gelingen könnte. Doch sind wir der Herausforderung nur dann gewachsen, wenn alle drei Partner im Verlauf des Prozesses ihre Rollen erfüllen.
Doch die Botschaften enthielten auch eine deutliche Warnung. Die Sicherheit während des Übergangs kann in Gefahr geraten, wenn wir Menschen weiterhin die umfassenden, ja universellen Ausmaße des Prozesses ignorieren und uns weiterhin, eingeschlossen in den Mauern unserer eigenen kleinen Welt, nur für unsere menschlichen Belange interessieren.
Die Essenz der Botschaften ist, unsere Herzen zu öffnen, alles für das Leben Bedeutungslose zurückzulassen und uns auf den Schritt zu konzentrieren, der jetzt ansteht.

2. Einblicke in eine entstehende Geomantie

Wenn man davon ausgeht, dass mein Bericht von den gegenwärtigen Veränderungen der Erde zutreffend ist, muss sich die Frage anschließen, wer diese Erde ist. Thema des ersten Kapitels war die Erde als kosmisches Wesen, das gerade jetzt mit Riesenschritten auf dem Weg der Manifestation verborgener Potenziale vorankommt. Doch die Menschheit – oder wenigstens der Teil von ihr, der im Wesentlichen durch die westliche Zivilisation beeinflusst wird – hat vergessen, dass die Erde mehr ist als eine Kugel aus Materie, die durch das Universum fliegt.

Dieser »kollektive Gedächtnisverlust« zeigt doch wohl, dass die Menschheit ihre lebendige Beziehung zur Wirklichkeit der Erde verloren hat. Keiner ist jedoch verpflichtet, sich der materialistischen Weltsicht, von der die Gesellschaft beherrscht ist, zu unterwerfen. Es steht uns frei, uns für das Wissen der westlichen geomantischen Tradition zu öffnen oder auch für die östliche Weisheit des Feng Shui. Doch selbst diese Alternativen bringen Probleme mit sich. Zum einen weisen diese beiden traditionellen Wege der Beziehungsaufnahme zur Erde und ihren Landschaften tief greifende Unterschiede auf. Im Hinblick auf die Vorstellung, wer die Erde und welcher Art ihre Beziehung zur Menschheit ist, wurzeln sie in zwei unterschiedlichen philosophischen Traditionen. Und zum anderen haben sie eine Gemeinsamkeit, die gleichzeitig das zweite Problem darstellt: Beide beziehen sich auf die Erde in ihrem Zustand *vor* dem Einsetzen der neuen Erdwandlungen.

Damit hat die gegenwärtige Herausforderung zwei Aspekte.

Erstens müssen wir, um die Verbindung mit unserem Heimatplaneten zu sichern, unser dominantes Verhalten aufgeben und lernen, der Erde sorgfältig zuzuhören. Zweitens lassen meine Beobachtungen darauf schließen, dass die Erde im Begriff ist, sich entscheidend von dem Bild zu entfernen, das wir uns auf Grund unserer bisherigen Erfahrungen mit ihr gemacht haben. Das bedeutet, dass wir zunächst einmal alle überlieferten geomantischen Modelle über Bord werfen und stattdessen die Möglichkeit untersuchen müssen, eine neue Geomantie zu konzipieren, die sich in Übereinstimmung mit der sich verändernden Erde befindet.
Doch bevor wir zu einer Entdeckungsreise aufbrechen, um die noch unbekannten Dimensionen unseres sich transformierenden Planeten zu erforschen, sollte ich deutlich darauf hinweisen, dass ich nicht dazu in der Lage bin, hier irgendwelche definitiven geomantischen Erkenntnisse wiederzugeben. Dies würde in keiner Weise der ewig wandelbaren, nun im Übergang befindlichen Erde gerecht. Es ist mir jedoch möglich, Einblicke in einen Langzeitprozess und Erklärungen zu geben, die auf meinen im Laufe der vergangenen zwei Jahre gemachten Erfahrungen beruhen, während derer ich mich im unablässigen Kontakt mit dem entstehenden Erdkosmos befand.

Ich fing an mich für eine Neudefinition unseres geomantischen Wissens zu interessieren, als mir klar wurde, dass uns die Erdwandlungen nicht einfach durch die prophezeiten Umwälzungen auf der physischen Ebene berühren werden, sondern dass sie einen weit raffinierteren Weg eingeschlagen haben und auf den subtileren Ebenen der Wirklichkeit Einfluss nehmen. Ich begriff, dass der Prozess, in dem sich die ätherische, emotionale und geistig-seelische Dimension der Erde erneuert, eine entscheidende Rolle dabei spielt, die rela-

tiv gewaltfreie Transformation des Planeten zu sichern. Dadurch ergab sich eine entscheidende Frage. Wenn wir keinerlei Einblick in die neuen Zustände des Erdkörpers haben, die sich derzeit manifestieren, wie können wir dann bewusst mit der Erde an ihren Veränderungen arbeiten und ihr helfen, die Zerstörung des Lebens auf ihrer Oberfläche zu verhindern?
Ich nahm allen Mut zusammen und fragte während meines jährlichen Rückzugs in die Einsamkeit im September 1999 nach dem Wesen der neu entstehenden Erde. Jedes Jahr verbringe ich mit meiner Familie eine mir überaus wertvolle Woche auf einer winzigen Insel in der Adria und habe dort die seltene Gelegenheit, mit dem Erdbewusstsein Verbindung aufzunehmen. Hierzu suche ich täglich das Gespräch mit einem hoch entwickelten Mitglied der Gemeinschaft der Elementarwesen und Naturgeister, die auf der Kuppe eines Hügels unmittelbar neben der Inselkirche wohnt. Auch wenn Elementarwesen normalerweise nicht über die Art von Individualität verfügen, derer wir uns erfreuen dürfen, haben doch einige von ihnen in fortgeschrittenen Entwicklungsstadien eine gewisse Persönlichkeit entwickelt. Im Fall meines Freundes steht seine Individualität in Beziehung zu seiner Rolle als Bewahrer der Erdweisheit und hat sogar Widerhall in einem Namen gefunden. Sein Name ist Julius.*

Da das Bewusstsein der Erde sich auf der emotionalen Ebene manifestiert, besteht die Sprache, auf die man sich einlassen muss, um ihre Botschaften zu verstehen, aus einer Mischung von inneren Empfindungen, die sich aus Bildern, Intuitionen und Gefühlseindrücken zusammensetzen. Der menschliche Geist braucht Zeit, um herauszufinden, wie der eher unstrukturierte Fluss, in dem sich die Natur ausdrückt, in Wörter

* Gespräche mit Julius gebe ich wieder in meinen Büchern *Elementarwesen, Wege der Erdheilung* und *Erdsysteme und Christuskraft.*

übersetzt werden kann, die Menschen Kommunikation ermöglichen. Doch sobald das Muster erst einmal erfasst ist, hat mein Bewusstsein keine Schwierigkeiten mehr damit, die Botschaft in eine klare und verständliche Sprache zu übertragen. Allerdings könnte der »subjektive« Einfluss des strukturierenden Geistes auf die »objektive« Botschaft eines Elementarwesens problematisch sein. Doch handelt es sich hierbei um ein allgemeines Problem, das immer dann zum Tragen kommt, wenn wir die »Welt der objektiven Fakten« verlassen, die seit zwei Jahrtausenden von der westlichen Zivilisation künstlich am Leben gehalten wird und die durch den Einfluss der westlichen Kultur inzwischen auf dem gesamten Planeten Verbreitung gefunden hat.
Die Wirklichkeit des Lebens kennt diese Objektivität nicht, an die wir so gerne glauben möchten. Meine Erfahrungen bei der

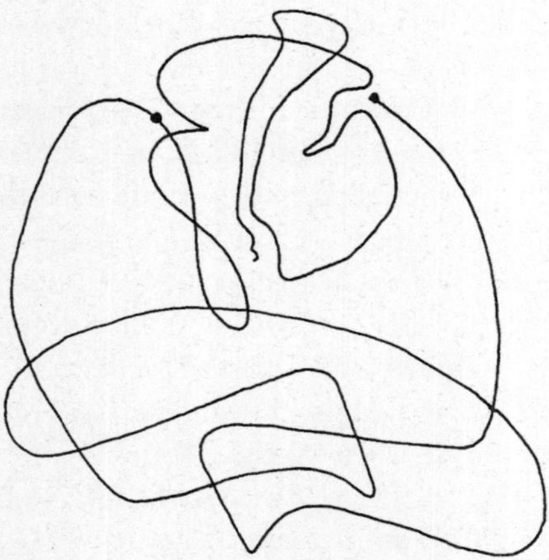

Julius, der Alte Weise, mein Freund aus der Welt der Elementarwesen. So zeigte er sich mir im August 1993, als ich mein Buch *Elementarwesen* vorbereitete.

Arbeit mit dem Erdkosmos haben mir gezeigt, dass ausnahmslos hinter jedem so genannten objektiven Phänomen ein subjektives Bewusstsein wirkt. Oder, noch genauer ausgedrückt, die subjektiven und objektiven Aspekte der Wirklichkeit sind untrennbar und durchdringen einander. Das heißt, dass man, wenn man echte Wahrnehmungen sucht, sich nicht ausschließlich an den so genannten objektiven Fakten festhalten darf, sondern sein Herz öffnen und sorgfältig auf das Wirklichkeitsgewebe hinter der Tapete beweisfähiger Merkmale achten muss. Die Wahrnehmung oder die Mitteilungen über sie wird selbstverständlich von der subjektiven Sicht der beteiligten Personen gefärbt sein. Doch kann man diese »subjektive Note«, die in unserer Kultur gerne herabgesetzt wird, auch als liebevolle Note bezeichnen, da sie ein Hinweis auf den gegenseitigen Respekt ist, welchen die Partner des Diskurses füreinander empfinden und der es ihnen gestattet, den jeweils anderen im Spiegel der eigenen Seele zu sehen.

Am frühen Morgen des 11. September 1999 begann ich mein Gespräch über die innere Ordnung des Erdkosmos mit Julius, meinem Freund aus dem Reich der Elementarwesen. Während der vorangegangenen Tage hatte ich mit ihm über den letzten Zyklus von Erdwandlungen gesprochen. Bei dieser Gelegenheit machte er mir erstmals bewusst, dass im Augenblick zwei Realitätsschichten zum Tragen kommen. Die eine sind die derzeit vorherrschenden kulturellen und gesellschaftlichen Normen, mit denen wir vertraut sind. Wir sind stolz darauf, sie zu begreifen und zu beeinflussen. Die andere Schicht ist uns ein Rätsel. Sie ist in unserem Unterbewusstsein untergetaucht, und wir wollen von ihrer Existenz am liebsten nichts wissen. Wir fürchten uns vor den Störungen, die das plötzliche Auftauchen dieser Schicht in unserem Leben auslösen könnte. Doch früher oder später müssen wir damit in

Berührung kommen, denn für die Zukunft verkörpert sie die vorherrschende Wirklichkeit.
Doch Julius wollte noch ein weiteres Argument anbringen. Als Zivilisation haben wir uns für bestimmte gesellschaftliche und kulturelle Normen entschieden und sind überzeugt davon, hier die höchste Autorität zu sein. Doch selbst dies ist irreführend. Indem Julius auf seine eigene Autorität als Sprecher für die Natur hinwies, beharrte er darauf, dass die biologische Landschaft ihr Leben ohne den »Vibrationsuntergrund«, also eine Reihe bestimmter bioenergetischer Kraftfelder und anderer geomantischer Phänomene, nicht aufrechterhalten kann. Von der Wissenschaft werden diese bioenergetischen Kraftfelder selbstverständlich ignoriert, und doch stellen sie die Grundvoraussetzung für jegliches Leben dar.
Aus diesem Grund werden überall auf der Welt Menschen unter Missachtung der gegenwärtigen Vorherrschaft des Verstandes von ihren natürlichen Instinkten dazu inspiriert, sich wieder mit Techniken wie Wünschelrutengehen, Feng Shui oder anderen Formen von Geomantie zu beschäftigen. Ihre Bemühungen wirken als Gegengewicht zu der äußerst einseitigen Ausrichtung der Wissenschaft auf die physische Oberfläche der Wirklichkeit. Doch wie uns allen bekannt ist, wurden diese geomantischen Wissensbereiche wieder und wieder als »Grenzwissenschaften« verunglimpft und aus der etablierten Wissenschaft ausgeschlossen. Weil sie den materialistischen Rahmen transzendieren, der dem Denken auferlegt wurde, werden sie fälschlicherweise als »esoterisch« bezeichnet.
Julius war entschlossen, mir klar zu machen, dass beide Seiten, die von der Öffentlichkeit akzeptierte und die ignorierte, für die Lebensqualität auf der Erde die gleiche Bedeutung haben. Sie gehören zusammen, und nur wenn sie aneinander

gekoppelt sind, können sie die so genannte fünfdimensionale Wirklichkeit aufbauen und die Lebensformen ermöglichen, die wir heute kennen. Ganz egal, was dem menschlichen Intellekt auch dazu einfällt!

An dieser Stelle nahmen seine Mitteilungen eine interessante Wendung. Julius betrachtet die fünfdimensionale Wirklichkeit als diejenige, die im Verlauf der gegenwärtigen Erdwandlungen transzendiert wird. Unter dem Begriff »fünfdimensionale Wirklichkeit« verstehe ich eine Wirklichkeit, die zum einen von den drei Dimensionen des physischen Raums geschaffen wird, also von Breite, Höhe und Tiefe. Die vierte Dimension ist der Zeitrhythmus und die fünfte die bioenergetische oder ätherische. Diese Letzte ist es, die gewöhnlich von Geomanten und Wünschelrutengängern wahrgenommen wird.
Telepathisch übermittelte mir Julius ein recht eigenartiges Bild, das sich mit der Vorstellung der kommenden Transformation deckte. Ich sah die fünfdimensionale Struktur wie eine steife Kruste auf der Erdoberfläche liegen. Unter ihr verborgen befanden sich verschiedene ätherische Organe und Kraftzentren, die das Leben des Planeten antreiben. Doch waren sie eingetaucht in ein trübes Licht, vergleichbar jenem aus der Traumwelt. Doch die Kraft, die sich in der Kruste an der Oberfläche regte und für das Leben steht, wie wir es heute kennen, war von Natur aus tausendmal schwächer als die Kraft, die sich als schlummerndes Potenzial im Inneren der Erde befindet.
Ich erkannte, dass man mir die Erde in ihrem gegenwärtigen Zustand gezeigt hatte. Und die Vision war durchdrungen von der klaren Botschaft, dass die Welt diesen Zustand nicht mehr länger aufrechterhalten kann. Der Planet wurde derart ausgeplündert und beschädigt, dass er seine wesenhafte Kraft und

seine Identität verliert. Das ist eine der Hauptursachen, warum er sich auf einen Weg der Veränderung begeben hat. Er ist im Begriff, die im Laufe der Menschheitsgeschichte erzeugte Fragmentierung zu transzendieren.

Die gegenwärtig ablaufenden Erdwandlungen stellen sich als ein dreigeteilter Prozess dar. Zunächst werden wir einen komplizierten Prozess miterleben, in dessen Verlauf die eben erwähnte fünfdimensionale Kruste aufbricht und als eigenständige Wirklichkeitsschicht zu existieren aufhört. Selbstverständlich wird diese Erfahrung für uns Menschen schwierig sein, da wir uns daran gewöhnt haben, diese Schicht als einzige Wirklichkeitsform zu betrachten.

Doch auch das bedeutet nicht, dass wir mit einer wirklichen Verheerung rechnen müssen, die manche für das Ende des zweiten Jahrtausends voraussahen. Warum nicht? Weil parallele Prozesse ablaufen, in denen das zuvor schlummernde Potenzial der Erde zum Leben erwachen und sich nach und nach in der unmittelbaren Wirklichkeit des Alltags manifestieren wird. Auf diese Weise wird Schritt für Schritt eine neue räumliche Struktur entstehen. Diese Prozesse werden uns Gelegenheiten bieten, uns an die neuen Bedingungen anzupassen und uns so zu einem Entwicklungssprung veranlassen, der für unser Vorankommen entscheidend ist und uns obendrein uns selbst näher bringt.

Zusätzlich werden wir einen dritten Prozess miterleben, in dessen Verlauf bestimmte Aspekte der fünfdimensionalen Wirklichkeit in das neue Schema des Erdkosmos integriert werden. Diese Aspekte haben einen natürlichen Wert und bringen nicht nur menschliche Willkür zum Ausdruck. Insbesondere meinte Julius den Aspekt, der es Leben gestattet, sich durch Materie auszudrücken, also zu materialisieren. Diese Qualität darf auf keinen Fall verloren gehen, denn sie ist ein einzigartiger Beitrag, den die Erde zum universellen Ganzen beisteuern kann.

Nachdem ich bis zu einem gewissen Grad begriffen hatte, auf welche Weise sich die neue Wirklichkeit der Erde manifestieren würde, interessierte ich mich für die geomantischen Systeme der Erde, die man mir als derzeit schlummernde Potenziale vorgestellt hatte. Sie sind im Begriff, zu den vorrangigen Kräften des entstehenden Erdkosmos zu werden und werden ohne Zweifel die entscheidenden Faktoren unserer zukünftigen Lebensbedingungen sein – einer Zukunft, die zum Teil bereits Gegenwart geworden ist.
Die erste dunkle Ahnung von der Existenz eines mir unbekannten geomantischen Systems kam mir in der Folge eines merkwürdigen Traums, den ich im Mai 1998 hatte. Das war nur einen Monat nach Abschluss der ersten Phase der Erdwandlungen. Ich träumte, dass ich durch einen Wald ging und den Rand einer großen Lichtung erreichte. Ich war überrascht, dort einen Tiger liegen zu sehen, der sich im Sonnenlicht aalte. Um noch mehr von der Sonne zu haben, hatte sich der Tiger in einzelne Teile zerlegt und jedes für sich den Sonnenstrahlen ausgesetzt. Als das Tier meine Anwesenheit bemerkte, setzte es sofort alle seine Teile wieder zu einem Ganzen zusammen und verschwand im Dschungel. Doch in seiner Eile hatte der Tiger eine seiner majestätischen Tatzen vergessen und auf der Wiese zurückgelassen. Ich stellte fest, dass ich mich mit dem Gedanken beschäftigte, ob ich die Tatze nehmen, in der Erde begraben und damit den Tiger für alle Zeiten zum Krüppel machen sollte.
Die Botschaft des Traums war mir ein Rätsel, bis ich ein paar Monate später eine Wirklichkeitsdimension kennen lernte, deren Existenz mir bisher vollkommen unbekannt gewesen war. Sie hatte sich tief im unbewussten Reich ursprünglichen Raums verborgen. Doch musste diese Dimension, wie der Traum mir klar machte, von großer Bedeutung für die Beweglichkeit der geomantischen Systeme der Erde sein. Was

hätte ein Tiger mit nur drei Beinen schon ausrichten können?
Die dem Traum entsprechende Erfahrung wurde mir erst Anfang 1999 zuteil, als ich Kraftquellen wahrzunehmen begann, wie sie mir nie zuvor begegnet waren. Ich habe sie im vorangegangenen Kapitel beschrieben. Wie ich dort bereits mitteilte, habe ich es mir zur Gewohnheit gemacht, diese neu entstehenden Kräfte als »neue Kräfte« zu bezeichnen, da sie sich in ihren Eigenschaften deutlich von den mir bisher bekannten geomantischen Kräften unterscheiden. Sie lassen sich nicht kategorisieren, können beispielsweise zugleich von irdischer und kosmischer Qualität, yin und yang sein. Sie funktionieren jenseits der Rationalisierungen linearer Logik.

In dem geomantischen System, das durch das fehlende vierte Bein des Tigers symbolisiert wird, könnte man die Basis aller Ausdrucksformen des Lebens sehen. Es steht mit den tiefsten Schichten der Existenz in Beziehung, die alle Ebenen des Lebens, sichtbare und unsichtbare, versorgen. Auf Grund einer Inspiration aus dem Engelreich bezeichnete meine Tochter Ana das System als »Erdversorgungssystem«*.
Diese Inspiration empfing Ana am 10. Februar 1999, als sie den Engel der Erdheilung um Einsichten bat, die mich auf ein Erdheilungsprojekt in Dachau, einer kleinen Stadt in Süddeutschland, vorbereiten könnten. Auf Grund seiner unglücklichen Geschichte ist der Ort weltweit berühmt: Während des Zweiten Weltkriegs befand sich dort eines der entsetzlichen Nazi-Konzentrationslager. Ich hatte geplant, mich ein paar

* Ich verwende den traditionellen Begriff »Engelreich«, um das universale (göttliche) Bewusstsein zu bezeichnen, das das gesamte Universum durchdringt.

Monate später mit einer Gruppe von 50 Deutschen in Dachau zu treffen. Gemeinsam wollten wir versuchen, die Muster freizusetzen, die die Geschichte diesem geomantisch einmaligen Ort aufgedrückt hatte, und einige seiner Energiepunkte wiederzubeleben.

Als Ana um Führung durch das Engelreich bat, um die Arbeit richtig vorzubereiten, stellte sich heraus, dass ausgerechnet Dachau der Standort der mächtigsten und fruchtbarsten Quellen des Erdversorgungssystems ist. In seiner Mitteilung beschrieb der Engel der Erdheilung das System als eines, das Leben in all seinen unterschiedlichen Facetten nährt und sichert und von Herzensenergie durchdrungen ist. Das grundlegende Erdversorgungssystem ist ihm zufolge eine Reihe von Quellen mit unterschiedlichen energetischen Eigenschaften, die jedoch durch eine gemeinsame Schwingung zusammengehalten werden.

Wie ich bereits erwähnte, habe ich seit Januar 1999 überall die Entstehung von Quellengruppen wahrgenommen, die zum Erdversorgungssystem gehören – für die Kontinente, die ich in diesem Jahr nicht besucht habe, kann ich natürlich auch nicht sprechen, doch für Europa und Nord- wie Südamerika trifft meine Beobachtung mit Sicherheit zu. Dies würde bedeuten, dass die Erde gegenwärtig ihre grundlegenden Kraftquellen aktiviert und ihre Vibrationen gewaltig beschleunigt, um auf diese Weise alle Ebenen ihres Lebens zu größerer Geschwindigkeit anzutreiben.

Mit der Gruppe, die sich für die Erdheilungsarbeit in Dachau versammelt hatte, suchte ich einige der Hauptquellen des Erdversorgungssystems auf. Sie befanden sich in einem Umkreis von etwa 18 Kilometern rings um Dachau. Die meisten waren durch die destruktiven Muster blockiert, die durch das Konzentrationslager und die damit in Zusammenhang stehenden Traumata auf den Ort projiziert worden waren. Während der außerordentlich schwierigen Erdheilarbeit in Dachau* entstand in mir der Eindruck, dass die Nazis um das Geheimnis des grundlegenden Kraftsystems der Erde wussten und Dachau bewusst als Standort für das Lager ausgewählt hatten, weil sie die Kraftquellen unterdrücken oder sogar mit ihrem Potenzial experimentieren wollten. Möglicherweise wussten die Verantwortlichen des Naziregimes, dass diese Kräfte für eine noch nie da gewesene Zerstörung missbraucht werden konnten, wie es sich später bei der Explosion der Atombombe über Hiroshima tatsächlich bewahrheitete.

Erst nachdem ich das Erdversorgungssystem kennen gelernt hatte, begriff ich die symbolische Bedeutung des Drachen. Die Mythen aller alten Kulturen auf der ganzen Welt berichten von solchen unglaublich mächtigen Geschöpfen. Sie gehören in die Reiche der tiefen Erde oder der unendlichen Ozeantiefen, und nur dort ist ihre ungeheure Kraft richtig unter Verschluss und wird von der kosmischen Ordnung der Erde zum Schweigen gebracht. Dies sind die einzigen Orte, an denen ihre Gegenwart und ihr Tun von Nutzen sind.

Das Erscheinen von Drachen auf der Erdoberfläche würde verheerende Folgen haben. Sie würden sich dann in der zerstörerischen Hitze des Feuers manifestieren, die alles Lebendige tötet. In den Mythen werden sie als gnadenlose Monster geschildert, die die Sanftmut des Herzens nicht kennen. Häufig wohnen sie in Höhlen und verlangen die Auslieferung der schönsten Jungfrauen des Königreichs an sie, andernfalls drohen sie mit der Verwüstung des Landes.

Im November 1999 besuchte ich mit meiner Tochter Ana das Gebäude der Vereinten Nationen in New York und hatte dort

* Meine Methoden der Erdheilung sind im Einzelnen meinem Buch *Wege der Erdheilung* (siehe insbesondere Seite 195 bis 255 sowie Seite 291 bis 316) zu entnehmen.

die Gelegenheit, die Strahlung einiger Alltagsgegenstände zu spüren, die der Explosion der Atombombe in Hiroshima ausgesetzt gewesen waren. Die Vereinten Nationen stellen sie in ihren Räumen aus, um uns vor dem Missbrauch von Atomkraft zur Zerstörung von Leben zu warnen. Ich habe niemals zuvor eine so gnadenlose Gegenwart des Todes gespürt, wie sie von diesen Gegenständen ausging.

Meine Intuition brachte sie mit den Mythen in Verbindung, die von den Gefahren berichten, die eine Berührung mit den Drachenkräften auf der falschen Existenzebene mit sich bringt. Durch unsere moderne Atomtechnologie missbrauchen wir die grundlegenden Kräfte der Erde. Die Kräfte des Erdversorgungssystems sollen sich auf natürliche Weise manifestieren. Sie sollen durch die verschiedenen Dimensionen der Wirklichkeit aufsteigen und schließlich als den einzelnen Geschöpfen immanente Lebenskraft hervortreten. Stattdessen werden sie von einem schlauen Rationalismus, der in die Grundstruktur der Schöpfung eindringt, gestohlen. Die Folgen sind, wie wir von Unfällen in Atomkraftwerken und natürlich durch Hiroshima wissen, vernichtend.

Die Kräfte des Erdversorgungssystems sollten sich im Gleichgewicht befinden und an den Orten zurückgehalten werden, die ihnen von der Natur zugewiesen sind. Zur Hervorhebung dieses Grundsatzes präsentieren uns die alten Mythen den Drachentöter. Seine spirituelle Aufgabe ist es nicht etwa, den Drachen zu töten – man darf das Symbolbild nicht mit der Wirklichkeit verwechseln –, sondern die Drachenkraft in die Schranken des Ortes zu weisen, der ihr im Kosmos zugeteilt wurde. Für Europa ist der Erzengel Michael, eine im Mittelalter häufig dargestellte Gestalt, ein gutes Beispiel. Tief versenkt er den Speer in den Rachen des ihm zu Füßen liegenden Drachen. Das Leben kann nur dann zur vollen Blüte kommen, wenn eine angemessene Beziehung zwischen den spirituellen

Kräften des Universums und den Drachenkräften der Erde aufrechterhalten wird.
Auf genau dieses Gleichgewicht stießen meine Tochter und ich während unseres Besuches im Gebäude der Vereinten Nationen am East River. Es enthält nicht nur die oben beschriebenen Hinweise auf den Missbrauch der Drachenkräfte, sondern auch die stärkste Konzentration der spirituellen Kräfte des Universums, die uns je begegnet ist. Diese Konzentration befindet sich in einem kleinen Meditationsraum, der von Dag Hammarskjöld, einem der frühen UN-Generalsekretäre, eingerichtet wurde. Er bietet Delegierten wie Besuchern – der Raum ist der Öffentlichkeit zugänglich – die Gelegenheit, ihre spirituellen Bedürfnisse ohne Rücksicht auf ihr Glaubensbekenntnis zum Ausdruck zu bringen. Nur ein einziger Gegenstand befindet sich in dem konischen Raum: ein altarähnlicher Meteorit aus kosmischem Eisen, der aus dem Sternenhimmel über Schweden auf die Erde fiel. Ich nahm eine unglaubliche Säule aus weißem Licht wahr, die aus dem Eisenstein heraus ihre ganze Umgebung mit beispielloser Herzkraft durchtränkte. Ich glaube, dass diese Kraft durch die Vereinten Nationen wirkt, um der Bedrohung, der die Erde durch unseren Missbrauch der fundamentalen Lebensenergien ausgeliefert ist, etwas entgegenzusetzen.
Die traditionelle Geomantie weist nicht nur auf die Gefahren hin, die der Missbrauch des Erdversorgungssystems mit sich bringt, sondern beschreibt auch, wie sich die Drachenkräfte seit Urzeiten auf der Erdoberfläche manifestieren. Sie weist auf die so genannten Drachenwege hin, auf denen sich die Drachen heimlich durch die Landschaft schleichen. Sie lassen hinter sich eine Spur ihrer Kräfte zurück, die von den Lebewesen in der Umgebung, auch von uns Menschen, aufgenommen werden.
Wenn ich mich meines inneren Blicks bediene, um mir einen

solchen Drachenweg anzusehen, dann erkenne ich einen organischen feurigen Energiestrom, der einem unsichtbaren Strom aus vulkanischer Lava ähnelt. Er schmiegt sich dicht an

Der Kraftstrom eines Drachenwegs (unten) im Vergleich zum Energiefluss einer Leylinie (oben)

den Boden und bewegt sich in einem langsamen und majestätischen Rhythmus. Seine Funktion würde ich als die eines Stroms aus natürlicher Sexualkraft beschreiben, die alle Aspekte des Erdorganismus befruchtet. In vorchristlicher Zeit folgten Pilgerwege häufig den Sexualkraftlinien der Erde, um ihre kreativen Energien zu würdigen. Im frühen Mittelalter war diese Tradition noch lebendig, und Kirchen wurden häufig entlang solcher Drachenwege errichtet, um ein Gleichgewicht zwischen den Sexualkräften der Erde und den spirituellen Kräften des Universums herzustellen. Solche Kirchen sind häufig der ausgleichenden Kraft des Erzengels Michael geweiht.

Um diesen bedeutsamen Punkt näher zu erläutern, möchte ich wiederholen, dass in der zurückliegenden Ära der Planetengeschichte mit Drachen in Verbindung stehende Phänomene der Beziehung zwischen der Erdoberfläche und dem grundlegenden Erdversorgungssystem zugeordnet wurden. Außerdem weise ich an dieser Stelle noch einmal darauf hin, dass sich das gleiche Leben erhaltende System kürzlich überall auf der Erde auf neue Weise zu manifestieren begonnen hat. Diese Manifestation geschah in Form von Zusammenballungen von Kraftquellen, aus denen Energien fließen und langsam alles mit ihren unvorstellbar heilkräftigen und lebensfördernden Qualitäten durchdringen.

Da wir Menschen Fraktale des Erdkosmos sind, muss alles, was Bestandteil der Erdessenz ist, auch in unserem menschlichen Körper und in unserer Seele zum Ausdruck kommen. Folglich sollte es möglich sein, etwas zu finden, das innerhalb des Mikrosystems, das uns am Leben erhält, mit dem Erdversorgungssystem korrespondiert. Ein Traum, den ich am 29. Januar 1999 hatte, wies mir die Richtung.

Der Traum hatte folgenden Inhalt: Gemeinsam mit meiner jungen Assistentin ging ich zu unserem Arbeitsplatz, als sich uns jemand näherte und ihr eine Kette mit einem wunderschönen, in eine Metallplatte eingravierten Kosmogramm anbot. Meine Assistentin verhielt sich so, als habe sie kein Interesse daran, den kostbaren Gegenstand zu erwerben. Mir jedoch fiel auf, dass er ihr außerordentlich gefiel, dass sie aber wohl annahm, nicht ausreichend Geld dafür zu haben. Ich entschloss mich, großzügig zu sein, und fragte sie, ob ich ihr die Kette kaufen dürfe. Dann schob ich meine Hand in die Gesäßtasche, wo wir Männer unser Portemonnaie aufbewahren, zog es heraus und öffnete es stolz. Zu meiner Enttäuschung musste ich feststellen, dass es nur zwei Dollar enthielt ...

Da die Kette mit dem Kosmogramm über dem Halschakra getragen werden sollte, glaube ich, dass es für die kreativen Fähigkeiten des Menschen steht. Das Portemonnaie andererseits, das sich in der Nähe des Wurzelchakras am rückwärtigen Teil des Körpers befindet, bedeutet die grundlegende Versorgungskraft, die unser Chakrensystem mit frischer archetypischer Energie speist.

Die Botschaft des Traums lautete, dass das im »Schatten« unseres Rückens wirkende Kraftversorgungssystem – auch wenn wir ihm nicht besonders viel Aufmerksamkeit schenken – eine Voraussetzung für die richtige Funktionsfähigkeit der »Sonnenseite« unseres Seins und für ihren Ausdruck in unserer Kreativität ist.

Überdies schlug die Botschaft im Hinblick auf unsere Zukunft, die durch den Prozess der Erdwandlungen rasch näher kommt, einen klaren Ton an. Der Traum enthält die Warnung, dass es uns vielleicht nicht mehr länger möglich sein wird, auf die Unterstützung durch das »hintere Versorgungssystem« zu verzichten und allein das gepriesene vordere Kraftsystem unseres Körpers zu nutzen. 1999 öffnete die Erde ihren Oberflächenorganismus, um die bereits erwähnten »neuen Kräfte«

aus ihrem grundlegenden Versorgungssystem hervortreten zu lassen, und wir sollten gleichermaßen lernen, unsere »hinteren Kräfte« zur Vorderseite unseres Körpers zu leiten.
Im Hinblick auf die sich abzeichnende Zukunft kann man sich vorstellen, dass die menschlichen Kraftfelder durch die Manifestation archetypischer Energien, die zuvor in den Tiefen der Erde lagerten, außerordentlich an Intensität gewinnen werden. Wir sollten Schritt für Schritt lernen, die »hinteren Versorgungskräfte« in die Gesamtheit unserer Leben erhaltenden Systeme zu integrieren. Auf diese Weise werden wir stark genug sein, um auch unter den Bedingungen der zukünftigen Erde zu existieren, uns nicht zu verlieren oder zu den Opfern ihrer gewaltig gesteigerten Kraft und Schönheit zu werden.

Der undifferenzierte Kraftstrom aus dem »Hinterraum« unterstützt die zahlreichen Aktivitäten unserer »vorderen Chakras«, so, wie die Kräfte des Erdversorgungssystems die vitalenergetischen Organe der Landschaft speisen. In jeder beliebigen Landschaft haben diese Organe spezifische Funktionen und ähneln darin den »vorderen Chakras« des menschlichen Körpers, die entlang der Wirbelsäule verteilt sind. Wie wir besitzt die Landschaft ein Herzzentrum, ein Solarplexuszentrum und ein Wurzelzentrum. Ich bezeichne diese Zentren als »vitalenergetische Organe«, da sie überall in der Landschaft Vitalkräfte verteilen.

Innerhalb eines jeden Holons* stößt man auf ein vitalenergeti-

* Als »Holon« (vom griechischen *holos* = ganz) bezeichne ich eine Raumeinheit, beispielsweise einen Kontinent, ein Land, eine Landschaft oder auch einen Wohnbereich. Eine sehr kleine Raumeinheit weist die gleichen Gesetzmäßigkeiten auf wie eine umfassende, der Unterschied liegt lediglich in der Größenordnung (siehe auch *Wege der Erdheilung*, Seite 294ff.)

sches Zentrum, das dem Solarplexuszentrum des menschlichen Körpers vergleichbar ist. Es ist dafür verantwortlich, die Landschaft mit Vitalkräften zu durchdringen. Für gewöhnlich arbeitet dieses vitalenergetische Zentrum wie eine ätherische Pumpe, die unablässig Vitalenergie aus den Venen des in der Tiefe der Erde befindlichen Versorgungssystems zieht. Das irdische Solarplexuschakra steuert außerdem den energetischen Output des Versorgungssystems und stellt es auf den Bedarf der sich auf der Erdoberfläche befindenden Lebewesen ein. Das vitalenergetische Zentrum leert sich strahlenförmig in seine Umgebung hinein aus, um das dort vorhandene Leben zu versorgen.

Ein weiteres Erdchakra besteht aus zwei ätherischen Zentren und stellt das Atemsystem dar. Eines der Zentren fungiert als Organ zum Einatmen, das andere als sein Gegenstück und damit also als Organ zum Ausatmen. Das Einatemzentrum transportiert die Kräfte seiner kosmischen Umgebung in die Tiefen der Erde hinein. Diese kosmischen Kräfte werden im Inneren der Erde angepasst, damit sie mit dem energetischen Niveau des sich auf der Erde befindlichen Lebens übereinstimmen, und schließlich durch das Ausatemzentrum ausgestoßen, um die Lebensprozesse auf der Erde zu unterstützen. Dieses Atemzentrum der Landschaft ist dem Halschakra im menschlichen Körper vergleichbar.

Auch ein Herzzentrum muss in jedem Holon vorhanden sein. Es hat die Aufgabe, die Lebenskräfte der Umgebung zu revitalisieren und sie ständig mit den stärkenden Vibrationen von Mutter Erde zu erfüllen, die für alle Lebewesen existenziell notwendig sind. Das Herzzentrum saugt unablässig die Kräfte der Umwelt ein, erneuert sie und schickt sie wieder hinaus.

Daneben existieren Erdzentren, die mit dem Kronenchakra des Menschen verglichen werden können und den Planeten mit verschiedenen kosmischen Quellen verbinden. Für gewöhnlich sehen sie wie Lichtsäulen aus, die den Erdkörper an irgendeine außerirdische Kraft- und Informationsquelle anschließen.

In jedem Holon findet sich außerdem ein System von Yin-Yang-Zentren, das unserem Sexualchakra entspricht. Wie das Atemsystem arbeiten sie in Paaren und bestehen aus voneinander unabhängigen Yin- und Yang-Zentren, aus denen

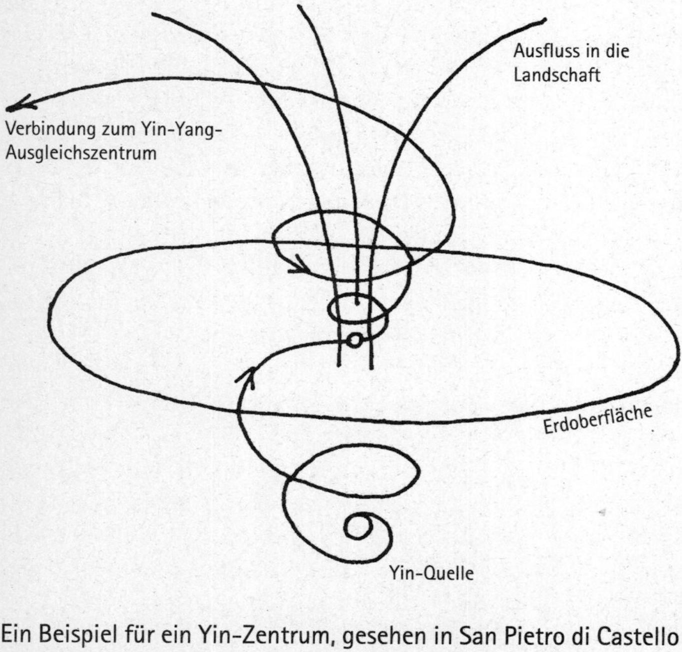

Ein Beispiel für ein Yin-Zentrum, gesehen in San Pietro di Castello in Venedig.

jeweils negativ und positiv polarisierte Kräfte ausströmen. Es gibt zahlreiche Prozesse in der Natur und im Menschen, die mit polarisierten Kräften gespeist werden müssen, wenn sie ihre kreative Dynamik vollständig entwickeln sollen. Das Yin- und das Yang-Zentrum einer bestimmten Umgebung stehen immer auf die eine oder andere Weise miteinander in Verbindung, und ihre Aktivität wird durch ein drittes Zentrum neutraler Qualität im Gleichgewicht gehalten.

Auch die Erdungszentren einer Landschaft sind von großer Bedeutung. Sie entsprechen unserem Wurzelchakra. Ihre Aufgabe ist es, zu verhindern, dass die subtilen Ebenen eines bestimmten Ortes nach oben treiben und so ihre Anbindung an die bereits beschriebenen und das grundlegende Erdversorgungssystem darstellenden Vitalkraftquellen verlieren. Die ätherische Form eines Erdungszentrums gleicht für gewöhnlich einem Baum. Seine Zweige halten Verbindung zu allen vielschichtigen Aspekten der Landschaft, und seine Wurzeln reichen tief hinunter in den Körper der Erde, um diese Aspekte fest zu verankern.*

Der Sinn dieses Buches besteht nicht darin, das herrliche ätherische Gewand der Erde in all seinen verschiedenen Aspekten zu beschreiben, doch ich muss wenigstens noch ein weiteres ätherisches Organ erwähnen. Es ist jedoch nicht in einem Zentrum angelegt wie die Chakras, sondern erstreckt sich linear durch die Landschaft. Bekannt sind diese Strukturen in der Regel unter dem Begriff »Leylinien«, obwohl man sich darüber im Klaren sein muss, dass eine Landschaft eine ganze Reihe verschiedener linearer Phänomene enthalten kann, die ebenfalls als »Leys« bezeichnet werden könnten.

* Weitere Informationen über die vitalenergetischen Organe sind in meinen Büchern *Wege der Erdheilung* und *Schule der Geomantie* enthalten.

Im Zusammenhang mit den Leben spendenden Organen der Erde meinen Leylinien nicht jene Linien, die eine gemeinsame Ausrichtung historischer Stätten bezeichnen. Diese sind Bestandteil der kulturellen Schichten einer Landschaft, nicht ihres Organismus. Ich beziehe mich hier auf die echten Kraft-Leylinien, die Lebenskraft im ätherischen Organismus einer Landschaft verteilen – ähnlich wie Akupunkturmeridiane im menschlichen Organismus. Mit meinem inneren Blick sehe ich eine Kraft-Leylinie als dynamischen Aufbau einer spiralförmigen Lebenskraft, die die Atmosphäre einer beliebigen Landschaft in einer geraden, doch gleichzeitig leicht wellenförmigen Linie durchstößt. Stellen Sie sich eine Schlange vor, die majestätisch durch die Landschaft gleitet, sich einen Hügel hinauf- und wieder hinabschlängelt, dabei jedoch immer einem geraden Weg folgt, der sich über tausende Kilometer erstrecken kann.
Die Vielseitigkeit und das exakte Funktionieren der Kraftorgane der Erde ist äußerst faszinierend. Dennoch möchte ich mich hier nicht mit Details beschäftigen, sondern mit der Gesamtheit des Erdkosmos. Im nächsten Schritt wende ich mich also dem Erdbewusstsein zu. Es ist ein ebenso wichtiges und nicht weniger komplexes Gegenstück zum Kraftorganismus der Erde.

Diese Beobachtungen stehen im Zusammenhang mit meinem Gespräch mit Julius, meinem Freund aus der Elementarwelt, von dem ich am Beginn des Kapitels zu berichten anfing. Ich entschloss mich, unserem Gespräch eine andere Richtung zu geben, und übermittelte ihm einen Strom von Gefühlen, die alle im Zusammenhang mit meinem brennenden Interesse am gegenwärtigen Zustand des Erdbewusstseins standen sowie an der Rolle, die Elementarwesen und Naturgeister darin spielen. Seine Antwort kam unvermittelt und freimütig: »Elementarwesen sind das Bewusstsein der Erde und haben die Aufgabe, die Impulse der Erdseele vom Planeteninneren an die Oberfläche zu bringen.« Das dazugehörige Bild zeigte mir Elementarwesen, die eine hoch empfindliche Informationsmembran bilden, mit der sie die Erdkugel umspannen und in der sie mit allen Lebensformen und -phänomenen, welche die Oberfläche des Planeten bewohnen, interagieren. Diese Membran setzt sich aus zahllosen kleineren und größeren Einheiten zusammen, die wir für gewöhnlich als »Elementarwesen« bezeichnen.

Es soll nun von den zwei Hauptschichten des Erdbewusstseins die Rede sein. Die tiefste Schicht könnte man als die »Erdseele« bezeichnen. Sie setzt sich aus einer bestimmten Zahl mächtiger Archetypen zusammen, welche die Identität des Planeten darstellen. Im ersten Kapitel meines Buches *Elementarwesen* beschreibe ich meine Erfahrung mit einigen Aspekten der Erdseele. Ich begegne diesen Aspekten, wenn ich mein Alltagsbewusstsein durch einen dunklen Tunnel verlasse und tief in die von mir so bezeichnete »unterelementare Welt« eindringe.* Diese Welt könnte man mit den Schichten unseres eigenen Unbewussten vergleichen, in dem die kollektiven Archetypen der Menschheit aufbewahrt sind. Diese Archetypen stellen den »Untergrund« dar, in dem unsere menschliche Identität und die kulturelle Kreativität wurzeln.
Im Zuge meiner Erdheilungsarbeit hatte ich das Glück, einige der heiligen Plätze der Natur kennen zu lernen. Diese stellen eine Art Öffnung im Erdbewusstsein dar, durch die man sich der Erdseele nähern kann. Einer dieser heiligen Plätze befindet sich mitten im Schwarzwald. Er hat die Gestalt eines recht kleinen, aber vollkommen runden und außerordentlich tiefen

* Siehe auch das Kapitel über die unterelementare Ebene des Raums in *Wege der Erdheilung* (Seite 136 bis 144).

Sees, der still am Fuße eines Berges liegt, den ich als Heiligtum der Erdseele erfahren habe. Der Berg heißt Hornisgrinde.
Als ich mit wachem Bewusstsein durch den See in den dunklen Tunnel gelangte und sein unteres Ende erreichte, fand ich mich schwebend in einer Landschaft wieder, die allein von Pflanzen bewohnt schien. Ich traf dort weder auf Tiere noch auf Menschen, sondern nur auf Pflanzen von fantastischer Gestalt und Schönheit. Ihre Schönheit war so überwältigend und ursprünglich, dass mir schier der Atem stockte. Es ist das verlorene Paradies, oder besser noch, das Paradies, das sich zurückgezogen hat und sich nun bestens geschützt in den Tiefen der Erdseele befindet.

Wenn man die unterelementare Ebene der Erdseele mit dem menschlichen Unterbewusstsein vergleicht, dann repräsentieren die Elementarwesen – oder »Naturgeister«, wie manche sie nennen – das Bewusstsein des Erdkosmos. Dieses gewaltige Bewusstsein, das sich aus allen nur denkbaren Elementarwesen zusammensetzt, nimmt an der gesamten Vielfalt der Lebensfunktionen auf dem Planeten aktiv teil. Es steht für den vollständig erwachten und aktiven Aspekt der Mutter Erde.
Julius, mein Freund aus dem Reich der Elementarwesen, setzte seine Mitteilung fort: »Es ist kein Zufall, dass Menschen zu den Gefährten des Planeten Erde geworden sind. Es liegt daran, dass ihr einem vergleichbaren Entwicklungsweg folgt.« Indem er auf unsere Fähigkeit zu unabhängigem Denken und freier kreativer Entfaltung hinwies, bemerkte Julius: »Die Erde unterscheidet sich von einigen anderen Planeten, da sie ihr eigenes Bewusstsein entwickelt hat, das sich durch die Welt der Elementarwesen manifestiert. Natürlich gibt es außerdem die Engelintelligenz, die das gesamte Universum durchdringt. Sie interagiert gleichfalls mit dem Erdbewusstsein, respektiert jedoch seine Autonomie.« Seine Worte ließen darauf schlie-

ßen, dass es auf der Erde drei Entwicklungsstränge gibt, die mit dem Bewusstsein des Planeten zusammenhängen; sie sind sich ihrer selbst weitgehend bewusst sowie autonom, dienen aber dennoch einem gemeinsamen Zweck: Es handelt sich um das Engelbewusstsein, das Bewusstsein der Menschen und das der Elementarwesen.

Aus dieser Warte betrachtet stellen Elementarwesen nicht nur den vereinigten Strom der Erdintelligenz dar, sondern verkörpern außerdem eine bestimmte Entwicklung, die jener von Pflanzen, Tieren und Menschen vergleichbar ist. Natürlich gibt es einen offensichtlichen Unterschied. Pflanzen, Tiere und Menschen können wir problemlos mit unseren physischen Sinnen wahrnehmen und unter Zuhilfenahme unseres rationalen Verstandes studieren. Bei den Wesen der elementaren Welt ist dies unmöglich. Hier haben wir es zwar mit Wesen zu tun, die einen Körper besitzen, jedoch keinen, der sich in physischer Form verdichtet. Vielmehr bestehen ihre Körper aus ätherischen Wirbeln und Lebenskraftfeldern, die fast vollkommen formlos sind.

Das bedeutet nicht, dass Elementarwesen keine praktische Rolle im Leben zu spielen haben. Ganz im Gegenteil! Die verschiedenen Arten von Elementarwesen erfüllen Aufgaben, die man mit jenen vergleichen kann, die unterschiedlichen Bereichen unseres Gehirns zugeordnet sind: die Überwachung des einwandfreien Funktionierens der Körperorgane; das Lesen und Interpretieren der Botschaften, die von unserem Nervensystem aufgenommen werden; das Sammeln und Aufbewahren von Erinnerungen etc. Auch die Elementarwesen haben all diese unterschiedlichen Funktionen zu erfüllen, nicht nur im Zusammenhang mit der Erde als Ganzes, sondern auch für jede einzelne Pflanze – sei es ein winziger Grashalm oder ein Baum – sowie für alle anderen Lebewesen, die auf der Erdoberfläche leben, wie für die Tiere und für jeden einzelnen Menschen.

Um so zahlreiche und unterschiedliche Aufgaben bewältigen zu können, haben sich Elementarwesen in einer unglaublichen Vielschichtigkeit entwickelt. Im Wesentlichen umfasst ihre Entwicklung vier Hauptströmungen, wobei jede zu einem der vier Elemente in Beziehung steht. Es gibt Wesen, die dem Element Wasser dienen und durch es wachsen und somit etwas mit den Lebensströmen zu tun haben. Es gibt andere, die mit dem Element Luft verbunden sind und für all die verschiedenen Interaktionen in ihrem Umfeld zuständig sind. Die Wesen, deren Haupteigenschaften dem Element Erde entsprechen, arbeiten mit Manifestationsprozessen und mit der Materialisierung von Form. Die dem Feuerelement zugehörigen Elementarwesen überwachen Wandlungsprozesse, Tod und Wiedergeburt.

Als ich mich auf dem Meißner in der Nähe von Kassel aufhielt, hatte ich das Glück, klare Antworten auf meine Fragen nach den verschiedenen Rollen von Elementarwesen zu erhalten. Bei dem Berg handelt es sich um einen alten Vulkan, der traditionell heilig und der Erdgöttin Frau Holle geweiht ist. Der Platz, an dem ich auf das Elementarwesenzentrum stieß, befindet sich am Rande eines Plateaus, das Kitzkammer heißt.

Während ich noch an einem nahe gelegenen Bach saß, mich auf die Elementarwesen des Wassers – traditionell als Nixen bezeichnet – einstimmte, begannen sie unerwartet in ihrer emotionalen Sprache von ihrer Arbeit zu erzählen. »Das Wasser des Baches ist voll flüssigem Äther, das Geschenk, welches er von Mutter Erde erhält. Wir verbinden ihn mit dem Luftelement aus der umgebenden Atmosphäre und mit dem Feueräther aus den Sonnenstrahlen. Wir arbeiten ohne Unterlass daran, diese drei Elemente zu Zöpfen zu verflechten, die sich in die Umwelt ausbreiten und sie mit der Qualität ewigen Lebens anreichern.«

Um mir die von ihnen verwendete »Technik« zu zeigen, wiesen sie auf meine Knie – ich saß am Ufer des Baches –, und innerhalb eines Augenblicks hatten sie meine Knie mit einer Yin-Yang-Polarität belebt. Dazu bemerkten die Nixen: »Wenn wir die drei Elemente verflechten, dann bedienen wir uns hierzu der natürlichen Polarität von Steinen und Ufern als Hilfsmittel.« Und im gleichen Moment manifestierten sie ein kreisendes Feuerrad, das mit einer Wolke aus wässriger Aura zwischen meinen polarisierten Knien in Wechselwirkung stand.
Sobald ich ein wenig höher hinaufwanderte und zu den Basaltfelsen gelangte, die sich über den Bach erhoben, bemerkte ich sofort die Feuergeister, die sich im Inneren des Vulkangesteins rhythmisch bewegten. Nachdem ich gerade so aufschlussreiche Erfahrungen mit den Wasserwesen gemacht hatte, nahm ich allen Mut zusammen und bat die Feuergeister, an meinem Körper den Dienst zu demonstrieren, den sie der Erdseele tun. Ich war überrascht, dass sie mich recht gewaltsam unter den Armen fassten. Einen Augenblick lang hatte ich das Gefühl, ich sollte doch lieber auf die Demonstration verzichten und mich widersetzen, doch dann entschloss ich mich, zu meiner ursprünglichen Entscheidung zu stehen und mich für die Feuergeister zu öffnen. Sie warfen mich hoch in die Luft. Je höher ich in die Atmosphäre hinaufflog, desto mehr nahm meine materielle Dichte ab, bis ich zum Schluss nur noch reine Vibration war.
Die Botschaft war eindeutig. Die Arbeit der Feuergeister besteht darin, materielle Form zu zerlegen, wenn sie ihre Aufgabe erfüllt hat, und die in der Form »erstarrten« Kräfte in den ursprünglichen Ozean der Vibration zurückzuführen.
Doch wagen Sie es nicht, die Feuergeister als Vorboten des Todes zu bezeichnen! Sie selbst empfinden sich als Vorboten der Freiheit – und das trifft auch zu.

Diese beiden Vorfälle stehen in Zusammenhang mit einem abgerundeten Elementarwesenzentrum, das seine Aufgaben als Bestandteil des Erdbewusstseins erfüllt. Jede Landschaft ist mit solchen Zentren überzogen. Es gibt auch Megazentren, doch sind diese äußerst selten. Sie verrichten eine hoch spezialisierte Aufgabe, in der Regel für einen ganzen Landstrich oder für den Großteil eines Landes. Beispielsweise gibt es ein besonderes Elementarwesenzentrum in Sarajevo in Bosnien. Als wir vor ein paar Jahren ein Erdheilungsprojekt für diese während des Bürgerkriegs stark zerstörte Stadt vorbereiteten, zeigte der Erdheilungsengel meiner Tochter Ana dieses Zentrum. Es befindet sich am Rande eines Moslemfriedhofs auf einem Hügel namens Cicin Han.

Im Juli 1999 arbeiteten wir in Sarajevo mit einer Gruppe von Enthusiasten zusammen, um die Traumata des Krieges aufzulösen. Ich nahm das Elementarwesenzentrum als riesige Kugel war, die sich unmittelbar unter der Erdoberfläche befand. Es setzt sich aus zahllosen farbigen Facetten zusammen, und sein Inneres wird durch konische Kammern strukturiert. Die Elementarwesen arbeiten darin wie Bienen, kommen und gehen ständig und breiten sich über die Landschaft aus. Mein Einblick machte mir klar, dass sie Impulse verteilen, die für die Fruchtbarkeit des Landes entscheidend sind.

Im weiteren Verlauf meines Diskurses mit Julius, dem Bewahrer des Erdwissens, bat ich ihn, mir mehr über die Entwicklung der Elementarwesen mitzuteilen. Als Antwort ließ er in mir den Gedanken entstehen, dass ihre Entwicklung gleich der der Menschen verschiedene Phasen kennt. Als Erstes erwähnte Julius die Schwierigkeiten, denen sich Elementarwesen vor Millionen von Jahren am Beginn des gegenwärtigen Zeitalters

Dimension	Geomantische Manifestation	Entsprechung im Menschen
Erdversorgungs-system	Quellen archetypischer Kräfte »Drachenkräfte«	Archetypische Kräfte des Rückens Sexualkräfte
Vitalenergetische Dimension	Vitalenergetische Organe (Kraftzentren) Leylinien (Energiewege)	Chakrensystem Akupunkturmeridiane
Bewusstsein der Erde	Unterelementare Ebene (Archetypen der Erde) Elementarwesen und Naturgeister »Selbst-Bewusstsein« der Erde Gaia	Unterbewusstsein Emotionale Bewusstseinsebene Mentales Bewusstsein

Die geomantischen Dimensionen der Erde

stellen mussten. »Damals musste die Erde ihre räumliche Dimension grundlegend erneuern, um für Menschen als Werkstatt zu funktionieren, in der sie ihren Sinn für Freiheit und persönliche Autonomie entwickeln konnten.« In dieser Phase hatten die Elementarwesen gemeinsam mit anderen subtilen Dimensionen der Erde aus der sichtbaren Welt zu verschwinden und zu lernen, das Leben sozusagen aus dem Hintergrund zu steuern und die so genannte fünfdimensionale Wirklichkeit (also die materialisierte Welt), die der Mensch für seine Entwicklung benötigt, zu unterstützen.
Elementarwesen mussten also Jahrtausend um Jahrtausend

eine Landschaft beleben, die von der physischen Starrheit der Materie geprägt ist. Diese Landschaft kann man sich als eine Art dicht gewebte Tapete oder als Bühnenbild vorstellen, hinter der sich die unsichtbaren Dimensionen der Erde verbergen. Die gegenwärtige Phase der Erdwandlungen bringt für die Elementarwesen eine radikale Umkehrung ihrer Entwicklung mit sich und zwingt sie, sich vollkommen neuen Herausforderungen zu stellen. Sie müssen nun lernen, all die subtilen Dimensionen des Erdkosmos, die hier bereits erwähnt wurden, in die Welt einzubringen.

3. Die unsichtbaren Dimensionen der Wirklichkeit wahrnehmen

An dieser Stelle will ich mit meiner Darstellung der verschiedenen Dimensionen der »neuen« Wirklichkeit innehalten. Es hat wenig Sinn, über all die vielen interessanten, dem Erdkosmos innewohnenden Phänomene zu sprechen, wenn Sie nicht über persönliche Erfahrungen mit Ihrer unmittelbaren Gegenwart verfügen. Wenn Sie nicht die Möglichkeit erhalten, sich durch eigene emotionale, intuitive und mentale Erfahrungen sowie auch physische Eindrücke von der Existenz all dieser Phänomene zu überzeugen, dann verfügen Sie nur über ein abstraktes und wenig nützliches Wissen. Theorien können wunderbar sein. Doch solange wir sie nicht erleben und in Beziehung zu unserem Alltag setzen können, haben sie nur geringen Wert.

Der Mensch ist frei. Freiheit ist uns als göttliches Geschenk bei der Geburt mitgegeben. Sie macht unsere menschliche Identität aus, und es ist folglich falsch, wenn wir blind auf eine Sache oder einen Menschen vertrauen, auch dann, wenn die vorgebrachten Argumente keinerlei Zweifel zulassen. Bevor wir den Vorstellungen und Ideen eines anderen Menschen vertrauen oder sie unterstützen, sollten wir auf unser Herz hören – auf unsere inneren Empfindungen, unsere Intuition – und dann entscheiden, ob sich der vorgeschlagene Weg mit den Grundprinzipien verträgt, die im Kern unseres Herzen festgeschrieben sind.

Doch möchte ich zugleich betonen, dass ich eine von Zweifeln bestimmte Geisteshaltung nicht unterstütze – der Hang zum Zweifeln wurde in unserem noch währenden, verstandesbetonten Zeitalter viel zu fest im menschlichen Bewusstsein verankert. Indem wir unseren Zweifeln Raum geben, verschließen wir unsere Herzen und unser Bewusstsein vor dem Lebendigen, das uns zu sehr herausfordert oder zu schön ist, um im Rahmen der durch die vorherrschende Kultur und die Medien geprägten Normen noch akzeptabel zu sein.

In meinen Workshops, in denen ich die Wahrnehmung unsichtbarer Realitätsebenen lehre, ist mir wieder und wieder aufgefallen, dass Teilnehmer ihre Zweifel benutzen, um ihre Wahrnehmungen »abzutöten«. Sie tun dies, weil ihr Verstand fürchtet, er könnte die Kontrolle verlieren. Wir haben gelernt, eine »unorthodoxe« Erfahrung in dem Augenblick anzuzweifeln, in dem sie in unserem Bewusstsein an die Oberfläche tritt. Auf diese Weise wird eine subtile Wahrnehmung vernichtet, sobald sie am Tor des Bewusstseins erscheint. Es reicht aus, wenn übliche mentale Muster auch nur für den Bruchteil einer Sekunde ins Spiel kommen und signalisieren: »Für eine so außergewöhnlich schöne Wahrnehmung bin ich gar nicht sensibel genug!« Und sofort wird das gerade empfangene Bild ausgelöscht.

Statt ständig zu zweifeln, sollte man sich unablässig um Vertrauen bemühen. Damit ist nicht das Vertrauen in die Ideen und Vorstellungen eines anderen gemeint, sondern das Vertrauen in sich selbst. Eine vertrauensvolle Geisteshaltung bringt zum Ausdruck, dass der Mensch geschaffen wurde, um auf natürliche Weise all die Ebenen und Dimensionen der ihn umgebenden Wirklichkeit wahrzunehmen, einfach weil er ein integraler Bestandteil all dieser Ebenen und Dimensionen ist. Wir sollten uns fragen, wieso wir sie nicht wahrnehmen können, obwohl sie in unserem Inneren bereits existieren.

Es ist nicht erforderlich, eine wie auch immer geartete besondere Sensitivität zu entwickeln, um sich an der Gegenwart von Elementarwesen zu erfreuen. Wir müssen lediglich den natürlichen Strom hereinkommender Informationen akzeptieren und ihm gestatten, in unserem Bewusstsein die ihm angemessene Ausdrucksform zu finden. Wir sollten es den Zweifeln, die sich in uns verfestigt haben, nicht gestatten, diesen Strom zu stoppen, noch bevor er unser Bewusstsein überhaupt erreicht hat!
Dies führt uns zum ersten Prinzip, dem wir Beachtung schenken müssen, wenn wir uns der ganzheitlichen Wahrnehmung öffnen wollen.

Sie müssen wissen, dass die Fähigkeit, sichtbare und unsichtbare Ebenen der Wirklichkeit zu erkennen, unsere natürlichste Begabung ist. Arbeiten Sie beharrlich an sich, um Ihr Muster des Zweifels zu erkennen und es zu verwandeln. Gestatten Sie es Ihrem rationalen Verstand nicht, Ihnen die besten Einblicke in die Schönheit des Lebens zu stehlen und Sie auf diese Weise zum Gefangenen gesellschaftlicher und kultureller Normen zu machen. Stattdessen müssen Sie lernen, sich selbst zu vertrauen.
Zweifel durch Vertrauen zu ersetzen, bedeutet nicht, sich selbst gegenüber unkritisch zu sein. Im Gegenteil! Es ist wichtig, dass der kritische Verstand einen gewissen Abstand wahrt, während er den Strom unserer Wahrnehmungen verfolgt. Er muss ein Auge auf uns haben, um dafür zu sorgen, dass wir richtig geerdet und auf das eingestimmt sind, was wir wahrnehmen. Er kann uns warnen, wenn die Fantasie mit uns durchgeht. Der kritische Verstand kann uns darauf aufmerksam machen, wenn wir die Grenzen des Möglichen überschreiten. Gestatten Sie es ihm, seine Kommentare sozusagen aus dem »Off« zu sprechen, erlauben Sie ihm jedoch nicht, in Ihre Wahrnehmungen einzu-

dringen und sie zu zerstören, noch bevor Sie sie überhaupt zu einem vollständigen Bild gruppieren konnten.
Konsequenterweise muss der nächste Schritt bei den Vorbereitungen auf eine ganzheitliche Wahrnehmung die Einflussnahme auf die Kontrollsucht des Verstandes sein.

Machen Sie sich bewusst, dass wir im Verlauf unserer kulturellen Entwicklung unserem rationalen Verstand die Kontrolle über unsere Wahrnehmungen gegeben haben. Das bedeutet, dass in jedem Augenblick der Verstand von Milliarden von Menschen – im Wesentlichen unbewusst – darüber entscheidet, was aus der Vielfalt von wahrgenommenen Phänomenen sich mit den jeweiligen kulturellen Normen deckt und was nicht. Die akzeptablen Phänomene dürfen in unserem Bewusstsein auftreten, alle anderen werden gnadenlos ausradiert.
Wenn Sie also Ihren Wahrnehmungen vertrauen und dennoch über das hinaus, was im Rahmen unserer Kultur anerkannt ist, nichts »sehen«, dann sollten Sie wissen, dass die Kontrollinstanz Ihres Verstandes die seiner Meinung nach unerwünschten Wahrnehmungen löscht. Sie selbst berauben sich der Erfahrungen, die Sie sich wünschen. Wie lange noch sind Sie bereit, sich zum Opfer dieses dummen Widerspruchs zu machen?
In diesem Zusammenhang erzähle ich gerne, was Jesus Christus zu der Erbarmungslosigkeit des kontrollierenden Verstandes gesagt hat. Er wurde in eine Zeit hineingeboren, in der der rationale Verstand im Begriff war, die Kontrolle über das menschliche Bewusstsein an sich zu reißen, und er war sich natürlich des Schadens bewusst, den seine nicht in Frage gestellte Herrschaft dem Menschen zufügen könnte*. In der Bibel steht

* Einige weitere Aussagen Christi über die Kontrollinstanz des Verstandes finden Sie in meinem Buch *Erdsysteme und Christuskraft*.

hierzu: »Wenn ein Hausherr wüsste, zu welcher Stunde der Dieb käme, so ließe er nicht in sein Haus einbrechen.« (Lukas 12,39)
Im Rahmen einer verstandesbeherrschten Kultur steht der Hausherr für den Verstand als Kontrollinstanz und der Dieb für die Wahrnehmungen, Intuitionen und Erfahrungen, die der Verstand normalerweise unterdrückt. Mit seinen Worten verlangt Jesus von uns, dass wir uns die Botschaften anhören, die wir in der Regel gerne abtun, die Botschaften dieser Wahrnehmungen, Intuitionen und Erfahrungen, die wie ein Dieb in unerwarteten Augenblicken auftauchen und den Verstand mit seiner Kontrolle über das Bewusstsein überlisten können. Identifizieren Sie sich nicht mit dem »Hausherrn«, und verschreiben Sie sich ihm nicht ganz und gar. Lassen Sie sich etwas einfallen, um ihrem »Dieb« einen gelegentlichen »Einbruch« in Ihr »Haus« zu ermöglichen.

Im vorangegangenen Kapitel habe ich zum Ausdruck gebracht, dass die Natur die Art Objektivität nicht kennt, die Menschen überall um sich her sehen wollen, damit sich ihr rationaler Verstand sicher fühlen kann. Alle Ebenen unserer Umwelt, die physische eingeschlossen, senden Informationsimpulse aus, und diese Botschaften erreichen unsere Sinnesorgane als *reine Lichtimpulse*. Unser Bewusstsein findet immer einen Weg, um diese Lichtimpulse zu interpretieren und angemessene Bilder oder Vorstellungen aus ihnen zu entwickeln, damit die Botschaft auch dem Verstand zugänglich wird.
Wir haben keine Vorstellung davon, wie kompliziert der Prozess ist, der abläuft, wenn wir auch nur den Bruchteil einer Sekunde einen Stuhl ansehen und ihn als solchen erkennen. Doch wir sollten uns klar machen, dass genau der gleiche Prozess mit gleicher Intensität abläuft, wenn wir einen Naturgeist »ansehen« und herauszufinden versuchen, welche

Rolle er wohl in der Beschaffenheit der Landschaft spielen mag.
Unsere Kultur zwingt unserem Bewusstsein unumstößliche, ja sogar pedantische Regeln und Muster auf, die es uns leicht machen, einen Stuhl als Stuhl zu erkennen. Doch wenn es um das Erkennen eines Naturgeistes geht, dann verhält sich die Situation genau umgekehrt. Der herrschende rationale Verstand akzeptiert nicht einmal die Tatsache, dass es ein solches Phänomen geben kann, daher hat er auch kein Muster zu bieten, das es uns ermöglicht, einen Naturgeist immer als solchen zu erkennen. Wenn unsere Wahrnehmung sich ausschließlich auf die Entscheidungen des Verstandes stützt – und das trifft für die überwiegende Mehrheit der Menschheit zu –, dann kann das Bewusstsein uns keine andere Mitteilung machen als die, dass es den Naturgeist gar nicht gibt.
Doch zahlreiche Märchen und Feengeschichten sowie künstlerische Darstellungen legen Zeugnis darüber ab, dass verschiedene alte Kulturen das Eindringen von Naturgeistern in das Bewusstsein der Menschen zuließen. In Initiationen und Belehrungen fanden die Menschen Gelegenheit, solche Wahrnehmungsmuster von einer Generation zur nächsten weiterzureichen, um für ein umfassenderes Verständnis dessen zu sorgen, was Menschen im Erdkosmos begegnet.

An dieser Stelle wäre hilfreich, Erfahrungen mit den unterschiedlichen Erscheinungsformen von Elementarwesen, die sie unter Berücksichtigung der verschiedenen kulturellen Muster der einzelnen Länder annehmen, zugänglich zu machen.
Als ich an meinem Buch über Elementarwesen arbeitete, stellte ich überrascht fest, dass sie sich häufig gerade so zeigen,

wie sie in den Märchen der betreffenden Region dargestellt werden. Wie mir später klar wurde, war diese auf das Mittelalter zurückgehende Märchentradition die einzige, die die Europäer auch während des zurückliegenden rationalistischen Zeitalters am Leben erhielten – wenn auch nur zur Unterhaltung ihrer Kinder.

Bei späteren Aufenthalten in Mexiko und Brasilien war ich nicht wenig überrascht, als ich Naturgeister genau in der Form sah, wie sie für die künstlerischen Darstellungen alter Indianerkulturen, beispielsweise der Tolteken und Maya, typisch sind. Meinem Verstand fiel es schwer, sich umzustellen. Meine Intuition andererseits akzeptierte den Unterschied sofort. Die Elementarwesen hatten offenbar, um sich selbst mitzuteilen, während der vorangegangenen Jahrhunderte die »Sprache« der jeweiligen ortsansässigen Kultur für sich übernommen. Da die Europäer, die später in Ländern wie Mexiko und Brasilien herrschten, keine Beziehung zu den dortigen Naturgeistern aufnahmen, ergab sich für diese keine Gelegenheit, die europäische »Bildersprache« kennen zu lernen. Als ich ihnen in Mittel- und Südamerika das erste Mal begegnete, zeigten sie sich folglich so, wie sie es aus der Beziehung zu den alten Kulturen gewohnt waren.

Ich möchte noch hinzufügen, dass ich, seitdem ich regelmäßig nach Südamerika fahre, gelernt habe, Elementarwesen außerhalb jeglichen Kulturmusters zu sehen, indem ich mich einfach auf die praktische Rolle konzentriere, die sie in der Landschaft als Aspekt des Erdbewusstseins spielen. Nur wenn wir Elementarwesen auf diese Weise auffassen, können wir den grundsätzlichen Unterschied zwischen den europäischen und amerikanischen Wahrnehmungsmustern transzendieren.

Der Geist der Baumwolle, wie er von der mittelamerikanischen Kultur der Paracas gesehen wurde.

Da sich die Menschheit in ihrem Individuationsprozess inzwischen so weit entwickelt hat, dass sie sich nicht mehr auf gewohnte Muster stützen muss, besteht die gegenwärtige Herausforderung an jeden Menschen darin, eine eigene, persönlichere Sprache zu schaffen, mit deren Hilfe er die ihn umgebende Wirklichkeit erfassen und beschreiben kann. Wir fangen gerade an zu lernen, wie wir unsere eigenen Wahrnehmungen bewusst mitgestalten können. Folglich müssen wir darauf vorbereitet sein, einer Welt zu begegnen, die in der nahen Zukunft ihre uns heute vertraute Uniformität verlieren

und eine für uns unvorstellbare Vielseitigkeit demonstrieren wird.
Praktisch bedeutet dies, dass wir uns, wenn wir uns darin üben, die unsichtbaren Dimensionen der Wirklichkeit wahrzunehmen, nicht die Methoden anderer zu Eigen machen dürfen, sondern herausfinden sollen, welche Ausdrucksform unseren eigenen Bedürfnissen am nächsten kommt. Am besten lernen wir unseren persönlichen Stil kennen, indem wir unsere Reaktionen auf verschiedene Phänomene, auf die wir uns einstimmen, genauestens beobachten. Sobald Sie erst einmal ein Gespür für »Ihren Weg« entwickelt haben, sollten Sie dabeibleiben, ihn gründlich kennen lernen, Übungen erarbeiten, die Ihnen helfen, diesen Weg weiter auszubauen, und ansonsten darauf vertrauen, dass er Ihnen das Angesicht der Wirklichkeit vermittelt, die für Sie von Bedeutung ist.
Beispielsweise bin ich während meiner Wahrnehmungsseminare auf Menschen gestoßen, die unsichtbare Phänomene ausgezeichnet anhand ihrer unterschiedlichen körperlichen Reaktionen erkennen können. Sie machen sie unter anderem an den Bewegungen ihrer Hände, Beine und Hüften fest. Das ganze Skelett kann bei solchen Menschen wie ein hoch sensibles Pendel wirken. Wenn es dem Körper gestattet ist, sich im Einflussbereich eines Vibrationsmusters frei zu bewegen, dann kann man seinen Bewegungen viel entnehmen.
Andere ziehen ihre emotionalen Eindrücke als Informationsquelle vor, und ihre Wahrnehmung basiert folglich auf einer emotionalen Sprache mit den entsprechenden zugehörigen Qualitäten. Die Wahrnehmung solcher Menschen richtet sich eher auf die Psyche eines Ortes als auf seine Kraftstruktur. Wieder andere konzentrieren sich auf Visionen. Ihr Bewusstsein übersetzt den hereinkommenden Informationsstrom in Farben, Lichtreflexe oder Bilder. Darüber hinaus ist es möglich, all diese unterschiedlichen Methoden miteinander zu kombinieren und

damit eine Wahrnehmung zu erhalten, die sich auf verschiedenen Ebenen ausdrückt und daher recht genau ist. Diese kombinierte Methode benutze auch ich in der Regel.
Wenn nun aber die Wahrnehmung so außerordentlich individualisiert ist, nach welchen Kriterien kann dann entschieden werden, was tatsächlich wahr und was Halluzination oder Einbildung ist?
Zunächst einmal: Es ist ratsam, in kleinen Gruppen zusammenzuarbeiten und sich über das Wahrgenommene auszutauschen, die eigenen Eindrücke mit anderen zu vergleichen und dann nach einem gemeinsamen Nenner zu suchen, der eine Aussage über die objektive Essenz des wahrgenommenen Phänomens trifft. Seien Sie dabei ehrlich mit sich selbst und anderen.
Wenn wir uns als Menschen nach und nach dafür entscheiden, die absolute Vormachtstellung der »objektiven Wirklichkeit« abzuschaffen, indem wir auch die subjektiven Qualitäten individueller Wahrnehmung zulassen, dann gewinnt ethisches Verhalten enorm an Bedeutung. Es wird zum wichtigsten Kriterium für die Glaubwürdigkeit der Wahrnehmungen, von denen jemand berichtet. Damit wiederum wächst die Notwendigkeit, unablässig an der persönlichen inneren Entwicklung zu arbeiten, um sich nicht in Illusionen und philosophischen Vorstellungen zu verfangen, die möglicherweise zu einer verzerrten Wahrnehmung und damit zu einem falschen Bild von der Wirklichkeit führen.
Wenn Sie Ihre Wahrnehmungsfähigkeit verbessern wollen, ist es außerdem ratsam, Ihren verstandesmäßigen Bewusstseinsanteil zurückzuhalten. Stellen Sie ihn auf »Stand-by-Betrieb«, damit er den Wahrnehmungsprozess beobachtet, doch gestatten Sie ihm keine Eingriffe. Auf diese Weise halten Sie ausreichend Distanz und können sich trotzdem potenzieller Gefahren für die Glaubwürdigkeit Ihrer Wahrnehmung bewusst werden. Es ist nicht immer möglich, eine ideale Erdung und

Anbindung auf allen Ebenen aufrechtzuerhalten, und daher kann es geschehen, dass die Wahrnehmung gelegentlich von Fantasiebildern getrübt wird.
Achten Sie außerdem darauf, bis zu welchem Grad die gewonnene Information Ihrem Bewusstsein bereits bekannt ist. Machen Sie sich klar, dass der Erdkosmos so vollkommen ist, dass es keine zwei gleichen Orte oder Augenblicke gibt. Jeder ist einzigartig, und jeder verfügt über spezifische Qualitäten, auch wenn diese vielleicht mit denen anderer vergleichbar sind. Vorsicht ist dann geboten, wenn sich ein bestimmtes Muster so oft wiederholt, dass es Sie schon zu langweilen beginnt.
Die Glaubwürdigkeit einer Wahrnehmung kann man daran erkennen, dass sie mit einem Gefühl von Unschuld und Überraschung verbunden ist. Das durchdringende Gefühl von Überraschung lässt darauf schließen, dass wir tatsächlich mit einem echten Augenblick oder Phänomen des Lebens konfrontiert sind. Solche Augenblicke und Phänomene sind immer neu und können uns nicht bekannt sein, bevor wir sie nicht tatsächlich erfahren. Dinge, die man im Voraus weiß oder kennt, haben ihren Ursprung in verstandesorientierten Mustern und Vorstellungen und gehen nicht mit einer lebendigen Erfahrung einher.

Wer sich für die unsichtbaren Schichten der Wirklichkeit interessiert, dem rate ich, zunächst einige Erdungs- und Anbindungsübungen zu machen. Wir sind an die Vorherrschaft des Verstandes gewöhnt und erkennen nicht, dass wir uns in künstlichen, vom Erdkosmos abgetrennten Strukturen befinden, innerhalb derer wir denken und fühlen. Wenn wir energetische, emotionale und spirituelle Kriterien zur Beschreibung heranziehen, schweben wir, statt Bodenberührung zu haben, im Vakuum. Wie aber können wir die subtilen Dimensionen der Natur, einer Landschaft oder eines Mitmenschen wahrnehmen, wenn wir innerlich mit diesen Dimensionen gar nicht verbunden sind?

Erdungsübung 1

1. Stellen Sie sich vor, dass Sie ein wunderschöner Baum sind. Ihre Wurzeln reichen tief in die Erde hinunter und verbinden Sie mit den emotionalen Qualitäten und Kräften des Planeten. Ihre Zweige ragen weit in den Himmel hinauf und suchen Verbindung mit den emotionalen Qualitäten und Kräften der Sterne.
2. Erhalten Sie diese Identität einen Augenblick lang in Ihrer Vorstellung aufrecht. Dabei nehmen Sie bewusst ihre Füße auf dem Boden (bleiben Sie locker in den Knien!) und die so zu Stande kommende Anbindung wahr. Versenken Sie sich in Ihre Verehrung von Mutter Erde und Vater Himmel. Indem Sie dies tun, stellen Sie eine Verbindung her, nicht nur auf der Kraftebene, sondern auch auf der emotionalen und der spirituellen Ebene.

Erdungsübung 2

1. Stellen Sie sich vor, dass Sie Ihre Atemluft aus den Tiefen der Erde einsaugen und sie in die Höhen des Kosmos hinaus entlassen.
2. Halten Sie einen Augenblick lang inne, dann kehren Sie die Übung um: Saugen Sie nun ihre Atemluft aus den Höhen des Kosmos ein, und entlassen Sie sie in die Tiefen der Erde.
3. Halten Sie wiederum einen Augenblick lang inne, dann

beginnen Sie die Übung von vorn. Halten Sie diese Atmung eine Zeit lang durch.

Erdungsübung 3

1. Stehen Sie aufrecht, und richten Sie Ihre Aufmerksamkeit und Ihren Respekt auf den Boden unter Ihren Füßen. Stellen Sie sich vor, dass die Erde in kleine Stückchen zerfällt, die Brotkrümeln ähneln. Lassen Sie diese Erdkrümel nun langsam in Ihrem Körper aufsteigen, bis sie den Scheitel Ihres Kopfes erreichen und dort Ihren Körper verlassen.
2. Halten Sie so einen Augenblick inne. Dann lassen Sie die Erdkrümel durch Ihren Körper wieder in den Boden zurückgleiten. Halten Sie neuerlich inne, und wiederholen Sie die Übung noch zweimal.

Diese Übungen können Sie überall machen, ohne Ihre Mitmenschen durch Ihr Verhalten zu beunruhigen. Die beiden ersten Übungen sollten auch dann funktionieren, wenn Sie sich in einem der oberen Stockwerke eines Gebäudes aufhalten. Sie müssen lediglich darauf achten, dass ihr Bewusstsein tief genug in die Erde unter Ihnen hineinreicht. Sollten Sie sich in einem Raum aufhalten, der sich für diese Art Arbeit eignet, dann können Sie noch einige der holografischen Übungen aus dem fünften Kapitel hinzufügen.

Ich rate Ihnen außerdem, diese Anbindungsübungen abzurunden, indem Sie die Ganzheit Ihres persönlichen Holons bekräftigen. Die diesem Zweck dienende Übung trägt den Namen »Schutzmantel-Übung«. Sie basiert auf der Vorstellung, dass Ihr ganzer Körper mit seinen energetischen, emotionalen und anderen Dimensionen von einem Schutzmantel umhüllt wird. Dieser Schutzmantel steht für die »Haut« unserer feinstofflichen Körper. So, wie die Haut unseren physischen Körper vor verschiedenen Infektionen schützt, bewahrt auch der Schutzmantel unser Kraftfeld und unsere Emotionen vor dem Eindringen fremder Energien und Informationen. Er setzt sich aus vielen Lagen von Lichtfiltern zusammen, die potenziell schädliche Vibrationen abstoßen. Machen Sie sich einmal klar, welch bedeutende Rolle die »Haut« unseres persönlichen Holons in einer Welt zu spielen hat, die mit den unterschiedlichsten Radiowellen, mit einer unendlichen Zahl von Telekommunikationskanälen, verzerrten Kraftfeldern, grauenvollen emotionalen Schwingungen etc. überfrachtet ist!

Andererseits ist es die Haut, die dem Körper die Atmung ermöglicht. Auch der Schutzmantel lässt »gute« Vibrationen durch und ermöglicht uns damit eine vollständige Kommunikation mit der uns umgebenden Welt. Das ist der zweite Grund, warum es so wichtig ist, dafür zu sorgen, dass Ihr Schutzmantel keine Schwachstellen aufweist oder irgendwelche Schäden davonträgt. Sorgen Sie für Sicherheit in Ihrem allerpersönlichsten Umfeld!

Schutzmantel-Übung

1. Nehmen Sie sich einen Moment lang Zeit, um sich in Ihrem Herzen zu sammeln. Dann stellen Sie sich vor, dass Sie von einem Schutzmantel umgeben sind wie ein Ei von seiner Schale und dass dieser Schutzmantel aus einer dünnen Membran besteht. Er umgibt Sie in einem Bereich, der ein wenig über den Ihres ausgestreckten Arms hinausgeht und außerdem unter Ihren Füßen noch etwa 80 Zentimeter tief in die Erde hineinreicht. Achten Sie darauf, dass Ihr

Schutzmantel eine gute, abgerundete Form hat, und vergessen Sie dabei Ihren Rücken nicht.
2. Machen Sie sich nun klar, dass Sie in diesem Schutzmantel zwar geschützt, von Ihrer Umgebung jedoch nicht vollständig abgeschnitten sind. Eine Lichtachse verläuft parallel zu ihrer Wirbelsäule und verbindet Sie gleichzeitig mit dem Mittelpunkt der Erde und dem Herzen des Universums.

Sobald Sie sich theoretisch mit der Existenz verschiedener Wahrnehmungsebenen vertraut gemacht haben und die vorangegangenen Übungen absolviert haben, sind Sie ausreichend vorbereitet, um sich mit den eigentlichen Wahrnehmungsübungen zu befassen.

Drei Wahrnehmungsübungen zum Thema: Den Körper als Instrument nutzen

1. Suchen Sie sich einen Platz im Freien, schließen Sie Ihre Augen, und stimmen Sie sich einen Moment lang auf den Ort ein. Dann öffnen Sie die Augen und richten Ihre Aufmerksamkeit, ohne den Kopf zu drehen, auf Ihr Umfeld. Umkreisen Sie sich im Geiste wieder und wieder. Überprüfen Sie Ihre Umgebung auf Geräusche, Gefühle, visuelle Eindrücke und so fort. Stimmen Sie sich auf die Gesamtheit Ihrer Umgebung ein, und ergänzen Sie Ihre physischen Wahrnehmungen, indem Sie die unsichtbaren Dimensionen neben oder hinter Ihnen intuitiv erfassen. Diese Übung können Sie auch machen, während Sie spazieren gehen. Dann müssen Sie jedoch sehr langsam und bewusst gehen.
2. Nehmen Sie die Hände zu Hilfe, um die Atmosphäre des

Ortes, den Sie erforschen wollen, zu ertasten, und berühren Sie seine unsichtbaren Strukturen und Qualitäten. Machen Sie sich ein Bild davon, wie sich diese Strukturen und Qualitäten anfühlen. Lernen Sie, Orte in ihrer Unterschiedlichkeit zu erspüren.

3. Stehen Sie an dem Ort, den Sie erforschen möchten, und entspannen Sie Ihren Körper. Stimmen Sie sich auf Ihre Umgebung ein. Gestatten Sie Ihrem Körper, sich den Rhythmen des Ortes hinzugeben. Erlernen Sie die Sprache Ihrer Körperbewegungen. Zu diesem Zweck können Sie sich auf die Bewegungen nur einer Hand beschränken oder aber die Bewegungen beider Hände oder des ganzen Körpers zu Grunde legen.

Drei Wahrnehmungsübungen zum Thema: Die emotionalen Qualitäten wahrnehmen

1. Sammeln Sie sich in Ihrem Herzen. Dann öffnen Sie sich ohne Erwartungen oder vorgefasste Meinungen dem Ort, den Sie erforschen. Während Sie sich öffnen, sollten Sie zugleich in Ihrem Herzen bleiben und auf Ihre Umgebung hören. Beginnen Sie nicht, den Ort auf eigene Faust zu erforschen; lassen Sie ihn selbst zu Ihnen sprechen. Warten Sie geduldig, bis der Ort sich Ihnen auf seine ureigenste Weise offenbart.
2. Um den Einfluss eigener Wunschvorstellungen zu vermeiden, kehren Sie den Rücken dem Ort zu, für den Sie sich interessieren. Versuchen Sie sich ein klares Bild über die Qualitäten des Ortes zu machen, indem Sie ihn durch Ihren Rücken »beobachten«.
3. Nähern Sie sich einem Busch oder Baum mit herabhängenden Ästen, und nehmen Sie einen der äußeren Äste mit sei-

nen äußersten Blättern vorsichtig zwischen Ihre Hände. Gehen Sie liebevoll und einfühlsam mit Ihrer pflanzlichen Schwester um. Horchen Sie auf die Gefühle, die möglicherweise durch Ihre Hände zu Ihnen gelangen. Diese Übung kann dazu dienen, mit dem Baumgeist Verbindung aufzunehmen.

Drei Wahrnehmungsübungen zum Thema: Bewusstsein freisetzen

1. Nun bringen Sie Ihre Chakras in den Wahrnehmungsprozess ein und nutzen sie als Wahrnehmungsorgane. Herz- und Solarplexuszentrum eignen sich für diesen Prozess besonders gut. Lenken Sie Ihr Bewusstsein in das gewählte Chakra, und konzentrieren Sie sich eine Weile darauf. Dann ziehen Sie sich mit Ihrem Bewusstsein auf den Raum hinter dem Chakra zurück, um sich ein wenig von seinem Zentrum zu distanzieren. Von dieser Stelle aus »blicken« Sie nun auf das Phänomen, das Sie näher erforschen wollen.
2. Wählen Sie eine Blume aus, und beobachten Sie sie einen Moment lang. Dann stellen Sie sich vor, dass Ihr Bewusst-

sein einer Biene gleicht, und Sie dringen in den Raum der Blume ein wie eine Biene auf der Suche nach Blütennektar. Während Sie sich im Inneren der Blume aufhalten, sollten Sie sich umsehen, damit Sie den Innenraum der Blume aus eigener Anschauung kennen lernen.

3. Stellen Sie sich nun vor, dass sich in Ihrem Herzen ein Auge befindet. Malen Sie sich aus, dass Sie dieses zwischen Daumen und Zeigefinger nehmen und es so durch Ihre Umgebung führen, wobei Sie den Ort aus unterschiedlichen Blickrichtungen »betrachten«.

Drei Wahrnehmungsübungen zum Thema: Umstülpung des Raumes

1. Breiten Sie Ihre Arme nach beiden Seiten hin aus, und stellen Sie sich vor, dass Sie den Ort Ihres Interesses an beiden Seiten berühren (Abbildung a).
Identifizieren Sie sich mit dem Ort, wie Sie ihn sehen. Dann bewegen Sie Ihre Hände aufeinander zu, bis sie auf ein und

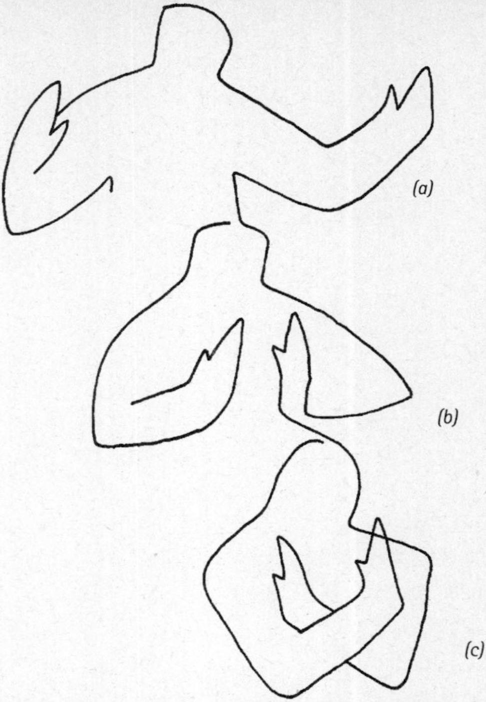

derselben Höhe sind und Ihre Arme sich sogar zu überschneiden beginnen (Abbildung b).
Während Sie Ihre Arme übereinander legen, stellen Sie sich vor, dass Sie den sichtbaren Aspekt des Ortes bis auf null kondensieren. Dann schließen Sie Ihre Augen und »blicken« durch das »Fenster«, das Ihre einander überschneidenden Arme bilden (Abbildung c).

2. Stellen Sie sich vor, dass Sie Ihre Umgebung in ihrer physikalischen Form einatmen. Wenden Sie sie in Ihrem Herzen, so dass das Innen zum Außen wird. Dann schließen Sie die Augen, atmen die gewendete Umgebung aus und stellen fest, wie sich die Wirklichkeit anfühlt.

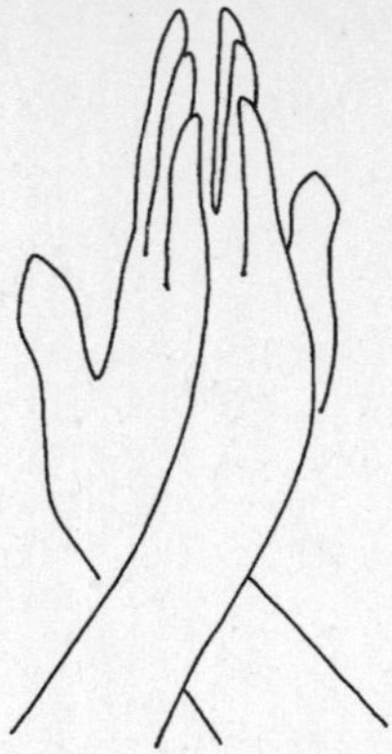

3. Legen Sie die Innenseiten Ihrer linken und rechten Hand aneinander. Dann drehen Sie sie, so dass sich nun die beiden Rückenflächen berühren. Resonanz führt dazu, dass im gleichen Augenblick auch Ihre Umgebung die Pole wechselt. Wenn Sie nun Ihre Augen schließen, dann können Sie sich einen »Einblick« in die Essenz der »anderen Seite« des Ortes verschaffen.

Drei Wahrnehmungsübungen zum Thema: Identifikation

Diese Art Übungen helfen dem Betrachter, mit dem Gegenstand seiner Betrachtung eins zu werden und einen Ausdruck für diese Einheit zu finden. Diese Einheit mit dem Gegenstand der Betrachtung ermöglicht auf natürliche Weise Einblicke in seine Essenz.

1. Denken Sie daran, wie Naturvölker sich mit Vogelfedern, Muscheln, Baumrinde und so fort schmücken und wie sie ihre Gesichter mit strahlenden Farben bemalen. Tun

Sie dies gleichfalls, jedoch nur in ihrer Vorstellung. Der Sinn dieser Übung besteht darin, der Elementarwelt diesen Aspekt Ihrer selbst zu zeigen, der ein natürlicher Bestandteil des Reichs der Natur ist.
Als Reaktion wird das Reich der Natur ihnen gleichfalls diesen Aspekt seiner selbst, der normalerweise nicht sichtbar ist, zeigen wollen. Wenn Sie sich in Ihrer Vorstellung schmücken, dann tun Sie es rasch und zielgerichtet. Wenn Sie fertig sind, schließen Sie die Augen und lauschen ohne Zweifel und Zögern.

2. Ruhen Sie einen Augenblick lang, und beobachten Sie die Merkmale der Sie umgebenden Landschaft. Dann schließen Sie die Augen und integrieren diese Merkmale in Ihren Körper, als seien sie ein Bestandteil Ihres Organismus. Tun Sie dies rasch und zügig, damit ihre Authenzität nicht verloren geht. Danach sollten Sie sich »umblicken« und den Ort betasten, damit Sie ein Gespür für seine Essenz bekommen. Er wird sich Ihnen offenbaren, wenn Sie sich zuvor vollkommen in ihn integriert haben.
3. Stellen Sie sich vor einen Baum, und imaginieren Sie, dass Ihre Beine mit der gleichen Art Rinde bedeckt sind wie der Baum. Stellen Sie sich vor, wie Ihr Körper nach und nach die Form dieses Baums annimmt. Dann öffnen Sie sich für den Baumgeist, um seine Botschaft zu empfangen.
Wiederholen Sie die Übung vor verschiedenen Bäumen, um sich für die Vielfalt ihrer Vibrationen zu sensibilisieren.

Zwei Wahrnehmungsübungen zum Thema: Geistführer zu Hilfe rufen

Später werde ich ausführlicher darlegen, dass jeder von uns von unsichtbaren Helfern umgeben ist. Wenn wir bereit sind, darum zu bitten, sind diese Geistführer äußerst willig, uns in dem Prozess zu begleiten, in dessen Verlauf wir die unsichtbaren Dimensionen eines Ortes kennen lernen.
Machen Sie sich jedoch klar, dass Sie den Prozess der Wahrnehmungsvertiefung eigenständig absolvieren müssen. Niemand kann Ihnen dies abnehmen oder erleichtern. Daraus folgt, dass Ihre Geistführer Sie vielleicht nicht unterstützen können, wenn Sie sich zu sehr auf ihre Fähigkeiten verlassen oder wenn Sie sie benutzen, um selbst den Anstrengungen des Lernens auszuweichen. Wenn Sie sich Ihren Geistführern aufzwingen, dann könnten Ihre Wahrnehmungen verzerrt oder sogar falsch sein.

1. Nähern Sie sich dem Ort, den Sie erforschen wollen, und schließen Sie die Augen. Stimmen Sie sich auf ihn ein, und bitten Sie Ihre persönlichen unsichtbaren Helfer, Sie an die Stelle zu führen, an der Sie den besonderen Aspekt des Ortes, den Sie besser kennen lernen möchten, am besten erfahren können.
   Wenn Sie den Impuls verspüren, die Hand vorzustrecken oder vorzutreten, dann öffnen Sie Ihre Augen und folgen dem Impuls an die Stelle, an der er verschwindet. Bleiben Sie dort stehen, und erforschen Sie die Stelle mit einer der hier vorgestellten Übungen.
2. Um mit dem Ort zu sprechen und bestimmte Informationen von ihm zu erlangen, muss man mit den Elementarwesen, die für ihn verantwortlich sind, oder mit seinen spirituellen Hütern in Verbindung treten. Um diesen Kontakt aufzu-

nehmen, sollten Sie sich erst auf den Ort einstimmen und ihn dann innerlich ansprechen, Ihre Gründe nennen und sich für seine Hilfe bedanken.
Als Nächstes heben Sie Ihr Bewusstsein auf die Ebene der Engelwesen. Visualisieren Sie helles weißes Licht, um den Kontakt auf der höchstmöglichen Ebene herzustellen, damit Sie mit Ihren Mitteilungen nicht auf einer tieferen emotionalen Ebene stecken bleiben. Dann kehren Sie wieder zurück und nehmen die Qualität, die Sie im Engelreich erfahren haben, mit hinein in Ihr Herz. Bleiben Sie dort, und beginnen Sie mit Ihrem Diskurs. Achten Sie sorgfältig auf die Eindrücke, Gefühle und Bilder, die möglicherweise in Ihrer Psyche auftauchen.

Wahrnehmungsübungen zum Thema: Intuitive Annäherung

1. Erkennen Sie, dass ein Teil von uns in der Lage ist, alles zu wissen, bevor wir noch den Mut aufbringen, danach zu fragen. Machen Sie sich diese Ebene in sich selbst bewusst, und achten Sie auf die unerwarteten Eindrücke, Ideen, Bilder, Zeichen und so fort, die vielleicht auftauchen. Halten Sie sie nicht für ein Produkt des Zufalls, sondern betrachten Sie sie als Ausdruck Ihres Höheren Selbst. Sie können sie an dem Gefühl von Unendlichkeit, das sie ausstrahlen, erkennen.
2. Lernen Sie, auf Ihre Intuition zu hören, und machen Sie dieses Lernen zu einer fortdauernden Übung, in die Sie auch Ihre Träume und Alltagserlebnisse einbeziehen.

4. Erdwandlungen, Geschichte geht weiter

Im Februar 1998 wurde mir klar, dass die Erde infolge der Wandlungsprozesse sich sozusagen in einem Prozess der »Geburtswehen« befindet. Seit diesem Zeitpunkt suche ich intensiv nach irgendeinem Schlüssel oder einem »Zeitplan«, der mir einen Einblick in den jeweiligen Stand der Veränderungen gibt und mir sagt, welche Richtung zukünftige Ereignisse wohl einschlagen werden. Ich konnte mir einfach nicht vorstellen, dass die Menschheit einem derartigen Durcheinander, wie es entstehen muss, wenn die Erde ihr Holon auflöst, ausgesetzt würde, ohne eine Art Kompass zu erhalten, der Aufschluss über den jeweiligen Entwicklungsstand gibt.

Tatsächlich spüre ich seit ein paar Jahren intuitiv, dass sich der zuverlässigste Schlüssel für die westliche Kultur in der Offenbarung des Johannes, dem letzten Buch der Bibel, verbirgt. Bei diesem Text handelt es sich um eine erhabene und an manchen Stellen auch bizarre Komposition aus Visionen, Einsichten und Eingebungen, die der Apostel Johannes, einer der zwölf Schüler Jesu, im Alter von 90 Jahren während eines Aufenthalts auf der griechischen Insel Patmos aufschrieb. Wenn man den Text, der gelegentlich auch einfach als »Apokalypse« bezeichnet wird, mit offenem Herzen liest, dann macht sich der überzeugende Eindruck breit, dass es sich um eine jener Gottesbotschaften handelt, die der Menschheit als Vorbereitung auf zukünftige Ereignisse zuteil werden.

Betrachtet man die Bibel* als Gesamtwerk, dann entdeckt man eine überraschende Beziehung zwischen dem ersten Buch Mose, das wir als »Genesis« bezeichnen und das am Anfang steht, und der Apokalypse als ihrem Schlusskapitel. In beiden Texten ist ein heiliger Baum von zentraler Bedeutung. Im Fall der Genesis handelt es sich um den »Baum der Erkenntnis«, der mitten im Paradies steht, und im Fall der Apokalypse um den »Baum des Lebens«, der sich im Mittelpunkt des neuen Jerusalem befindet. Das neue Jerusalem ist ein Symbol für den zukünftigen Erdkosmos.

Der »Baum der Erkenntnis des Guten und des Bösen« – wie der vollständige Name des Baumes lautet – steht für die Phase der Menschheitsentwicklung, in der wir mit der Herausforderung durch unsere eigene Freiheit konfrontiert sind. Diese Freiheit verlangt von uns, eigenständig zwischen Gut und Böse zu entscheiden und dann gemäß entsprechender Kriterien zu handeln, ohne von außen der richtigen Entscheidung zugeführt zu werden. Indem unsere Vorfahren, dargestellt durch Adam und Eva, von der Frucht des »Baumes der Erkenntnis essen«, zeigen sie, dass der Mensch ausreichend gewachsen ist, um in eine neue Entwicklungsphase einzutreten. Diese neue Phase verlangt von uns, auf unseren eigenen Füßen stehen zu lernen, auf der Basis unserer Visionen kreativ zu sein und mit unserem Herzen zu lieben.

Die Bibel leitet diese neue Phase der Menschheitsentwicklung mit der »Vertreibung aus dem Paradies« ein. Aus der biblischen Symbolsprache rückübersetzt, könnte »Vertreibung aus dem Paradies« für eine entscheidende Veränderung der Umwelt stehen, in der sich die Menschheit bis zu diesem Zeitpunkt entwickelt hat. Zuvor war die Welt ein Paradies, in dem

* Der Begriff »Bibel« bezieht sich hier auf den christlichen Kanon, der das Neue Testament mit einschließt.

die Menschheit unablässig in der Sonne Göttlicher Gegenwart und in der Liebe von Mutter Erde badete. Danach zeigte die Erde das harte und anspruchsvolle Gesicht unserer heutigen physischen Umgebung.

Das Paradies steht symbolisch für eine Weltstruktur, in der emotionale, spirituelle und energetische Ebenen so sehr im Gleichgewicht sind, dass sie eine Art Mutterschoß bilden, in dem die frühen Phasen der Menschheitsentwicklung stattfinden konnten. Wie ein Kind, das im Fruchtwasser des Mutterschoßes schwimmt, wurde die Menschheit von der geschmeidigen, friedlichen Qualität der emotionalen Ebene der Erde, die zu jener Zeit vorherrschte, gewiegt.

Dies änderte sich radikal, sobald die Menschen anfingen, sich auf der physischen Ebene zu reinkarnieren. Dieser neue Entwicklungsschritt muss von einer sensationellen Umweltveränderung begleitet gewesen sein und sich hinter dem Ausdruck »Vertreibung aus dem Paradies« verbergen. Seit dieser Zeit gibt es überall auf der Welt Mythen, die vom verlorenen Paradies berichten.

Aus der Perspektive der Wissenschaft scheint es natürlich unvernünftig, die relativ kurze Menschheitsgeschichte mit der ungeheuren Zeitspanne der geologischen Erdentwicklung in Verbindung zu bringen. Wenn wir uns auf die Vorstellung einigen, dass das Leben mehrere Dimensionen besitzt, ist der Widerspruch ausgeräumt. Es ist denkbar, dass die Erde ihren physischen Körper Milliarden von Jahren lang entwickelte, während die Evolution der Menschheit gleichzeitig auf einer anderen Existenzebene, in diesem Fall der emotionalen, stattfand. Erst nachdem die Natur in der Form von Primaten die Art physischer Körperlichkeit entwickelt hatte, die mit den Erfordernissen der neuen Evolutionsstufe der Menschheit übereinstimmte, kamen Menschen langsam »herab« und inkarnierten sich auf der materiellen Ebene des Planeten.

Damit begann der Teil unserer Vorgeschichte, den wir aus der archäologischen Forschung kennen. Kleine Menschengruppen bewohnten weit voneinander entfernte Gegenden des Planeten und fertigten ihre ersten Werkzeuge aus Knochen, Holz und Stein. Nach Jahrtausenden der Entwicklung konnten diese Menschen – durch die Macht des rationalen Verstandes – die physische Welt steuern und kontrollieren. Und schließlich, im 20. Jahrhundert, haben wir die Entwicklung der Technologien so weit vorangetrieben, dass wir Materie nach unserem Willen verändern und sogar das gesamte Leben auf dem Planeten im Bruchteil einer Sekunde auslöschen können. Es ist offensichtlich, dass wir aus dem »Klassenzimmer« herausgewachsen sind, das für uns nach der »Vertreibung aus dem Paradies« geschaffen wurde.
Es it ein Leichtes, sich nun, beim Wechsel zum dritten Jahrtausend, ein Szenario vorzustellen, durch das die Erde und ihre Geistführer unter Einbeziehung weit reichender Erdwandlungen der Menschheit ein neues »Klassenzimmer« bereiten und zugleich eine universelle Katastrophe verhindern. Die aus dem Zusammenhang herausgelöste physische Umgebung, die wir bewohnen, seit wir den Mutterschoß des Paradieses verlassen haben, wird ihrer Bestimmung als Auslaufmodell übergeben. Die neuerlichen Erdwandlungen führen uns zur multidimensionalen Zukunft der Erde. In der Sprache der Bibel nähern wir uns dem »neuen Jerusalem«. Von diesem heißt es, dass es um den zweiten der zwei heiligen Bäume der Bibel, den »Baum des Lebens«, herum errichtet werden wird.
Wenn die ersten Bibelworte die Erinnerung an den komplizierten Entwicklungsprozess der Menschheit, an ihren »Einzug« in die physische Existenzebene bewahren – ein Prozess, der seit mehreren tausend Jahren im Gange ist und noch immer fortdauert –, dann gewährt uns die Offenbarung des

Johannes als Schlusskapitel der Bibel Einblicke in einen weiteren Abschnitt unseres entwicklungsgeschichtlichen Abenteuers. Dieses Abenteuer führt die Menschheit zu einem »neuen Himmel und einer neuen Erde« (Offenbarung 21,1) und kennzeichnet damit einen Weg, den wir jetzt, in der Gegenwart einzuschlagen beginnen.
Mit diesem Bibelverständnis im Kopf war ich nicht allzu überrascht, als mich Julius, mein Berater aus dem Naturreich, auf die apokalyptische Geschichte von den sieben Siegeln hinwies, die der Schlüssel für das Verständnis der verschiedenen Erdwandlungsphasen sind, die ich in den vergangenen zwei Jahren beobachtet hatte. Was ich von meinem Freund erhielt, war wenig mehr als eine Andeutung. Doch ich hatte das Gefühl, dass sich in diesem Impuls eine vollkommen neue Deutung des apokalyptischen Textes verbarg.

Ich bewahrte Julius' Andeutung wie ein Juwel in meinem Bewusstsein, während ich heimlief, um meine Bibel zu holen. Ich brachte sie auf die Hügelkuppe, wo ich meine Gespräche mit Julius führte. Dann las ich das sechste Kapitel der Offenbarung, das den Titel »Die Öffnung der ersten sechs Siegel«* trägt. Doch diesmal las ich den Text im Hinblick auf meine bisherigen Erfahrungen mit den Erdwandlungen.
Die Geschichte beginnt bereits im fünften Kapitel. Hier ist von einem Buch die Rede, das sich in der göttlichen Hand befindet. Es berichtet von zukünftigen Ereignissen und ist mit sieben Siegeln versiegelt. Der heilige Johannes schreibt: »Und ich sah einen starken Engel, der rief aus mit großer Stimme: Wer ist würdig, das Buch aufzutun und seine Siegel zu brechen? Und niemand im Himmel noch auf Erden noch unter der Erde

* Alle Bibeltexte stammen aus *Die Bibel* nach der Übersetzung Martin Luthers. Stuttgart: Deutsche Bibelgesellschaft, 1982.

konnte das Buch auftun und hineinsehen. Und ich weinte sehr, dass niemand würdig erfunden ward, das Buch aufzutun und hineinzusehen.« (Offenbarung 5,2–4)
Dann taucht auf einmal ein Lamm am Fuße des göttlichen Throns auf. Es ist kein gewöhnliches Lamm, wie wir es von unseren Hügeln und Wiesen kennen. Es hat die Erinnerung daran bewahrt, dass es einmal geschlachtet wurde. Außerdem ist es mit sieben Hörnern und sieben Augen versehen, die die sieben göttlichen Qualitäten (»die sieben Geister Gottes«) versinnbildlichen. Beide Symbole veranlassen mich zu der Annahme, dass das Lamm für die universelle Kraft steht, welche die menschliche Entwicklung steuert und die nach westlicher Tradition »Christus« heißt. Diese Christuskraft verkörpert die göttlichen Qualitäten der Schöpfung, mit denen sie das gesamte Universum erfüllt. Es ist diese Kraft, die sich in Palästina in einem Mann namens Jesus inkarnierte, der kam, um Menschen zu lehren und um schließlich am Kreuz zu sterben.
Doch wir könnten uns fragen, warum sich eine solche göttliche Kraft hier in der Gestalt eines Tiers präsentiert? Dies geschieht deshalb, weil wir es, wenn wir die Offenbarung des Johannes mit den Erdwandlungen in Verbindung bringen, mit dem elementaren (sprich »irdischen«) Aspekt der Christuskraft zu tun haben. Man könnte sagen, dass es dem göttlichen Impuls nur gelang, die Erdentwicklung in einen neuen Veränderungszyklus zu »treiben«, indem er sich auf der materiellen Exitenzebene in einen menschlichen Körper inkarnierte. Aber erst nachdem die göttliche Kraft sich in ein »Lamm« verwandelt, ist es Christus möglich, die sieben Siegel zu öffnen, welche das Geheimnis um die zukünftige Wandlung des Erdkosmos bewahren.
Als das Lamm das erste der sieben Siegel aufbricht, sieht Johannes ein weißes Pferd. »Und der darauf saß, hatte einen Bogen, und ihm ward gegeben eine Krone, und er zog aus sieghaft und dass er siegte.« (Offenbarung 6,2)

Das freudige Bild von dem Reiter auf seinem weißen Pferd steht für die erste Phase der Erdwandlungen, die ich Anfang des Jahres 1998 beobachtete. Dies war die Phase, in der sich die Erdstrahlung nach und nach veränderte und zuletzt die Erde mit einer neuen Aura »krönte«. Diese neue Aura steht insbesondere mit dem Luftelement in Beziehung, das in der Bibel durch den Bogen symbolisiert wird, ein Gerät, mit dem man in die Luft schießen kann.

Als das Lamm das zweite Siegel zerbrach, »ging heraus ein anderes Pferd, das war feuerrot. Und dem, der darauf saß, ward gegeben, den Frieden zu nehmen von der Erde und dass sie sich untereinander erwürgten, und ihm ward ein großes Schwert gegeben.« (Offenbarung 6,4)
Die mir von Julius eingegebene Inspiration lässt mich darauf schließen, dass der Reiter auf dem roten Pferd die zweite Phase im Prozess der Erdwandlungen darstellt. Dies ist die Phase, die vom Auftreten der »neuen Kräfte« gekennzeichnet ist. Ich habe sie ausführlich im ersten Kapitel beschrieben und gezeigt, dass sie ähnliche Qualitäten aufweisen wie die ursprünglichen Kräfte, die vor dem biblischen Schöpfungsakt vorherrschten. Sie kennen nichts als das ganzheitliche Universum, und die fragmentierende und strukturierende Auffassung, die der Mensch vom Erdkosmos hat, ist ihnen fremd. Aus diesem Grund werden die »neuen Kräfte« von den entfremdeten Menschen als Bedrohung aufgefasst. Ihr Erscheinen auf der Erdoberfläche scheint auszureichen, um »den Frieden zu nehmen von der Erde«.

Die bisherigen Erklärungsvorschläge meines unsichtbaren Freundes waren akzeptabel und verdeutlichten, auf welche Weise die beiden ersten Siegel als Spiegel dienen und das Verständnis für die kürzlich stattgefundenen Erdwandlungen erleichtern können. Doch am meisten interessierte ich mich für Informationen über das dritte Siegel, denn sie sollten mir verdeutlichen, was gerade jetzt während der dritten Wandlungsphase der Erde geschah. Meiner Meinung nach begann diese Phase mit der Sonnenfinsternis am 11. August 1999. Einen Monat später hatte ich das Gespräch mit Julius über die sieben Siegel, von dem ich gerade berichte. Damals war mir eine Reihe neuer Phänomene aufgefallen, die mir nicht zu den beiden ersten Siegeln zu passen schienen, doch war ich noch weit davon entfernt, die Essenz dieser dritten Phase wirklich zu begreifen. Ich hatte das starke Gefühl, dass der Alte Weise aus der Elementarwelt mich dazu drängte, der Abfolge der sieben Siegel zu vertrauen, um diese neue Phase zu verstehen. Daraus folgte, dass ich weiter über diese sich auf das dritte Siegel beziehenden Verse in der Offenbarung nachdachte, auch wenn sie meinem Verstand bei früherer Lektüre immer lächerlich vorgekommen waren. »Und ich sah, und siehe, ein schwarzes Pferd. Und der darauf saß, hatte eine Waage in seiner Hand. Und ich hörte eine Stimme ... sagen: Ein Pfund Weizen um ein Silberstück und drei Pfund Gerste um ein Silberstück; aber Öl und Wein taste nicht an!« (Offenbarung 6,5–6) Während ich mich auf den Text konzentrierte, brachte mir Julius das Symbol Waage ins Bewusstsein und hob es dadurch besonders hervor. Er vermittelte mir außerdem den Eindruck, dass ich die Waage als etwas verstehen sollte, das ätherische Massen ins Gleichgewicht bringt und verschiebt.

Ich wäre nicht dazu in der Lage gewesen, Julius' Hinweise zu verstehen, hätte ich nicht gleich im Anschluss an die viel beachtete Sonnenfinsternis vom 11. August gigantische Verlagerungen im Erdorganismus wahrgenommen. Seit Urzeiten nehmen Menschen an, dass diese Sonnenfinsternis das Ende der Erde symbolisiert, da genau zu diesem Zeitpunkt die wichtigsten Planeten am Himmel ein Kreuz bilden. Zur gleichen Zeit wandert der bedrohliche Schatten des Mondes diagonal über Europa hinweg und lockert einen Moment lang die enge Bindung, die zwischen der Erde und den Kräften der Sonne besteht.

Die Veränderungen, die ich später beobachtete, mussten sich während der Sonnenfinsternis ereignet haben, als die Erde für wertvolle Augenblicke von ihrer Bindung an die Sonne frei war. Meine Beobachtungen lassen darauf schließen, dass unser Planet den kurzen Moment der Freiheit gut genutzt hat, um sich neu zu organisieren. Sonnenfinsternisse kommen und gehen, doch diesmal traf eine von ihnen mit dem Beginn einer neuen Erdwandlungsphase zusammen. Es kam mir sogar so vor, als habe der Planet die Gelegenheit, die sich durch die Sonnenfinsternis ergab, bewusst genutzt und sich an die einzigartige planetare Konfiguration angekoppelt, um einen neuen Wandlungszyklus in Gang zu setzen.

Als Beispiel für meine Beobachtung möchte ich den Neuaufbau und den Ausgleich des ätherischen Umfelds in meinem Heimatland Slowenien wiedergeben. Ich bin mit dem Ablauf des Prozesses gut vertraut, da ich mich zum Zeitpunkt der Sonnenfinsternis daheim befand und ihn intensiv beobachtete. Bevor sich die ätherische Basis der physischen Atmosphäre verwandelte, war der Lichtkörper Sloweniens in voneinander getrennten Einheiten organisiert, die in Beziehung zu den wichtigsten Kraftquellen der vier Elemente im Land standen. Das geologische Becken, in dem sich die Hauptstadt Ljubljana befindet, liegt etwa in der Mitte dieser Konfiguration und hat eine ausgleichende Funktion.

Als ich mich nach der Sonnenfinsternis auf das ätherische Umfeld Sloweniens einstimmte, stelle ich eine von der mir bekannten abweichende, neue Konfiguration fest. Eine Lichtkuppel hatte sich über dem erwähnten Becken von Ljubljana gebildet. Während der darauf folgenden Tage wuchs diese »Kuppel« in den Boden hinein, bis sie schließlich eine vollkommene Kugel mit einem Durchmesser von 40 Kilometern bildete. Diese Kugel stellt nun einen Pol des Kraftgleichgewichts des Landes dar, während der andere von den Kräften der vier Elemente gebildet wird, die die Kugel in der Form gewaltiger Energiegürtel umspannen. Ihre ätherische Struktur wurde nach und nach so intensiviert, dass sie nun eine Art verstärkten Ring um die zentrale Kugel bildet. Ich konnte einen frischen und äußerst lebhaften Energieaustausch zwischen den beiden polarisierten Gebilden ausmachen.

Noch aufregender waren die Auswirkungen der Sonnenfinsternis auf ganz Mitteleuropa. Vor dem 11. August wiesen Regionen wie Bayern, die Schweiz, Österreich, Böhmen und Slowenien eigenständige Kräftestrukturen auf. Folglich war die Atmosphäre in Zentraleuropa sehr zerrissen. Nur wenn ich die Region aus großer Höhe sah, konnte ich ihre gemeinsame spirituelle Essenz fühlen, die in einer Art Lichtkapsel kodiert war. Doch schien es keinerlei Verbindung zwischen dieser in die Lüfte entrückten kodierten Information und der tatsächlichen Umgebung, die diese Information hätte verkörpern sollen, zu geben.
Sobald der Schatten der Sonnenfinsternis von Nordwesten nach Südosten über Mitteleuropa geglitten war, bemerkte ich, dass nun starke Gürtel des Feuerelements die Mitte des Kontinents umspannten. Im zentralen Bereich Europas machte sich eine starke energetische Aktivität bemerkbar. In den darauf folgenden Tagen begann die Lichtkapsel, die sich bisher weit über dem Gebiet befunden hatte, langsam zu sinken. Schließlich ließ sie sich unten auf einer breiten Säule aus weißem

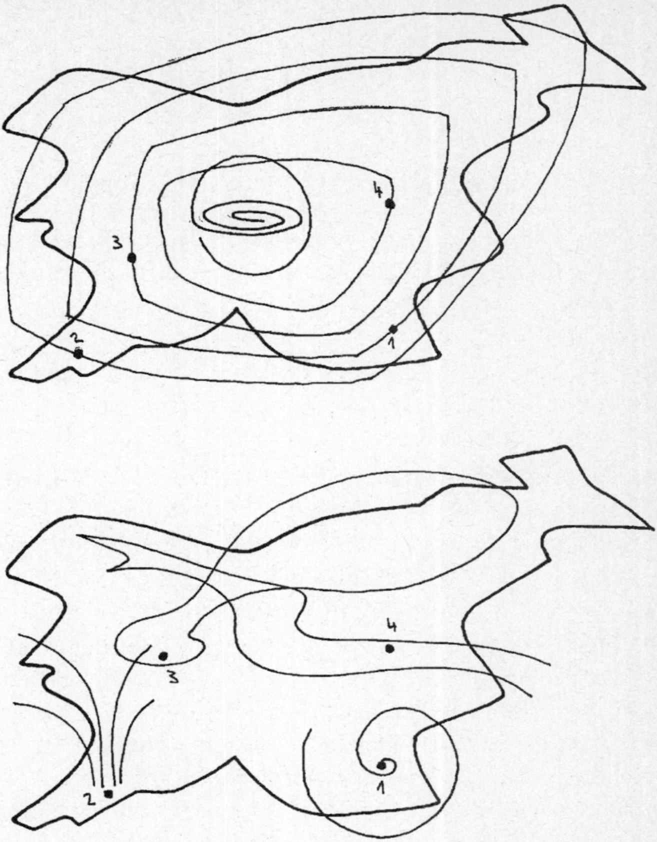

Die ätherische Konfiguration meines Heimatlandes Slowenien vor (unten) und nach (oben) der Sonnenfinsternis am 11. August 1999. Die Landesgrenzen sind durch die dickere Linie dargestellt. Die Zahlen bezeichnen die dominierende Qualität eines der vier Elemente in der jeweiligen Region: 1 steht für das Element Erde, 2 für das Element Feuer, 3 für das Element Luft und 4 für das Element Wasser.

Licht nieder, die dann die Erde in einem kreisförmigen Bereich berührte, der sich von Bern in der Schweiz in Richtung Osten bis nach Prag in Tschechien und von Zagreb in Kroatien im Süden bis nach Frankfurt am Main im Norden erstreckte.
Nachdem die Lichtsäule die Erde »berührt« hatte, setzte sie ihren Abstieg in die Tiefe der Erde hinein fort und verbreitete sich dabei nach außen wie die Schallstürze einer Trompete. Diese Struktur hatte offensichtlich die Aufgabe, die neu gewonnene Einheit des zuvor fragmentierten Mitteleuropa tief im »Untergrund« des Kontinents zu verankern.

An dieser Stelle fragen Sie sich vielleicht, wovon ich eigentlich spreche? Ich möchte die bisher mitgeteilten Informationen kurz zusammenfassen. Im zweiten Kapitel erklärte ich ausführlich das geomantische Erscheinungsbild unseres Planeten und setzte es in Beziehung zu den Kräften und der Intelligenz der Erde. Zunächst führte ich das Bild vom Erdversorgungssystem ein, durch das der Planet die unsichtbare Grundkraft beisteuert, die alle Ebenen und Formen des Lebens speist. Danach berichtete ich ausführlich über die vitalenergetischen Organe der Erde, die Lebenskraft auf der Erdoberfläche verteilen, um die Erde selbst und die auf ihr existierenden Lebewesen am Leben zu halten. Diese Organe ähneln in ihrer Funktionsweise den Chakras im menschlichen Körper.
Dann kam ich auf die Vorstellung von einem hoch entwickelten Erdbewusstsein zu sprechen, das jeden Aspekt des Erdkosmos durchdringt. Individualisiert in relativ kleine unabhängige Einheiten, die wir als Naturgeister oder Elementarwesen bezeichnen, erfüllt dieses Bewusstsein jede Manifestation von Leben auf dem Planeten, selbst die kleinste.
Als Nächstes möchte ich mich nun dem Lichtkörper der Erde zuwenden. Dabei handelt es sich um kein neues Phänomen, da bereits im ersten Kapitel viel über die vier Elemente und die

aus dem Boden austretenden Strahlungsströme gesagt wurde, die alle mit dem Lichtkörper der Erde in Verbindung stehen. Die Bodenstrahlung stellt einen Aspekt der Planetenaura dar. Die Aura ist ein Kraftfeld, das aus zahlreichen Schichten besteht und den geologischen Körper der Erde und die Erdatmosphäre durchdringt. Die Bodenstrahlung ist eine Manifestation der dichtesten Schicht der Erdaura und erstreckt sich nur knapp über den physischen Körper der Erde hinaus. Doch existieren durchaus feinere Schichten, die bis in die Erdatmosphäre oder sogar in ihre kosmische Umgebung hineinreichen.

Die ätherischen Konfigurationen, die ich am Beispiel Sloweniens und Mitteleuropas beschrieb, stellen einen weiteren grundlegenderen Aspekt des Lichtkörpers der Erde dar. Ich entdeckte diesen Aspekt vor einigen Jahren, als ich mich auf ein Erdheilungsprojekt vorbereitete. Um mir ein Bild vom allgemeinen Gesundheitszustand einer Gegend zu machen, stimme ich mich auf ihr gesamtes Erscheinungsbild ein, indem ich die geologische Karte der betreffenden Landschaft abtaste. Während meine Hand über der Karte schwebt, kann ich bestimmte Merkmale spüren. Diese könnte man als unsichtbare Formen bezeichnen, die ein Grundgerüst darstellen, in dem alle geomantischen Phänomene lokalisiert sind. Ich habe mir angewöhnt, diese Struktur als die »ätherische Basis einer Umgebung« zu bezeichnen. Im Laufe der Zeit habe ich festgestellt, dass die Lichtmerkmale der ätherischen Basis immer in Beziehung zu einem der vier Elemente stehen.

Um Ihnen ein Beispiel zu geben, möchte ich Sie einladen, mich nach Hannover zu begleiten. Hannover ist eine alte Handelsstadt, die inzwischen als Gastgeber der Weltausstellung 2000 berühmt geworden ist. Die ätherische Basis der Stadtumgebung hat die Form eines Kreuzes. In der Mitte befindet

sich die Doppelkuppel, die so groß ist, dass sie die gesamte Stadtmitte einschließt.
Ein »Balken« des Kreuzes wird von einem Strom aus flüssigem Äther gebildet, der der Leine folgt, die sich in weitgehender Nord-Süd-Ausrichtung durch die Stadt windet (Wasserelement). Ein weiterer »Balken« besteht aus einem Luftätherstrom, der durch den Benther Berg im Westen sowie durch den Eilenrieder Wald im Osten (Luftelement) in das Stadtbild eingebracht wird.
Die Stadtkirche befindet sich am Berührungspunkt der vier »Balken«. Sie verfügt über einen großen Glockenturm, der eine vertikale Achse verkörpert, die aus feurigem, aus dem Universum herabsinkendem Äther und aus aus den Tiefen der

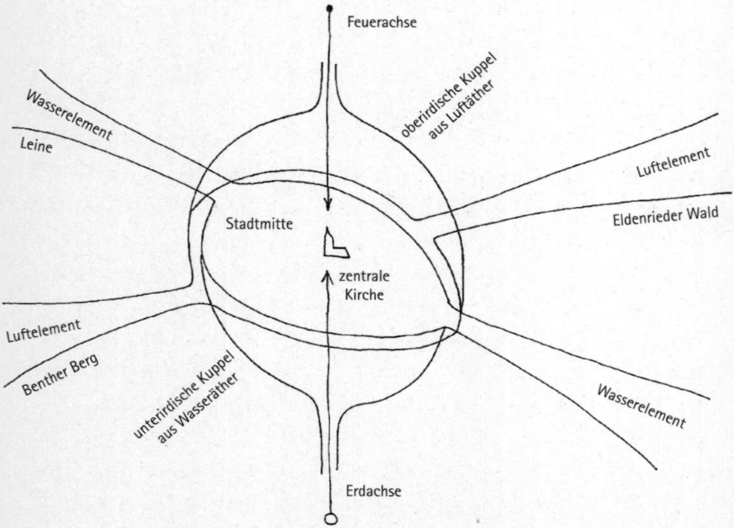

Der Lichtkörper von Hannover, einer alten Handelsstadt in Deutschland, die an der Leine liegt.

Erde aufsteigendem Erdäther besteht (Elemente Feuer und Erde). Diese Achse, mittels derer Himmel und Erde miteinander kommunizieren, scheint die Ursache für die vom Luftelement gebildete Lichtkuppel in genau diesem Bereich zu sein. Die Kuppel erhebt sich hoch über die Erde, und die mittelalterliche Stadtkultur nutzte ihren sicheren Innenraum, um das alte Hannover erfolgreich zu entwickeln. Vom Wasserelement wird die untere Kuppel gebildet, die sich unter der Stadt befindet. Es ist offensichtlich, dass die Stadt über eine vollkommen ausgeglichene Lage verfügt, in der alle vier Elemente harmonisch aufeinander treffen und auf ausgewogene Weise zueinander in Wechselwirkung treten. Doch ist dieses Gleichgewicht im Laufe der Zeit größtenteils verloren gegangen, weil sich niemand um die ätherische Basis gekümmert hat, auf der Hannover steht.

Um Ihnen zu zeigen, wie sich die ätherische Basis von Ort zu Ort unterscheiden kann, möchte ich Ihnen die wesentlichen Merkmale der Insel Manhattan in New York vorstellen. Dabei beziehe ich mich insbesondere auf die Ebenen, mit denen wir uns auch in den vorangegangenen Abschnitten schon beschäftigt haben.
Die geologische Form der Insel ist einem menschlichen Körper vergleichbar, wobei sich die »Füße« im Norden und der »Kopf« auf der Südseite befinden. Die »Zehen« der »Füße« verbinden die Insel mit der Tiefe der Erde, während der »Kopf« auf der Höhe von Battery Park eine Aufwärtsbewegung aufweist, die die Verbindung zum Universum herstellt. Diese Struktur stimmt interessanterweise genau mit dem Kreislauf aus Ein- und Ausatmen überein. Da außerdem beide Atemströme interagieren, wird die Insel von einer kreisförmigen Bewegung der Luftelementkräfte umfasst. Der indianische Name für Manhattan war »Schildkröteninsel«.

Da Manhattan aus einem gigantischen Granitmonolithen besteht, der ätherisch tief in den feurigen Schichten des Erdkerns verwurzelt ist, ist das Feuerelement von entscheidender Bedeutung. Die Feuerkräfte schießen aus jeder ätherischen Pore des Granitkörpers der Insel und formen gerundete ätherische Hüllen, die Manhattans Atmosphäre durchdringen. Sie sind durch die Struktur und die Dynamik der riesigen Stadt, die einen großen Druck ausüben, stark in Mitleidenschaft gezogen und verzerrt, doch verkörpern sie noch immer die kreative Kraft, für die New York weltweit Ansehen genießt.
Da Manhattan von drei Flüssen eingeschlossen wird, dem East River, dem Harlem River und dem Hudson River, sind die Elemente Feuer und Wasser stark polarisiert und verstärken noch die im Spiel befindlichen Kräfte. Mit dem inneren Blick betrachtet umfasst das Wasserelement mit einem polarisierten Grundgerüst die Insel und hält so die überschäumenden Kräfte des Feuerelements in Schach.

Im Verlauf unserer Evolution haben wir unsere Aufmerksamkeit mehr und mehr auf die physische Ebene gerichtet und schließlich allen übrigen Ebenen unser Interesse vollständig entzogen. Als Folge davon haben wir ganz und gar vergessen, dass eine Landschaft neben spezifischen geologischen Merkmalen auch noch eine andere Art Grundgerüst besitzt. Dieses Grundgerüst ist der Lichtkörper, der sich aus ätherischen Massen und Feldern zusammensetzt, die es den Lebensprozessen gestatten, sich zu manifestieren, sich miteinander zu verbinden und sich auszubalancieren. Der physische Körper besteht zum Beispiel aus Bergen und Flüssen und ist natürlich für die Verankerung des Lebens auf der materiellen Ebene wichtig, doch ohne sein ätherisches Gegenstück würde ihm die Lebensgrundlage entzogen.

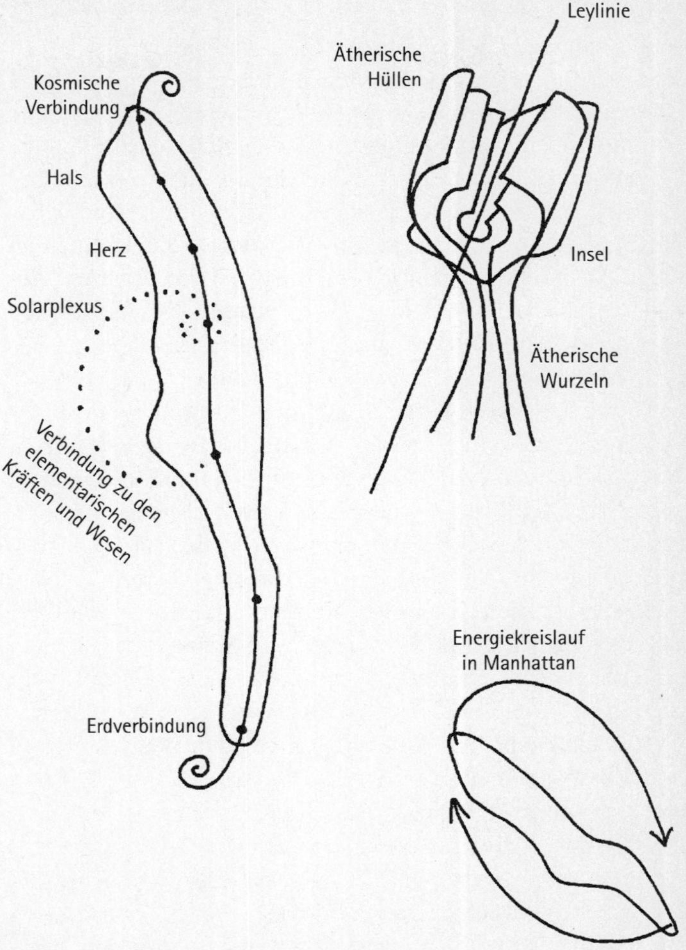

Der Lichtkörper von Manhattan, New York

Mein Freund aus dem Naturreich hatte mich auf das Zeichen des dritten apokalyptischen Siegels hingewiesen, was die Schlussfolgerung nahe legte, dass Verschiebungen im Bereich der ätherischen Massen oder des Lichtkörpers der Erde zu erwarten waren. Um Weihnachten 1999 konnte ich sie bereits spüren. Sie nahmen mit eigenartigen Veränderungen der allgemeinen Qualität des Erdelements ihren Anfang. Das Erdelement wurde schwach und weich, ein äußerst ungewöhnlicher Zustand für dieses Element, da wir es doch im Wesentlichen durch die festen Formen der materiellen Welt erfahren. Am 11. Dezember war das Erdelement bereits so schwach, dass ich seine Gegenwart kaum noch spüren konnte.

An diesem Tag befand ich mich mit meiner Frau Marika am Fuß eines mächtigen Berges in Kärnten, der früher einmal der Göttin geweiht war. Der Name des Berges ist Peca, und sein Schicksal ist es, genau zwischen Österreich und Slowenien zu stehen und folglich von der Grenze zwischen den Ländern zerteilt zu werden. Seit dem Sommer 1999 betreuten wir dort auf beiden Seiten der Grenze ein Erdakupunkturprojekt, und im Dezember suchten wir den Ort auf, um unsere Arbeit fortzusetzen. Ziel ist es, die Störung, die die Grenze darstellt, aufzulösen und eine zusammengehörige Landschaft entstehen zu lassen.*

Damals blickte ich mit meinem inneren Auge auf den breiten Gipfel des heiligen Berges, der fast die Form eines Kraters hat, und war entsetzt. Ich sah einen Knaben, der gerade aus dem »Krater« geboren wurde. Während der obere Teil des Körpers sich bereits erfolgreich befreit hatte, war der Geburtsprozess in der Hüftregion des Knaben zum Erliegen gekommen. Ich sah, wie der Junge sich wand und krümmte und bog, doch dem Berg gelang es nicht, die Geburt zum Abschluss zu bringen. Das Bild war begleitet von einem Gefühl außerordentlicher Dringlichkeit.

Am nächsten Tag kehrten wir an unseren Wohnort in Šempas in Slowenien zurück. Auch dort, so musste ich feststellen, war die Kraft des Erdelements fast vollständig verschwunden. Andererseits war das Feuerelement viel zu stark ausgeprägt. Ich spürte und sah überall in der Atmosphäre Flammen ätherischen Feuers aufflackern. Es war offensichtlich, dass großes Ungleichgewicht herrschte. Dieses Ungleichgewicht spürte ich sogar in meiner eigenen Wirbelsäule, die sich merkwürdig bog, vor allem wenn ich versuchte, mich auf die Erdachse einzustimmen. In den darauf folgenden Wochen fühlte ich mich, als hätte man mich aufs Rad geflochten, um mich zu foltern.

Ich nahm all dies als Hinweis darauf, dass die Mitarbeit wohlwollender Menschen dringend erforderlich war. Am 13. Dezember 1999 bat meine Tochter Ana das Engelreich um eine Erklärung. Uns wurde mitgeteilt, dass turbulente Zeiten anstünden. Die Erde durchliefe einen weiteren Zyklus von Veränderungen. Das Problem bestehe darin, dass die Menschheit noch immer keine Bereitschaft zeige, an dem Prozess teilzunehmen. Folglich laufe die Menschheit Gefahr, die Verbindung mit der Erdentwicklung vollständig zu verlieren. Unser eigener Wandlungsprozess sollte parallel zu jenem der Erde laufen oder ihm wenigstens nachfolgen und eine fortwährende Neuanpassung an die eingeleiteten Veränderungen gewährleisten. Doch genau diese Notwendigkeit ist es, die von den Menschen gegenwärtig ignoriert wird.
Die Botschaft aus dem Engelreich unterstreicht die Tatsache, dass die menschliche Entwicklung zwar weitgehend autonom aber dennoch Bestandteil eines großen Ganzen ist. Wenn wir unsere innere Anbindung an die Erde verlieren, dann wird die

* Dieses Lithopunkturprojekt wurde von der Galerie Falke in Bleiburg/Loibach in Österreich organisiert.

Menschheit am Lebensnetz des Planeten nicht mehr länger partizipieren können. Damals wurden wir davor gewarnt, dass die Gefahr einer endgültigen Spaltung in den kommenden Tagen besonders groß sei.

Wir müssen bewusst daran arbeiten, eine persönliche Neuanbindung an die Erde herzustellen. Ein solcher Versuch bedarf der Teilnahme einer wachsenden Zahl von Menschen. Wir sollten den Raum für die Kräfte der Erde öffnen, damit sie wieder Bestandteil unseres eigenen Energiefelds werden, und diese Übung häufig wiederholen. Und wir sollten regelmäßig daran arbeiten, das Kraftfeld der Erde und ihr emotionales Feld in uns selbst zu spüren und beides tief in unserem Körper zu verankern. Dazu müssen wir unsere Anbindung nach unten in den Erdkern und nach oben in den Himmel erneuern und visualisieren, dass alle Menschen durch eine solche Lichtachse mit dem Erdmittelpunkt verbunden sind. Außerdem muss diese Visualisierung die Vorstellung enthalten, dass der Erdkern wie eine Sonne strahlt und folglich die Lichtachse, die durch jeden Menschen hindurchläuft, zu einem Strahl dieser Sonne wird.

Nachdem ich mir Klarheit über den Ablauf der dritten Phase der Erdwandlungen verschafft hatte (die beim Jahreswechsel 1999/2000 ihr Potenzial vollständig entfaltete), wollte ich natürlich mehr über die nächste Phase erfahren. Doch da machte mir Julius klar, dass ich mich auf dem Holzweg befand. Ohne mir meinen Fehler bewusst zu machen, hatte ich versucht, einem Prozess, der sich zyklisch entwickelt und zugleich mehrere unterschiedliche Schichten einbezieht, ein lineares Muster aufzuzwingen. Mein Verstand wollte immer weitere interessante Veränderungen sehen, während mein Körper auch weiterhin in der physischen Wirklichkeit feststeckte, die sich bisher nicht im Geringsten verändert hatte.

Mein Freund aus dem Naturreich ließ seiner Kritik eine Reihe von Vorschlägen folgen, die mir helfen würden, die gegenwärtige Situation besser zu verstehen. Zunächst einmal sollten wir uns bewusst machen, dass die Veränderungen auch auf anderen Ebenen ablaufen, als auf jener, die uns gerade aktiv zu sein scheint. Einzelne Stränge des Prozesses sind fortwährend im Gange, auch wenn sie gelegentlich nicht mit sichtbaren Ereignissen verbunden sind.

Zwar trifft es zu, dass die ersten drei apokalyptischen Siegel in eigenen, aufeinander folgenden Phasen in den Prozess eingetreten sind, doch dürfen wir nicht vergessen, dass sich trotzdem alle gleichzeitig fortsetzen, einander ergänzen und unterstützen. Man gibt sich Illusionen hin, wenn man meint, dass man einige erfolgreich bewältigt hat, während andere noch ihrer Umsetzung harren.

Außerdem versuchte Julius, mich zu beruhigen und meine Ungeduld zu besänftigen. Ich fühlte mich, als müsste ich angesichts der Möglichkeit aufschreien, dass die Menschheit den aufregendsten Teil der Erdwandlungen verpassen und die subtilen Vorgänge, die ich hier beschreibe, einfach übersehen könnte. »Das, was wir im Augenblick erleben, sind tatsächlich nur die Vorbereitungen für die Veränderungen, die noch kommen werden. Elementarwesen werden zu ›Hebammen‹ ausgebildet, um bei der Wiedergeburt der Erde zu helfen. Die erforderlichen Kräfte konzentrieren sich gegenwärtig auf der Oberfläche des Planeten. Die Menschheit wird in Alarmbereitschaft versetzt und ihr Bewusstsein vorbereitet, damit sie in der Lage ist, die Veränderungen zu akzeptieren und mitzuhelfen, wenn sie erst ablaufen. Die zentralen Veränderungen werden offensichtlich sein, da sie zugleich auch auf der physischen Ebene ablaufen werden.«

Als ich begriff, dass ich mit meiner Fragestellung von »Was kommt als Nächstes?« zu »Welche Prozesse der Erdwandlungen können wir außer den ersten drei noch als solche erkennen?« wechseln sollte, war der Weg frei für einen Austausch über das vierte der apokalyptischen Siegel. Die entsprechenden Worte aus der Offenbarung lauten: »Und ich sah, und siehe, ein fahles Pferd und darauf saß, des Name hieß Tod, und die Hölle folgte ihm nach. Und ihnen ward Macht gegeben über den vierten Teil der Erde, zu töten mit dem Schwert und Hunger und Tod und durch die wilden Tiere auf Erden.« (Offenbarung 6,8)
Einem Menschen fällt es immer schwer, sich mit dem Phänomen Tod auseinander zu setzen. Wird die Menschheit im Verlauf der nächsten Phase mit einer unbeschreiblichen Welle massiven Sterbens konfrontiert sein? Ich spürte, dass Julius versuchte, meine wachsende Angst zu besänftigen, indem er mich daran erinnerte, dass es sich hier um symbolische Sprache handelt und nicht um ein banales Voraussagen der Zukunft.

Julius machte mir klar, dass der Text doch wohl eher auf den Sturz der gegenwärtigen Strukturen hinwies. Früher einmal kannten wir eine Dimension mit dem Namen »Totenwelt«. Doch die Menschheit hat sie aus dem Bewusstsein verdrängt, bis sie in einer Art abgeschlossenen »Unterwelt« eingekapselt war. Diese »Kapsel« wird sich öffnen, damit sich ihr Inhalt neuerlich in den normalen Lebenszyklus integrieren kann. Und das, was wir als die materielle Wirklichkeit kennen, die Welt, die wir mit unseren physischen Sinnen wahrnehmen können, wird einen entgegengesetzten Weg einschlagen und sich nach innen richten. Auf diese Weise kann eine neue und konzentriertere Entwicklungsebene erreicht werden. Andererseits wird das Bewusstsein der Erde »überfließen« und all die

Zwischenräume zwischen den verschiedenen Dimensionen auffüllen, um die Kommunikation zwischen ihnen zu erleichtern. Damit wird den Menschen auch ermöglicht, sich aller verschiedenen Existenzebenen zugleich bewusst zu sein.

Das Bild »und die Hölle folgte ihm nach« bezieht sich auf die Öffnung der Tore zwischen jenen Dimensionen, die während der vergangenen Epoche, in der der rationale Verstand unsere Wahrnehmung der Wirklichkeit beherrschte, geschlossen waren. Wenn es heißt »und ihnen ward Macht gegeben über den vierten Teil der Erde«, dann symbolisiert dies die Rückkehr der »Unterwelt« in das menschliche Bewusstsein und die Inbesitznahme des Teils der Wirklichkeit, der ihr natürlicherweise zusteht.

Ein Traum, den ich am 29. Dezember 1998 hatte, machte mir diese schwer verständliche Phase der Erdwandlungen erstmals bewusst. Ich erlebte mich als einer Gruppe von Menschen zugehörig, die zum Tode verurteilt waren. Ich war nicht nur außer mir, ich war auch wütend, weil ich nicht einsah, warum ich sterben sollte. Dann wurde mir der gigantische, von einer dicken Moosschicht überwachsene Stumpf einer Linde gezeigt, die vor Jahren gefällt worden war. Obwohl ich den Ort gut kannte, war mir der Stumpf selbst nie aufgefallen.

Ich war von meiner Begegnung mit dem Tod tief bewegt, doch wusste ich, dass ich mir keine Sorgen machen sollte. Die Botschaft des Traums, der mich den Tod förmlich hatte »riechen« lassen, war eindeutig. Der Traum lenkte meine Aufmerksamkeit auf die Welt der Verstorbenen, die in alten Kulturen als fester Bestandteil der Menschheitsfamilie betrachtet wurden. In meinem Traum wurde diese Welt durch die riesige Linde symbolisiert. Doch inzwischen hatte man den Baum gefällt und unsere Vorfahren aus der Rolle verdrängt, die sie einmal in Bezug auf die Gesellschaft der Lebenden gespielt hatten.

Tatsächlich müssen alle Mitglieder der Menschheitsfamilie, die einmal auf der Erde lebten und gegenwärtig nicht inkarniert sind, der Welt der Vorfahren zugerechnet werden. Stellen Sie sich einmal vor, welcher Reichtum an Wissen, Erfahrung und Weisheit dort zur Verfügung steht! Dieser Reichtum könnte dem inkarnierten Teil der Menschheit beim Ringen mit den Problemen kulturellen Wachstums und individueller Entwicklung eine große Hilfe sein. So sehr wir Lebenden durch die Fesseln von Zeit und Raum in unserer Wahrnehmung und in unserer Erkenntnisfähigkeit eingeschränkt sein mögen, die Vorfahren, die in der allumfassenden spirituellen Welt ausharren, besitzen die Freiheit, fast alles zu wissen, denn sie haben Teil an der Weisheit der Ewigkeit.
Die beiden Hälften der Menschheitsfamilie, die Verstorbenen und die Lebenden, haben sich einmal ergänzt. Die meisten alten Kulturen entwickelten bestimmte Rituale und Formen persönlicher Andacht, um beispielsweise Kontakt mit ihren »toten« Müttern, Vätern, Brüdern und Schwestern aufzunehmen. Dadurch war es früheren Generationen möglich, tiefere Wahrheiten über das Leben und den spirituellen Weg kennen zu lernen. Diese Tiefe hätten sie auf sich allein gestellt niemals erreichen können. Durch den Kontakt mit ihren Vorfahren erhielten sie Einblicke in die Geheimnisse ihrer zukünftigen Entwicklung und kannten außerdem die spirituellen Ursachen, in denen ihre Alltagsprobleme wurzelten.

Alte Kulturen verstanden es, in der Natur jene Orte zu finden, wo der Schleier, der die Menschheit in zwei Hälften zerteilt, leicht transzendiert werden kann. Dort errichteten sie ihre Grabhügel und Steinkreise, die als Vehikel für eine fruchtbare Kommunikation zwischen Verstorbenen und Lebenden dienten. Im Herbst 1998 entdeckte ich einen solchen Ort im äußersten Westen Schwedens, in der Region

Bohuslän. Der Platz befindet sich auf der Insel Orust und heißt Hoga.

Das Zentrum von Hoga muss seit der frühen Bronzezeit bis hin zur Bekehrung zum Christentum als Ritualplatz gedient haben und während all dieser Zeit die Verbindung zwischen den Lebenden und ihren Vorfahren ermöglicht haben. Archäologische Ausgrabungen belegen, dass der Ort während verschiedener geschichtlicher Phasen besucht wurde. Selbstverständlich machen diese Ausgrabungen keine Aussagen darüber, warum und wie der Platz genutzt wurde. Jene, die Hoga zu seiner Blütezeit kannten, gehören nun schon seit langem der Welt der Verstorbenen an. Ich konnte über Hoga also nur etwas herausfinden, indem ich mit den weit entfernten Stimmen dieser lang Verstorbenen in Verbindung trat. Zum Glück sind in Hoga ein doppelter Steinkreis, ein stehender Stein und

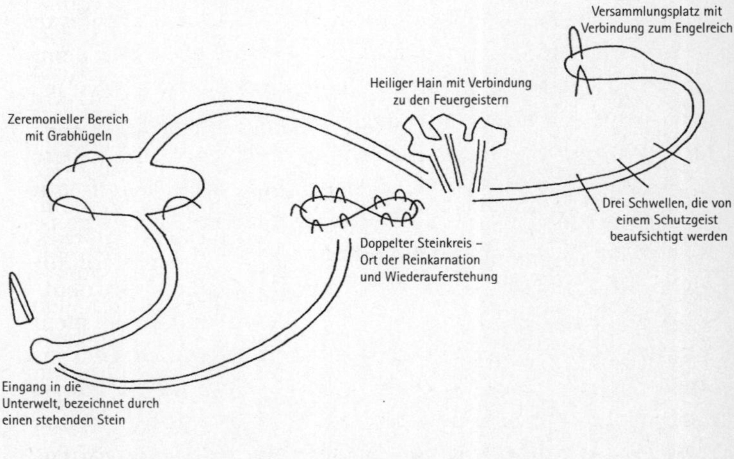

Das alte Zentrum von Hoga, einem Ort im äußersten Westen Schwedens, an dem die Menschen zusammenkamen, um Kontakt mit den Verstorbenen aufzunehmen.

ein Grabhügel erhalten, und diese Monumente halfen mir, die an diesem Ort gebräuchlichen Rituale zu begreifen.
Der alte Platz Hoga besteht aus zwei Ritualwegen, die aus entgegengesetzten Richtungen auf den doppelten Steinkreis zuführen. Dieser Steinkreis hat die Form einer Acht, dem Symbol für Ewigkeit. Auf der einen Seite befindet sich ein kleines Plateau, das von Erdhügeln umgeben ist. Meinem inneren Blick zufolge handelte es sich um den Ort, an dem die Leichen der Verstorbenen aufgebahrt wurden, damit Fleisch fressende Vögel sie vom Fleisch befreiten. Ein wenig weiter bezeichnete ein stehender Stein – der jedoch von einer späteren Kultur versetzt worden ist – den Eingang zur Unterwelt und war somit Hinweis auf den Weg, den die Seele gehen musste, um sich dem erforderlichen Reinigungsprozess zu unterziehen und um schließlich in den Bauch von Mutter Erde zurückzukehren.
Der nächste Schritt des Verstorbenen auf seinem Weg wird durch den linken Steinkreis angezeigt. Auf der ätherischen Ebene hat dieser Platz die Form einer Schüssel aus Licht, die sich in der Erde direkt unter dem Steinkreis befindet. Ihr Rand wird durch die Steine des Steinkreises bezeichnet. Dieser linke Steinkreis stellt das Tor dar, durch das die Seele, befreit von ihren irdischen Kleidern und Mustern, in das Reich des universellen Geistes aufsteigen konnte.
Ein zweiter Ritualweg beginnt auf der anderen Seite der Hoga-Landschaft. Er ist für die lebenden Familienmitglieder bestimmt, die sich ihren Vorfahren nähern wollen und das Gespräch mit ihnen suchen. Dieser Weg beginnt auf einem kleinen Plateau, der von einem Engelwesen erhellt wird und sich daher für die Einstimmung auf den höheren Zweck des geplanten Besuches eignet. Dann bildet der Weg einen Bogen und führt zu drei Schwellen, an denen die Pilger anhalten mussten, um nacheinander ihre Verbindung mit der Geistwelt

zum Ausdruck zu bringen, den inneren Zweck ihres Besuches und ihren geheimen spirituellen Namen zu nennen. Erst dann kamen sie an dem Hüter des Ortes vorbei und gelangten zur nächsten Station auf dem Ritualweg. Sie ist leicht als Ort der Feuergeister zu erkennen.

Heute ist der Ort durch einen Hain aus hohen Lärchen bezeichnet. Da die Feuergeister noch immer vorhanden sind und den Platz auch weiterhin mit ihren explosiven Kräften stimulieren, sind die Lärchen, die normalerweise gerade in die Höhe schießen, auf merkwürdige Weise verwachsen. Ihre Stämme lehnen sich zur einen oder zur anderen Seite oder sind sogar bogenförmig. Dies ist der Ort, an dem den Pilgern für die Dauer ihres Kontakts mit den Verstorbenen die Macht genommen wurde, ihren physischen Körper zu beherrschen. Auf diese Weise hatten sie die Möglichkeit, sich als reine Lichtwesen zu erleben. Die Elementarwesen des Feuers sind Meister solcher Transformationen. Ich habe sie bereits erwähnt, als ich meine Erfahrungen auf dem in der Nähe von Kassel gelegenen Meißner wiedergab.

Erst nach diesen Vorbereitungen durften die Pilger den zweiten, also den rechten Steinkreis betreten, um dort das Gespräch mit ihren Vorfahren zu suchen und ihnen ihre Fragen zu stellen. Mit meinem inneren Auge nahm ich eine Art Hügel aus weißem Licht im Inneren des Steinkreises wahr, um den eine Lichtspirale kreiste, die Himmel und Erde miteinander verband. Ohne Zweifel befindet sich die Spirale dort, um die sensible Kommunikation zwischen den Welten der Lebenden und »Toten« zu erleichtern.

Wenn ich Orte wie das Hoga-Zentrum kennen lerne, dann überrascht es mich jedes Mal wieder, wie gut sie erhalten sind. Die Kräfte der Natur, die Elementarwesen und vermutlich auch die Verstorbenen haben dafür gesorgt, dass sie lebendig bleiben, damit ihre Botschaft nicht verloren geht, obwohl sie seit Jahrhunderten vernachlässigt wurden. Es ist auch heute noch möglich, die Botschaft dieser Plätze zu verstehen.

Offenbar hatte ich den Traum, der um den Lindenbaumstumpf und damit um die Gesamtheit der Menschheitsfamilie kreiste, empfangen, um in mir das Bewusstsein für die Verstorbenen zu wecken, die gleichfalls am Prozess der Neuformung des Erdkosmos teilhaben wollen. Sie wollen wieder den Platz einnehmen, der ihnen zusteht. Sie gehören nicht nur in die Vergangenheit, sondern auch in die Zukunft. Wir sollten uns klarmachen, dass unsere zukünftigen Kinder unter den Seelen der Verstorbenen im »Schattenreich« ausgewählt werden.

Wir empfinden das Reich unserer Vorfahren als »Schattenwelt«, weil wir sie gewohnheitsmäßig als Gegenstück zu unserer »Tagwelt« sehen. Es ist für die gegenwärtige westliche Kultur typisch, jedes Interesse am Totenreich, das über die Formalitäten einer Beerdigung hinausgeht, zu verweigern.

In der letzten Nacht des Jahres 1998 und nur zwei Nächte nach dem ersten bedeutsamen Traum empfing ich einen weiteren. Er legte nahe, dass sich hinter unseren Schwierigkeiten mit der Gemeinschaft der »Toten« ein tiefer liegendes kulturelles Problem verbirgt, das unsere Zivilisation ihrer Kräfte beraubt. Es schwächt uns in solchem Maße, dass wir uns der Offenbarung des neuen Erdkosmos nicht stellen können.

In meinem Traum ist es dunkel im Zimmer, dennoch sind seine Merkmale deutlich erkennbar, da draußen ein sehr heller Mond scheint. Ich bemerke, dass ich auf Hüfthöhe von einer wunderschönen Motte umschwirrt werde. Ich spüre, wie die Motte sich anstrengt, in der Luft zu bleiben. Als ich sie näher betrachte, erkenne ich, dass sie drei verschiedene Probleme hat: Erstens sind ihre Flügel mit kleinen, doch zugleich schweren Staubkörnern beladen, und in mir macht sich der Eindruck breit, dass ich aufgefordert bin, sie wenigstens teilweise von diesem zusätzlichen Gewicht zu befreien. Zweitens sind die Flügel der Motte in staubige Spinnweben gehüllt. Diese beiden Behinderungen können als vorgefasste Meinungen und Muster der Verleugnung verstanden werden, die unsere Kultur auf die »Schattenwelt« projiziert und ihr somit ihre angestammte Rolle im Alltag streitig macht.

Doch ist da noch ein drittes Gewicht, das den Flug der Motte behindert. Erstaunlicherweise hat dieses Gewicht die Form des Buchstabens H, der sich über ihre ganze Flügelspannweite ausbreitet. Ich habe das Gefühl, dass es sich nicht um einen gewöhnlichen Buchstaben handelt, sondern um ein so genanntes stimmloses H und damit um ein Symbol für etwas Unausgesprochenes. Um was könnte es sich handeln?

Da die Motte unablässig auf der Höhe meiner Hüften kreiste, kam ich auf den Gedanken, es könnte sich vielleicht um eine tief in mir verborgene Blockade handeln, wobei ich als Stellvertreter der Menschheit fungierte. Schließlich erkannte ich das Symbol des stimmlosen H als Hinweis auf ein mehr oder weniger totalitäres emotionales Muster, das irgendeine Qualität in mir unterdrückt und zu absolutem Schweigen verdammt.

Ich war entsetzt, und zwei Wochen lang wusste ich überhaupt nicht, was ich nun tun sollte. Dann wurde ich durch eine Intuition zur Meditation aufgefordert. Doch statt auf die gewohnte Weise meine Aufmerksamkeit auf das Herzzentrum zu richten, sollte ich mich ihm diesmal von hinten nähern. Ich folgte der Anweisung und war schockiert.

Die Annäherung von dieser Seite war wie die Annäherung an die dunkle Seite des Mondes. Anders als zuvor die Wärme der Sonnenstrahlen bekam ich nun die Kühle des Mondlichts zu spüren. Es fühlte sich einfach zu sehr wie die tiefe Narbe einer nie richtig verheilten Wunde an, wie ein »wüstes Land« ohne eine Spur von Leben.

Anfangs erschütterte es mich, mir vorzustellen, dass es in mir einen großen Bereich gab, der vereist und der Vergessenheit anheim gefallen war. Ich versuchte den kalten Raum in meinem Rücken in der Wärme meines Herzens zu baden. Doch es dauerte nicht lange, bis ich erkannte, dass auf diese Weise eine Annäherung an das »verbotene Land« meiner Psyche nicht stattfinden konnte. Sollte ich alle Motten fangen und in Schmetterlinge verwandeln? Sollte denn der Mond seinen Platz am Firmament verlieren, nur weil er nicht dazu in der Lage ist, Leben mit Wärme und Energie zu nähren?
Ich erkannte nun, wie einseitig meine ständige Beschäftigung mit der sonnigen Vorderseite meines Seins war – zunächst wollte ich mich mit den Lebensprozessen beschäftigen, der Tod konnte später kommen, so viel später wie nur möglich. Ich war eifrig bemüht, meine Illusionen aufrechtzuerhalten, und hatte dabei übersehen, dass ich zwar lebendig, zugleich aber auch tot bin. Das Leben ist kein linearer Prozess, sondern eine synergetische Einheit, an der Leben und Tod gleichermaßen teilhaben.
Obwohl ich mich jetzt voller Leben fühle, ist in mir doch zugleich auch dieser andere Aspekt meiner selbst, den ich erst, wenn ich tot bin, richtig kennen lerne. Doch ist der Tod auch jetzt, mitten im Leben, ein fester Bestandteil meiner selbst. Als Teil einer Kultur, die sich so einseitig auf die sichtbare Wirklichkeit konzentriert, lösche ich beharrlich den Bereich in mir aus, der mich in der Ewigkeit verwurzelt. Er kennt keine Aktivität, nur die Passivität reinen Seins. Er interessiert sich nicht für irgendeinen besonderen Ausdruck der Schöpfung, nur für die Ganzheit, zu der Licht und Dunkel, Zeit und Ewigkeit, Erde und Kosmos gehören. Früher einmal haben wir ihn als »Seele« bezeichnet.
Doch auch wenn wir genug wissen, um diesen Teil unserer selbst als »Seele« zu bezeichnen, im Alltag verlangen die Mus-

ter unserer Kultur von uns, ihn im »Turm« hinter unserem Rücken einzuschließen. Doch ist es nicht die Bestimmung der Seele, dort eingesperrt zu sein. Vielmehr soll sie unser ganzes Sein durchdringen, unser gesamtes Handeln mit dem Frieden der Unendlichkeit und der Intuition erfüllen, dass wir jederzeit und mit allem, was wir sind, an der Ewigkeit teilhaben.

So ist das apokalyptische Bild vom Tod zu verstehen, der aus dem Grab der Unterwelt auftaucht und ein Viertel der Welt übernimmt. Wenn die Beziehung eines Menschen »hinauf« zum Geist und »hinunter« zur Erde zwei Viertel der menschlichen Wirklichkeit ausmacht, dann stellt die Beziehung zum Alltag, der »vor« ihm liegt, das dritte Viertel dar. Das letzte noch fehlende Viertel muss logischerweise das Schattenreich im Rücken eines Menschen sein und gehört folglich zu den Kräften des Todes (das heißt zu den Kräften der Seele) in ihm.

Der vierte apokalyptische Reiter, der in der Offenbarung nach dem Aufbrechen des vierten Siegels auftaucht, sagt uns, dass es im Verlauf der Erdwandlungen und der dazugehörigen Transformation der Menschheit unmöglich sein wird, die Kräfte der Ewigkeit im Reich der »Unterwelt« zurückzuhalten. Sie werden die Rolle übernehmen, die sie im Universum sowieso schon spielen. Wenn von ihren kulturellen Mustern versklavte Menschen zu der Erkenntnis unfähig sind, dass die Kräfte der Weltseele ein Bestandteil des ewigen Lebens und ihrer eigenen Essenz sind, dann werden sie sich ihnen in der Konfrontation mit den unbezwingbaren Kräften des Todes stellen müssen.

5. Holografische Verbindungen – Übungen zur Einstimmung auf die Erdwandlungen

Ich habe versucht, die Sprache der sieben Siegel in der Offenbarung des Johannes in die Sprache der kürzlich stattgefundenen Erdwandlungen zu übersetzen. An dieser Stelle möchte ich dieses Unterfangen unterbrechen und stattdessen fragen: Was sollen wir mit diesen Veränderungen anfangen? Es ist wenig sinnvoll, zwar über den Wandlungsprozess der Erde Bescheid zu wissen, nicht aber zugleich auch nach Wegen zu suchen, die es uns gestatten, mit ihm kreativ umzugehen. Sobald wir erkennen, dass eine weit reichende Veränderung unseren Planeten von innen her verwandeln wird, sollten wir uns fragen: Welchen Beitrag kann ich leisten? Wir wissen, dass wir ein unverzichtbarer Bestandteil des Erdkosmos sind, also ist es uns unmöglich, uns aus dem Prozess herauszuhalten.

Natürlich könnte man sagen: »Sollen doch Erde und Natur sich verwandeln, wenn sie es unbedingt wollen. Da ja mein Körper ein Bestandteil von ihnen ist, wird er sich automatisch mitverändern.« Das stimmt, wir sind ein Bestandteil des Erdkosmos, und wir können der Veränderung nicht entgehen, wenn das Lebenssystem Erde sich einem Wandlungsprozess unterzieht. Doch im Hinblick auf den Menschen muss ein besonderer Faktor Berücksichtigung finden: unser freier Wille. Wenn wir uns nicht bewusst für die Veränderung entscheiden, dann kann es geschehen, dass wir in den alten Mustern stecken bleiben, auch wenn die Erde sie für sich erfolgreich hinter sich lässt.

Aus diesem Grund habe ich mich dazu entschlossen, gleich zu

Beginn meine Aufmerksamkeit auf die einzelnen Phasen des Veränderungsprozesses zu richten, auch wenn sie uns erst einmal wenig berühren, da sie auf der unsichtbaren Ebene ablaufen. Wenn der Mensch seine überholten Gedankenmuster, emotionalen Einstellungen und Verhaltensweisen nicht rechtzeitig ändert, dann findet er sich eines Tages auf der anderen Seite des Abgrunds wieder, während die Erde ihn hinter sich lässt und ihren Weg durch den ewigen Kosmos weiter verfolgt.

Wenn wir uns also auf die Erdwandlungen einstimmen wollen, dann müssen wir zunächst einmal die eigenen Gedankenmuster, emotionalen Einstellungen und Verhaltensweise untersuchen. Damit meine ich natürlich die Gedankenmuster, Einstellungen und Verhaltensweisen, die in Beziehung zur Erde, zur Natur und zu unserem eigenen Sein stehen, das ja gleichfalls ein Bestandteil des Erdkosmos ist.

Meine Absicht beim Schreiben dieses Buches besteht nicht allein darin, Sie mit einem Bericht über die jetzt ablaufenden Erdwandlungen zu unterhalten. Ich möchte Ihnen außerdem nützliche Werkzeuge vorstellen, die auf Erfahrungen und Einsichten basieren. Sie können diese Werkzeuge nutzen, um eigene Eindrücke und Erfahrungen näher zu untersuchen, die Sie bisher vielleicht noch nicht haben verstehen oder in Ihren Alltag integrieren können. Vielleicht haben Sie solche ungewöhnlichen Erfahrungen und Gefühle bisher einfach beiseite geschoben und unter der Rubrik »persönliche Schwierigkeiten« abgeheftet. Doch sobald Sie ihr wahres Wesen in einem größeren Zusammenhang sehen, haben Sie die Möglichkeit, die zu Grunde liegenden Gedankenmuster, emotionalen Vorstellungen und Verhaltensweisen zu ändern. Gehen Sie mit den Übungen wie mit Ihrem Leben kreativ um!

Als ich im Winter 1998 feststellte, dass die Erdwandlungen begonnen hatten, machte ich mir Sorgen, weil ich spürte, dass wir noch nicht bereit sind, uns ihnen anzuschließen. Also begann ich, Methoden zu entwickeln, mit deren Hilfe man sich auf die Essenz der Erdtransformationen einstimmen und sie unterstützen kann. Doch das Thema war noch zu neu für mich. Ich hatte noch nicht genug Erfahrung mit den beteiligten neuen Kräften und Qualitäten. Auch gelang es mir nicht, aus mir selbst heraus irgendwelche nützlichen Vorschläge zu entwickeln.

An wen sonst hätte ich mich wenden sollen, wenn nicht an meine eigenen Kinder? Seit vielen Jahren sind sie gemeinsam mit mir an Erdheilungsprojekten beteiligt. Also forderte ich eines Tages meine älteste Tochter Ajra auf, für einen Moment ihre Sorgen als Mutter und spirituelle Heilerin zu vergessen und stattdessen ein Gespräch mit ihrem Engelmeister im Hinblick auf meine ersten Erfahrungen mit den Erdwandlungen zu führen.

Seine Antworten stellten die damaligen Veränderungen in einen großen Zusammenhang, was mir sehr gut gefiel, weil ich mich in meinen Beobachtungen bestätigt fühlte. Schließlich baten wir Ajras Engelmeister, uns ein paar Übungen zu zeigen, mit deren Hilfe uns eine bessere Einstimmung auf die Erdwandlungen gelingen würde.

Er legte uns nahe, uns um der richtigen Antworten willen an die Natur zu wenden. Die Natur kann niemals von der Erdessenz abgetrennt werden. Daher bietet sie uns die besten Möglichkeiten, uns auf das einzustimmen, was jeden Moment mit der Erde geschieht. Die Naturwesen wissen jederzeit und jenseits aller Illusion, wie die Wirklichkeit sich verändert und in welche Richtung die Erde sich bewegt. Das bedeutet, dass sie uns als genauer Spiegel dienen und uns zeigen können, wo wir in unseren Mustern stecken geblieben sind und daher unsere Verbindung mit den Zyklen der sich verändernden Erde verlieren.

Die Übung sollte auf folgende Weise ablaufen:

1. Nähern Sie sich liebevoll einem Baum oder Busch. Loben Sie seine Schönheit, und beginnen Sie ein inneres Gespräch mit seiner Wesenheit.
2. Dann bitten Sie die Wesenheit der Pflanze, Ihnen an Ihrem Körper zu zeigen, wo Ihre Probleme im Bezug auf die Erdwandlung liegen und welche Ursachen diese haben.
3. Achten Sie sorgfältig auf Gefühle und Intuitionen, die sich dann einstellen können, und achten Sie auf den Teil Ihres Körpers, auf den Ihr Bewusstsein gerichtet wird.

Bei der Frage, wie eine solche Begegnung ablaufen kann, fällt mir ein, dass ich im vergangenen Herbst mit inneren Schwierigkeiten zu kämpfen hatte, zu denen ich dann auf dem Meißner eine Gruppe von Buchen befragte. Ich bat sie, mir die Ursache meiner Probleme zu nennen. Sie lenkten meine Aufmerksamkeit abwärts in den Kniebereich und dann in einem Halbkreis hinter mich und meinen Rücken hinauf bis zu meinem Hinterkopf. Dort wurde die Fahrt durch eine Verspannung im Kopfbereich unterbrochen. Erst als ich meinen Kopf tief hinunter in Richtung meines Herzchakras beugte, konnte die Bewegung fortgesetzt und dort, wo sie begonnen hatte, zum Abschluss gebracht werden.
Aus dem Ablauf schloss ich, dass mein Verstand meine Gefühlswelt und meine Intuitionen dominiert und deshalb meine natürliche Neigung blockiert, dem Fluss der Erdwandlungen zu folgen. Ich musste meine Gedankenmuster enger an die impulsive Qualität meiner Gefühle binden. Dann würde sich das Hindernis leicht überwinden lassen.

Holografische Sprache und Kosmogramme

Anfang 1999 hatte ich mir schließlich genug Klarheit über den Verlauf der Erdwandlungen verschafft, um eine Zusammenarbeit mit ihnen zu entwickeln. Es begann mit einer Inspiration, die ich am 11. Februar 1999 empfing. In einem einzigen elektrisierenden Augenblick kam mir die Idee, dass es doch eine Sprache geben musste, die zugleich vom Erdbewusstsein, von den Naturgeistern und vom Menschen sowie von anderen kosmischen Wesen verstanden wird. Angesichts der bevorstehenden und unberechenbaren Veränderungen würden wir alle eine gemeinsame Sprache benötigen, um uns gegenseitig bei der Überwindung der Schwierigkeiten zu helfen, die man bei einem solchen vermutlich lang anhaltenden und komplizierten Prozess ohne Zweifel erwarten muss.

Es schien mir nahe liegend, diese Sprache als »holografische Verbindung« zu bezeichnen. Das Wort »Hologramm« stammt aus dem Griechischen und setzt sich aus *holos* (ganz) und *gramma* (geschriebener Buchstabe) zusammen. Dies passte genau zu meiner Inspiration, da es sich doch um eine Sprache handeln sollte, die von allen Erscheinungsformen des Lebens genutzt und verstanden wird. Das Wort »Sprache« jedoch ist in unserer Kultur viel zu sehr mit der Vorstellung von einem linearen Informationsfluss verknüpft, als dass ich es für eine neue Kommunikationsform hätte nutzen können, die nicht auf der logischen Abfolge von Impulsen beruht. Um von Wesen verstanden zu werden, die ihren Platz in anderen Wirklichkeitsdimensionen haben, ist eine zeitlose und unmittelbare Kommunikationsform erforderlich.

Deshalb fing ich an, die winzige Geste einer Berührung mit der gesuchten universellen Sprache zu assoziieren. Bei einer

Berührung entsteht für einen Moment lang eine enge *Verbindung* zwischen zwei Lebewesen oder einem Lebewesen und einem Gegenstand. Und so kam es, dass in dem Augenblick, der unmittelbar meiner Inspiration folgte, mir die passende Bezeichnung klar vor Augen stand: *holografische Verbindung.*

Einige der Kosmogramme, die ich 1998 für mein Lithopunkturprojekt in Circuito das Aguas in Brasilien entwickelte.

Einige der Kosmogramme, die ich 1999 für mein Lithopunkturprojekt in Aachen entwickelte.

Einige der Kosmogramme, die ich 1999 für mein Lithopunkturprojekt im Schweizerischen Seeland entwickelte.

Einige der Kosmogramme, die ich 1999 für mein Lithopunkturprojekt beiderseits der Staatsgrenze zwischen Österreich und Slowenien entwickelte.

Die Idee war mir nicht neu. Ich bemühe mich seit drei Jahrzehnten um eine universelle Sprache. Anfangs war es ein Thema, das immer wieder in meiner künstlerischen Arbeit auftauchte. Doch erst zu Beginn der 80er-Jahre nahm meine Suche nach einer universellen Sprache konkrete Formen an. Damals fing ich an, mit Hilfe von Kosmogrammen eine Zeichensprache zu entwickeln. Sie wurden zu einem unverzichtbaren Bestandteil meiner Erdheilungsarbeit. Ich meißel sie in Lithopunkturpfosten, die dann in der Landschaft aufgestellt werden. Gelegentlich lasse ich sie in Bronze gießen, damit sie an ausgewählten Stellen als Akupunkturplatten in den Boden eingebracht werden. An Stellen, die besonders große energetische Blockaden aufweisen, ziehe ich die Linien meiner Kosmogramme sogar manchmal direkt auf dem Boden, damit die Mitglieder meiner Erdheilungsgruppen die Linien abschreiten und dem Gedächtnis des Ortes »einprägen« können.

Auf den ersten Blick sehen Kosmogramme* aus wie typische Symbole, die mit ihren Linien und Formen eine bestimmte Botschaft übermitteln sollen. Untersuchen Sie das kulturelle Erbe eines beliebigen Volkes, und Sie werden auf einen Reichtum an Symbolbildern stoßen, die als Kosmogramme bezeichnet werden könnten. Doch echte Kosmogramme besitzen bestimmte Eigenheiten, die sie von allen anderen Symbolen unterscheiden. Zunächst einmal müssen sie so beschaffen sein, dass sie nicht nur eine objektive Form darstellen, sondern auch von einem bestimmten Bewusstsein erfüllt sind. Das bedeutet, dass sie den Betrachter auf eine persönliche Weise ansprechen können – sozusagen auf einer Herz-zu-Herz-Ebene. Sie funktionieren auf der Basis gegenseitigen Austauschs zwischen zwei Partnern und haben nicht nur die

* In meinem Buch *Wege der Erdheilung* finden Sie weitere Informationen über Kosmogramme sowie zahlreiche Fotos (siehe Seite 196 bis 206; 243; 245; 249).

Funktion, eine bestimmte Information zu vermitteln, wie dies bei gewöhnlichen Symbolen der Fall ist.
Um dies näher zu illustrieren, will ich erzählen, was am Morgen nach dem Tag geschah, an dem ich begonnen habe, die Passage niederzuschreiben, die Sie soeben über Kosmogramme gelesen haben. Es war mir nicht so recht gelungen, mir Klarheit über die Essenz von Kosmogrammen zu verschaffen, also beendete ich die Arbeit an meinem Computer und ging zu Bett. Kurz bevor ich aufstehen wollte, um den Computer wieder anzustellen und mit der Arbeit zu beginnen, hatte ich einen knappen Traum, durch den sich offensichtlich mein Höheres Selbst meldete, um mir dabei zu helfen, die Geschichte der Kosmogramme zu erzählen.
In meinem Traum sah ich eine Frau, die am Rande eines Feldes ihre Wäsche an einer Wäscheleine aufgehängt hatte und sich nun auf dem Rückweg zum Haus befand. In diesem Augenblick hörte sie hinter sich ihr Kind weinen und nach ihr rufen. Sie drehte sich um und erkannte, dass sie versehentlich ihr Kind gleichfalls zwischen der Unterwäsche an die Leine gehängt hatte. Da sie erschüttert war, als sie ihr Kind dort an der Leine sah, lief sie zu ihm, um es in die Arme zu nehmen. – Stellen Sie sich nun vor, dass die Wäsche an der Leine gewöhnliche Symbole, das Kind jedoch Kosmogramme repräsentiert.
Damit Kosmogramme zwischen dem Bewusstsein einzelner Lebewesen oder zwischen Wesen, die unterschiedlichen Existenzebenen angehören, vermitteln können, müssen sie eine Form aufweisen, die über ein bloßes funktionales oder ästhetisches Design hinausgeht. Sie können nur durch einen fortgesetzten Dialog zwischen den beiden Beteiligten zu Stande kommen. Wenn ich mich dazu entschließe, ein Kosmogramm für die Stärkung der Identität eines bestimmten Platzes zu entwerfen, dann versuche ich erst einmal seine verschiedenen

Dimensionen zu erfassen. Doch die Schaffung eines Kosmogramms verlangt von mir auch, dass ich das gewonnene Wissen nutze, um eine innere Kommunikation mit dem Ort zu entwickeln. Nur auf diese Weise kann das Kosmogramm die erforderliche multidimensionale Form erhalten.

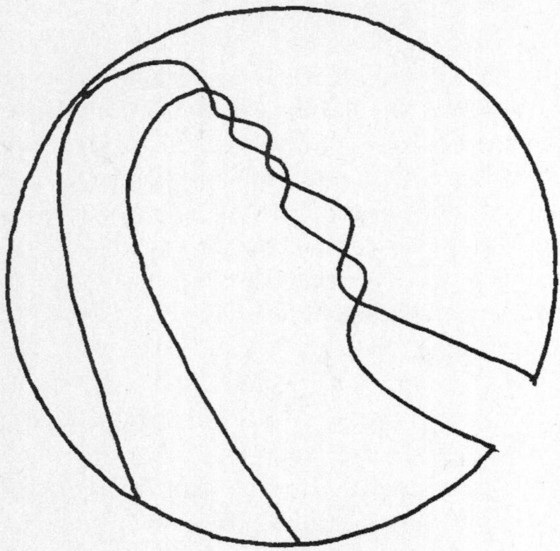

Die natürliche Intelligenz »hinter« dem Computer teilte mir mit, wie ein Kosmogramm aussehen muss, das mich vor der vom Bildschirm ausgehenden Strahlung schützt.

Um Ihnen ein weiteres Beispiel für die Schaffung eines Kosmogramms zu geben, will ich Ihnen von einem erzählen, das ich beim Schreiben dieses Buches entwickelte. Es soll mich vor der unerfreulichen Strahlung schützen, die von meinem Computer ausgeht.
In den vergangenen zehn Jahren habe ich sieben Bücher in

deutscher Sprache geschrieben und war in dieser Zeit mit Bleistift und Radiergummi als meinen einzigen Werkzeugen zufrieden. Meine Lektorin ließ dann mein Manuskript in eine für den Computer geeignete Form bringen. Bei dem Buch, das Sie gerade lesen, habe ich mich der Herausforderung gestellt, in englischer Sprache zu schreiben und mein Manuskript als Diskette abzugeben.

Schon bald nachdem ich mit meiner Arbeit am Computer begonnen hatte, verspürte ich Schmerzen in meinem rechten Arm und in der rechten Schulter, in dem Bereich also, der dem Computerbildschirm am stärksten ausgesetzt ist. Da ich normalerweise im Freien arbeite, könnte es sein, dass ich auf diese Art Strahlung besonders heftig reagiere. Anfangs meinte ich, meine Probleme rührten von einem Zögern her, das ich im Zusammenhang mit meinem fortgesetzten inneren Wachstumsprozess spürte, und arbeitete an diesem Thema. Doch der Schmerz plagte mich weiter. Er war so groß, dass ich häufig keinen Schlaf fand.

Inzwischen hatte ich mich mit meinem Computer angefreundet und ihn als eine Form von Erdintelligenz anerkannt, die auf der Basis von Silikatkristallen funktioniert. So kam es, dass der Computerbildschirm, als ich an einem bestimmten Abschnitt dieses Kapitels arbeitete, plötzlich einen kristallweißen Lichtblitz produzierte, der diagonal von rechts unten nach links oben verlief. Der Blitz sah aus wie eine unregelmäßige Schlangenlinie. Ein paar Sekunden später wiederholte sich das Phänomen. Das war alles, und seither ereignete sich nichts Vergleichbares. Doch das Licht des unerwarteten Blitzes war so stark gewesen, dass ich die nächsten paar Minuten auf meiner Netzhaut violette Flecken sah.

Als ich am folgenden Morgen aufwachte, begriff ich auf einmal, dass die natürliche Intelligenz »hinter« dem Computer mir mitgeteilt hatte, wie ein Kosmogramm zu fertigen sei, das mich vor der Strahlung des Bildschirms schützen würde. Sofort nahm ich Papier und Bleistift zur Hand und zeichnete die beiden Wellenlinien, die mir der Computer als Schlüssel zu meinem Problem präsentiert hatte. Außerdem beließ ich es nicht bei der so entstehenden Diagonale, sondern führte die beiden Linien wieder zurück in die Richtung, aus der sie kamen. Auf diese Weise wiesen sie auf den Bildschirm zurück, wenn ich das Kosmogramm an meinem schmerzenden rechten Arm befestigte. Die Botschaft des Kosmogramms an den Computer lautete: »Nimm die Strahlung, die von dir ausgeht und mir Schmerzen verursacht, zu dir zurück!«

Danach befestigte ich das Kosmogramm mit einer Sicherheitsnadel an meinem Ärmel und erinnerte die Computerintelligenz von Zeit zu Zeit telepathisch daran, dem Kosmogramm Folge zu leisten. Bereits nach einem Tag war der Schmerz fast fort. Ich bin sicher, dass ich das Kosmogramm in Zukunft nicht mehr brauche, weil sich der Computer dann von selbst an seine Botschaft erinnern wird.

Als ich mich in den 80er Jahren erstmals mit Kosmogrammen beschäftigte, stellte ich fest, dass das Erdbewusstsein selbst ebenfalls Kosmogramme nutzt, um durch sie zu den Menschen zu sprechen. Die neuesten Beispiele sind die so genannten Kornkreise, die anfangs nur in England auftauchten, aber dann in einer ganzen Reihe anderer Länder Anlass zur Bewunderung gaben. Kornkreise entstehen durch einen blitzschnellen inneren biologischen Prozess, der die Getreidehalme so umknickt, dass sie regelmäßig nebeneinander zu liegen kommen. In einem solchen Prozess bildet sich ein Kosmogramm, das sich aus den stehen gebliebenen Halmen ergibt.

Während ich mein Buch *Erdsysteme und Christuskraft* schrieb und mich intensiv mit dem Wort Gottes in den vier Evangelien beschäftigte, entdeckte ich Kosmogramme, die in die

Äther hinter den Schichten der Lehren Jesu eingeprägt waren. Offensichtlich wandte sich Jesus, während er mit seinen Zeitgenossen sprach, mittels einer holografischen Sprache zugleich auch an ihre Herzen. Alte Sprachen, wie das Aramäische, dessen er sich bediente, enthalten in ihrem multidimensionalen Gewebe die natürliche Fähigkeit, derart komplexe Botschaften zu transportieren.*

* Das Kapitel »Die unsichtbaren Urmuster der Evangelien« in meinem Buch *Erdsysteme und Christuskraft* setzt sich detailliert mit dem Thema auseinander.

Holografische Übungen

Mit dem Beginn der Erdwandlungen entwickelte sich in mir das Bedürfnis, das Wissen, das ich durch die Arbeit mit Kosmogrammen gesammelt habe, in Formen zu übersetzen, die in die tägliche spirituelle Praxis integriert werden können. Vor allem nach dem Januar 1999, als ich anfing, die »neuen Kräfte« und ihre enorme Wirkung wahrzunehmen, wurde mir klar, dass die Menschen Schaden leiden werden, wenn sie sich nicht rechtzeitig mit Methoden vertraut machen, die ihnen dabei helfen, sich auf die neuen Energien und ihre archetypischen Qualitäten einzustimmen. Wenn diese Energien nicht destruktiv werden, sondern die Veränderungen unterstützen sollen, dann müssen sie in unser persönliches Kraftsystem eingeführt und integriert werden, um ihre Aufgabe in unserem individuellen und kollektiven Transformationsprozess erfüllen zu können.

Es gelang mir jedoch erst im Februar 1999, als ich mich mit meiner Tochter Ana auf der Insel Kreta aufhielt, die Inspiration der holografischen Verbindung in eine praktische Form zu bringen. Wir waren eingeladen worden, einen einwöchigen Workshop abzuhalten, der auch praktische Erdheilung in der Landschaft von Mesara einschloss, die sich auf der zentralen Ebene auf der Südseite der Insel befindet.

Als ich mich mit der Mythologie und den archäologischen Objekten der alten minoischen Kultur, die während der Bronzezeit auf Kreta blühte, beschäftigte, stellte ich fest, dass die Minoer das Geheimnis um das grundlegende Erdversorgungssystem gekannt haben müssen. Die Einbeziehung seiner Kräfte in Ritualen und im Alltag ermöglichte es der minoischen Kultur, tausend Jahre lang in einem Zustand des Gleichgewichts und der Zufriedenheit zu verharren, während benach-

barte Kulturen sich bereits in den Schlingen des patriarchalischen Ringens um Macht und Vorherrschaft verfingen.
Durch die Beschäftigung mit Tonfigurinen, die man in den Palästen von Knossos und Phaistos ausgegraben hatte, entdeckte ich die ersten drei holografischen Übungen. Ursprünglich hatte ich vorgehabt, die Kursteilnehmer aufzufordern, lediglich die Haltungen der Figuren nachzustellen. Doch meine Intuition sagte mir, dass die Gesten allein nicht tief genug eindringen, um die archetypischen Kräfte des Erdversorgungssystems wachzurufen. Hierzu sind größere Kräfte erforderlich. Vor allem die Macht der Vorstellungskraft ist es, die die spirituelle Identität des Menschen ausmacht. Die göttliche Schöpfungskraft, die Bestandteil unseres natürlichen Erbes ist, wäre nutzlos, wenn wir mit ihr nicht auch das richtige kreative Mittel erhalten hätten. Dieses kreative Mittel ist die Macht der Vorstellungskraft. Dies vor allem ist der Grund, warum die Gesten durch dazugehörige, von der Vorstellungskraft geschaffene Bilder ergänzt werden müssen.
Um im Einklang mit den emotionalen und spirituellen Ebenen der Erdwandlungen sein zu können, sollte die Überwindung der Spaltungen angestrebt werden. Statt uns selbst in Dualitäten zu verlieren, müssen wir danach streben, in allen Situationen die Gegensätze miteinander zu verbinden: vor allem zwischen den irdischen Elementen und ihren kosmischen Gegenstücken. Das ist der zweite Grund, warum die Übungen zur holografischen Verbindung nur dann zum Ziel führen, wenn die physischen Gesten, die für die Kräfte der Erde stehen, mit der Vorstellungskraft, die den Kosmos symbolisiert, verbunden werden.
Die drei folgenden Übungen, zu denen ich von der minoischen Kultur auf Kreta inspiriert wurde, eignen sich als Einführung, weil sie dafür sorgen, dass der Übende sich in allen drei Richtungen verankert: oben und unten, links und rechts, vorn und hinten.

1. Oben und unten verbinden

1. Stehen Sie aufrecht, und beugen Sie die Knie, um sich zum Symbol für den Kosmos zu machen, der sich der Erde nähert. Suchen Sie sich in dieser Haltung eine Position, die bequem genug ist, dass Sie in ihr eine Weile verbleiben können.
2. Heben Sie Ihre Arme, bis Ihre Hände mit Ihrem Hals auf einer Höhe sind – damit symbolisieren Sie die Erde, die sich dem Kosmos nähert. Ihre Ellbogen sind halb angewinkelt und stehen nach beiden Seiten etwas ab.
3. Nun stellen Sie sich vor, dass Sie mit Ihren Händen und Knien eine Säule aus weißem Licht halten, die tief in die Erde eindringt und weit in den Himmel hinaufreicht. Lassen Sie durch diese Säule gleichzeitig die Kräfte des Kosmos herab- und die der Erde hinaufsteigen.
4. Verharren Sie einen Moment lang so, und erhalten Sie das Bild mit Ihrer Vorstellungskraft aufrecht.

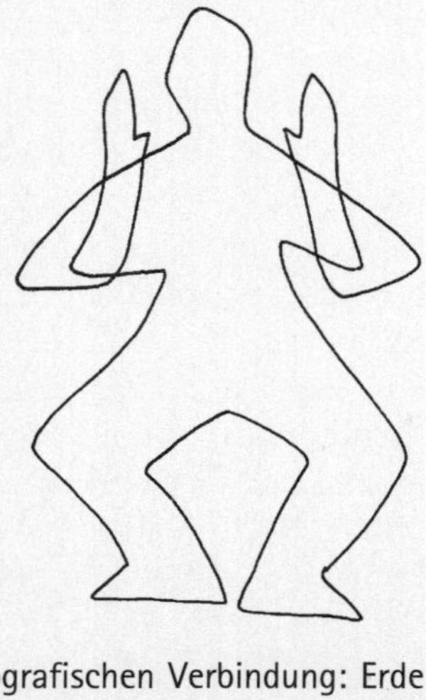

Übung 1 zur holografischen Verbindung: Erde und Himmel miteinander verbinden.

2. Links und rechts verbinden

1. Stehen oder sitzen Sie aufrecht. Legen Sie Ihre rechte Hand auf ihre linke Schulter und Ihre linke Hand auf ihre rechte Hüfte. Dabei stellen Sie sich vor, dass Sie Ihre Kräfte genau in Ihrer Mitte sichern, indem Sie sie wie eine Schraube festdrehen.
2. Nach einer Weile wechseln Sie die Positionen Ihrer Hände, die linke wandert auf die rechte Schulter und die rechte auf die linke Hüfte. Erneut stellen Sie sich vor, dass Sie Ihre Kräfte genau in Ihrer Mitte sichern, indem Sie sie wie eine Schraube festdrehen, nur diesmal in die andere Richtung.
3. Nach einer Weile wechseln Sie erneut die Positionen Ihrer Hände und in Ihrer Vorstellung die Richtung Ihrer Schraubbewegung.

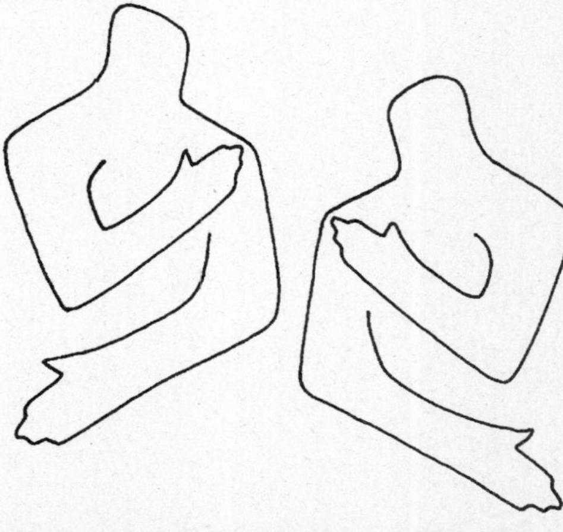

Übung 2 zur holografischen Verbindung: Beide Seiten miteinander verbinden.

3. Vorn und hinten verbinden

1. Legen Sie Ihre rechte Hand mit der Handfläche nach hinten an Ihre rechte Hüfte. Dies ermöglicht Ihnen die Verbindungsaufnahme mit den Kräften des Rückens. Stellen Sie sich vor, dass Sie etwas Rundes und Kaltes wie zum Beispiel einen Schneeball in dieser Hand halten.
2. Legen Sie Ihre linke Hand mit der Handfläche in Richtung Kopf auf Ihre Stirn. Stellen Sie sich vor, dass Sie etwas Warmes und Glänzendes, wie beispielsweise eine Nachbildung der Sonnenscheibe, in dieser Hand halten.
3. Konzentrieren Sie sich darauf, gleichzeitig Verbindung mit der Wärme des Lichts und der Kälte des Schattens zu suchen, und erhalten Sie die Verbindung mit beidem aufrecht.

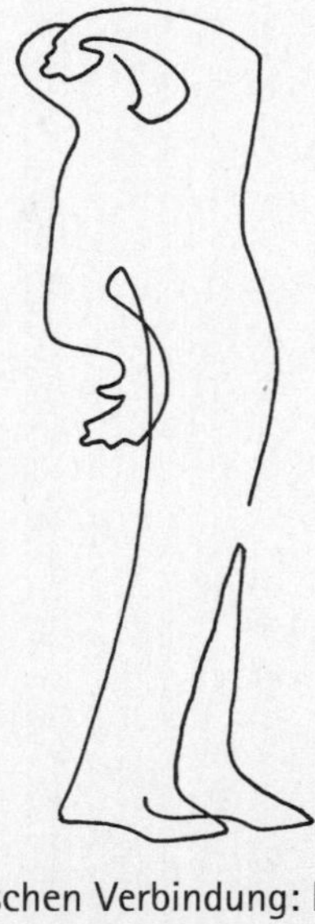

Übung 3 zur holografischen Verbindung: Licht und Schatten miteinander verbinden.

Machen Sie alle drei Übungen hintereinander, denn sie bilden einen gemeinsamen Zyklus.
Die nächsten beiden Übungen wurden mir von Elementarwesen auf dem Meißner gezeigt, jenem heiligen Berg, auf dem ich, wie ich es im zweiten Kapitel beschrieben habe, mit den Geistern von Wasser und Feuer sprach. Ich ging einen Pfad hinauf zur Spitze des Felsens, in dem die Wesen des Feuers sich konzentrieren, und gelangte dann in das Reich der Wesen, die dem Luftelement zugehören. Mein Blick wurde für das Königreich der Feen geöffnet. Doch die Begegnung hörte bald auf, nur erfreulich zu sein, denn die Masse der zarten Wesen drang auf mich ein, als wollten sie mich bedrohen und gegen den Rand meiner Aura drücken. Intuitiv erfasste ich, dass sie mir etwas mitteilen wollten.
Sobald ich meinem Körper gestattete, meiner Intuition zu folgen, setzten sich meine Hände in Bewegung – offenbar wurden sie hierbei von den Feen gesteuert, um irgendeine Übung auszuführen. Ihre dazugehörige Botschaft lautete – übersetzt in logische Begriffe –, dass Menschen ihr Herz fast immer ganz verschlossen halten und Liebe nur unter ihresgleichen verschenken. Das sei der Grund, warum es in den Lüften an Liebe fehle. Diese Situation ist insbesondere für die Feen ein Problem, denn sie benötigen die Kraft der Liebe, um daraus für jeden Ort eine freudige und erbauliche psychische Atmosphäre zu schaffen. Die Erfüllung dieser Aufgabe gelingt ihnen einfach nicht mehr.
Wie von allen anderen Lebewesen wird auch von den Menschen erwartet, dass sie die Kraft ihrer Herzen im Tausch für die Lebenskraft geben, die sie von der Natur erhalten. Wir besitzen die Möglichkeit, »kosmische Liebe auszustrahlen« – so jedenfalls habe ich die Feen verstanden –, doch wir sind in unserem egoistischen Trott gefangen und halten den Fluss der Liebe zurück.

Mit der nachfolgenden Übung können wir den Feen und uns selbst helfen.

4. Elementarwesen bei ihren Aufgaben unterstützen

1. Führen Sie die Hände vor Ihrem Herzen zusammen, so dass sich nur die Mittelfinger berühren, dabei jedoch eine Art Barriere bilden. Dann halten Sie einen Augenblick inne und konzentrieren hinter der Barriere die Kräfte der Liebe, die aus Ihrem Herzen ausströmen.
2. Dann öffnen Sie die Barriere, indem Sie die Arme nach oben ziehen. Dabei richten Sie die Handflächen gleichfalls wie gebend nach oben und stellen sich vor, wie Ströme der Liebe von Ihnen aus in Ihre Umgebung fließen.
3. Wiederholen Sie die Übung mehrmals, und spüren Sie, wie Ihre Liebe zur Natur Ihre Umgebung erfüllt.

Ich unterwies Schülerinnen und Schüler bereits seit mehreren Monaten in dieser Übung, als ich eines Tages mit einer Gruppe in Basel übte und die Erdseele plötzlich vor mir auftauchte und mich bat, der Übung eine Einleitung voranzustellen. Ihr Zweck liegt darin, die Anbindung an die Kräfte der Elementarwesen zu suchen, bevor wir unsere Impulse aussenden. Nachfolgend die Einleitung, die mir die Erdseele vermittelte:

1. Senken Sie die Hände – wobei sich die Mittelfinger berühren – bis auf die Höhe Ihres Unterleibs, und suchen Sie Verbindung mit den elementaren Kräften in sich.
2. Dann heben Sie die Hände langsam bis auf die Höhe Ihres Herzens an. Während sich die Mittelfinger noch immer berühren, geben Sie Ihren Händen die Form einer Schale,

die Sie vor Ihrem Herzen halten, und stellen sich vor, dass Ihre elementaren Kräfte sich mit der Herzensqualität verbinden.

3. Erst danach sollten Sie mit der oben beschriebenen Übung beginnen und sie ein paar Mal wiederholen. Die Einführung ist jedoch nur einmal, zu Beginn der Übung, erforderlich.

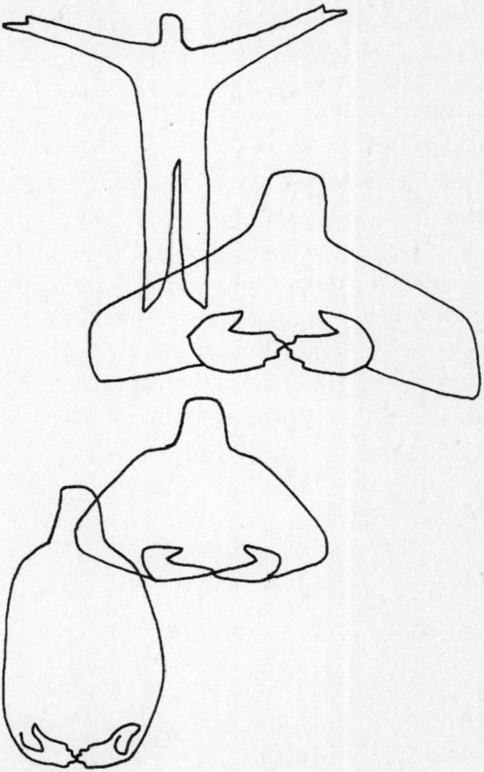

Übung 4 zur holografischen Verbindung: Elementarwesen bei Ihren Aufgaben unterstützen.

Im Anschluss an die vierte Übung zur holografischen Verbindung wurde mir auf dem Meißner gleich noch eine weitere beigebracht. Ein riesiges Wesen kam von hinten auf mich zu, als sei es davon angezogen worden, dass ich gelernt hatte, mein Herz der Natur zu öffnen. Vermutlich handelte es sich um eine Deva*. Ich drehte mich um und verstand, ohne dass man mir dies mit Worten erklären musste, dass ich hier die Gelegenheit hatte, eine Übung zu lernen, mit der ich den Elementarwesen und Naturgeistern bei ihrer neuen Aufgabe, der Transformation der Erdoberfläche, würde helfen können.

Den Erklärungen, die die Übung begleiteten, entnahm ich, dass die Kräfte der Natur sich bei ihrer Arbeit vor allem durch die für unsere Zivilisation typischen linearen Strukturen, die durch die Vorherrschaft des Verstandes gespeist und aufrechterhalten werden, behindert fühlen. Sie unterscheiden sich gravierend von dem ausgeglichenen, runden und ganzheitlichen Organismus des Erdkosmos, den die Elementarwelt im Verlauf der gegenwärtigen Erdwandlungen wieder zu erschaffen versucht. Indem Sie die nachfolgende Übung machen, können Sie den Elementarwesen bei ihrem Bemühen helfen, die vom menschlichen Verstand errichteten Blockaden zu überwinden.

5. Den Raum runden

1. Mit einer Hand schließen Sie sich an das kosmische Reich über Ihnen an und mit der anderen an das irdische Reich unter Ihnen.

* Siehe hierzu *Du kannst mit Engeln sprechen* von Dorothy McLean (München: Heyne, 1997) und *The Findhorn Garden* von der Findhorn-Gemeinschaft (New York: Harper Collins, 1976).

Übung 5 zur holografischen Verbindung: Den Raum runden.

2. Während sich die eine Hand oben und die andere unten befindet, stellen Sie sich vor, dass Sie eine feine Membran aus Regenbogenfarben zwischen Ihren Händen halten. Die Membran ist so groß, dass sie sich in einem riesigen Bogen bis zum Rand des Horizonts erstreckt. Dabei befindet sich die Membran jedoch nicht nur im Himmel über Ihnen, sondern dringt auch in die Erde unter Ihnen ein. Folglich ist die Membran kreisförmig; die eine Hälfte erhebt sich hoch über den Boden, während die andere tief in die Erde hinabstößt.
3. Nun beginnen Sie sich mit äußerster Sorgfalt langsam nach rechts zu drehen. Die Regenbogenmembran nehmen Sie dabei mit, so dass Ihre Umgebung ober- und unterhalb des Bodens durch die Membran hindurch muss. Machen Sie sich Ihre Vorstellungskraft zu Nutze, um sicherzustellen, dass dieses »Hindurchmüssen« der Umgebung auch wirklich auf jedem Zentimeter, den Sie sich weiter drehen, stattfindet.
4. Die Übung ist abgeschlossen, wenn Sie die Regenbogenmembran durch einen Kreis von 360 Grad geführt haben. Wenn Sie wollen, können Sie die Übung wiederholen, indem Sie sie noch einmal in die entgegengesetzte Richtung machen.

Ich habe bereits meine Tätigkeit in der Gegend von Dachau, dem Standort eines der schrecklichen Konzentrationslager, erwähnt. Während ich dort daran arbeitete, die Wunden des Ortes zu heilen, wurde mir eine weitere Übung vermittelt, die Himmel und Erde in und um uns verbindet. Interessanterweise »malt« man bei dieser Übung mit den Händen den Davidstern. Dieser Stern ist das jüdische Symbol für die Heilige Hochzeit zwischen Himmel und Erde, doch er ist auch das Zeichen, das die Mehrheit der Gefangenen in Dachau auf ihrer Kleidung trug, um sie als Angehörige der jüdischen Rasse, die die Nazis ausrotten wollten, kenntlich zu machen.

6. Der Davidstern

1. Heben Sie die Arme über den Kopf, um damit ein Dreieck zu bilden, und stellen Sie durch dieses Dreieck die Verbindung mit den kosmischen Kräften über Ihnen her.
2. Senken Sie die Arme langsam, bis sie diagonal nach unten weisen, und strecken Sie sie dabei aus. Lassen Sie nun die Kraft des Kosmos, die sich in Ihnen angesammelt hat, in die Erde fließen.
3. Dann führen Sie die Hände zueinander, halten die Ellbogen dabei nach außen gerichtet und formen vor Ihrer Mitte ein nach unten gerichtetes Dreieck, um die Verbindung mit den Kräften der Erde herzustellen.
4. Nun strecken Sie die Arme langsam und heben sie, bis sie diagonal nach oben weisen. Lassen Sie die Kraft der Erde, die sich in Ihnen angesammelt hat, in das Universum hinauffließen.
5. Dann bilden Sie wieder ein Dreieck über Ihrem Kopf und verbinden sich neuerlich mit den kosmischen Kräften ... Wiederholen Sie die Übung wenigstens zehnmal.

Nachdem mir in Dachau die Davidstern-Übung offenbart worden war, präsentierten mir einige Orte, an denen ich Erdheilungsarbeit durchführte, die Kosmogramme ihrer Identität, indem sie mir eine neue holografische Übung zeigten. Die Region Šumava in Böhmen, die früher einmal Sudetenland hieß, musste während des Zweiten Weltkriegs zwei »ethnische Säuberungen« über sich ergehen lassen. Erst wurden während des Naziregimes alle Tschechen aus ihren Häusern vertrieben. Dann, als die Kommunisten die Herrschaft ergriffen, hatte die deutsche Mehrheit dort das gleiche Schicksal zu erdulden. Ich arbeitete mit einer internationalen Gruppe

Übung 6 zur holografischen Verbindung: Der Davidstern.

aus Holland und Böhmen an einem Ort namens Humpolec, und das Bewusstsein des Ortes zeigte mir seine Variante des Hologramms für die Verbindung zwischen Himmel und Erde.

7. Humpolec-Übung

1. Setzen Sie alle Kraft ein, um Ihre Arme neben Ihrem Körper nach unten zu strecken. Dann konzentrieren Sie die Erdkräfte in sich, indem Sie die Hände fest zu Fäusten verschließen. Wiederholen Sie dies dreimal, und stellen Sie sich dabei vor, dass Sie Erdenergie in Ihren Körper pumpen.
2. Dann heben Sie die Arme auf beiden Seiten ausgestreckt nach oben. Die Hände sind nun geöffnet, und die Handflächen weisen nach unten. Heben Sie die Arme langsam an, bis sie sich über Ihrem Kopf wieder treffen, um dort einen »Kanal« zu bilden. Dabei weisen die Handflächen weiterhin nach außen und die Arme ragen parallel nebeneinander in die Höhe. Stellen Sie sich nun einen Moment lang vor, dass kosmische Kräfte durch diesen »Kanal« in Ihren Körper fließen.
3. Während Sie dann die gestreckten Arme langsam wieder senken und dabei den gleichen Kreis um Ihren Körper beschreiben, stellen Sie sich vor, dass Sie die gesammelte irdische und kosmische Energie in Ihrem Herzen zu einem Ganzen verschmelzen.
4. Auf diese Weise kehren Sie zur ersten Position zurück und fangen von vorn an. Wiederholen Sie die Übung so oft, wie es sich gut für Sie anfühlt.

Als ich mit einer Gruppe Gleichgesinnter in Basel arbeitete, wurde mir eine Variante der Übungen offenbart, die darauf

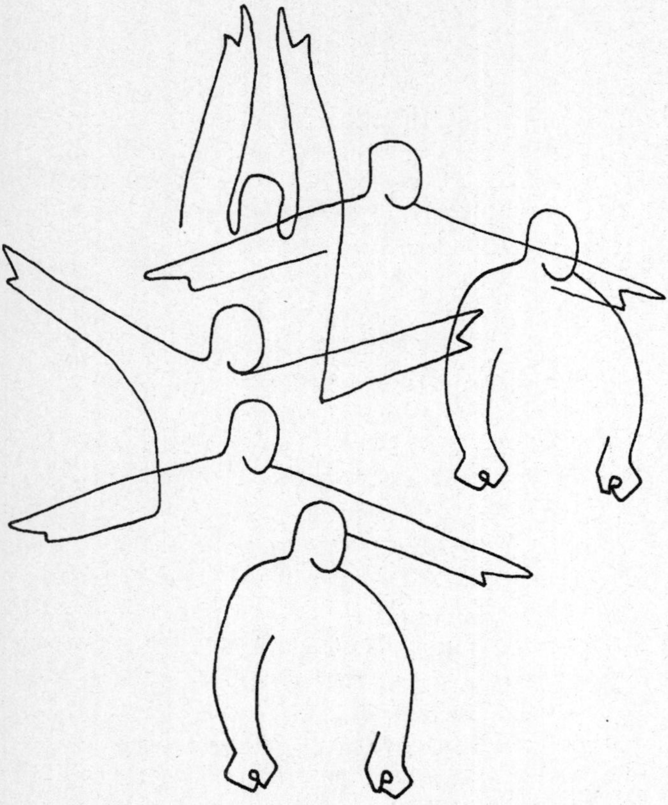

Übung 7 zur holografischen Verbindung: Die Humpolec-Übung.

abzielt, eine Verbindung zwischen der hellen und der dunklen Seite im Menschen herzustellen. Diese Mitteilung erfolgte über die Skulptur einer starken Frau, die sich um ihre Kinder kümmert und die Seele der Stadt symbolisiert. Dieses Monument wurde von den Franzosen zum Dank dafür errichtet, dass sich die Stadt während des Zweiten Weltkriegs so hingebungsvoll um die französischen Flüchtlinge gekümmert hatte. Typischerweise wurde das »Bild der Göttin« in Basel unmittelbar neben dem Zentrum der Yin-Kräfte errichtet. Dieses Zentrum befindet sich am Rand des Schützenmatt-Parks.

8. Die hinteren mit den vorderen Kräften verbinden

1. Strecken Sie die Arme an den Seiten aus, und führen Sie die Hände hinter Ihrem Rücken so zusammen, dass sich die Mittelfinger oberhalb des Pos berühren. Stellen Sie eine Verbindung zu den Basiskräften der Erde her.
2. Führen Sie die Hände nun seitlich entlang Ihres Körpers nach oben, bis sie sich über Ihnen schräg nach oben strecken. Führen Sie die Hände mit nach unten weisenden Handflächen wieder zusammen, so dass sich die Mittelfinger berühren.
3. Während Sie die Arme nach oben führen, sollten Sie Ihren Kopf so weit wie möglich nach hinten neigen, um so Ihr Halschakra frei zu machen.
4. Während Sie Ihren Kopf nach hinten neigen und Ihre Mittelfinger sich über Ihrem Kehlkopf berühren, stellen Sie sich vor, dass Sie die hinteren Basiskräfte in Ihrem Halschakra konzentrieren, damit sie sich in die kreativen Kräfte des Wortes verwandeln.

Übung 8 zur holografischen Verbindung: Die hinteren Basiskräfte mit den vorderen solaren Kräften verbinden.

5. Dann öffnen Sie die Hände und strecken die Arme aus, damit die Kräfte des Wortes ungehindert in die Welt hinausfließen können.
6. Führen Sie Ihre Arme an den Seiten hinunter, und richten Sie Ihren Kopf auf, um die Übung zu wiederholen ...

Während ich im Juli 1999 in Bosnien arbeitete, besuchte ich mit meiner Gruppe eine Nekropole, die im Mittelalter von den Bogumilen* errichtet wurde. Wie die Katharer in Südfrankreich rebellierten die Bogumilen auf dem Balkan gegen die patriarchalische Machtausübung der christlichen Kirche und wurden von ihr wie gefährliche Ketzer behandelt. Man weiß von den Bogumilen, dass sie einen bedeutenden Totenkult entwickelt und in ihren Totenstädten mit interessanten Symbolen versehene Steinblöcke aufgestellt haben. Als wir uns also in der Nekropole von Radmilja befanden, wurde mir eine holografische Geste offenbart, die »der Christus in mir« bedeutet. Diese Geste nimmt Bezug auf die zentrale Glaubensvorstellung der Bogumilen, dass das Göttliche nicht in Ritualen oder anderen äußeren Ausdrucksformen des Glaubens gesucht werden soll, sondern in sich selbst.

9. Das Göttliche in mir

1. Strecken Sie die Arme nach beiden Seiten aus, so dass Sie mit ihrem Körper ein Kreuz darstellen. Fühlen Sie sich als Bestandteil des gesamten Universums.
2. Knicken Sie die Arme nun an den Ellbogen ab, wobei Ihre Handflächen auf der Brust zu liegen kommen. (Wenn Sie es

* Folgendes Buch über die Bogumilen ist zu empfehlen: Rudolf Kutzli, *Die Bogumilen*. Stuttgart: Urachhaus, 1977.

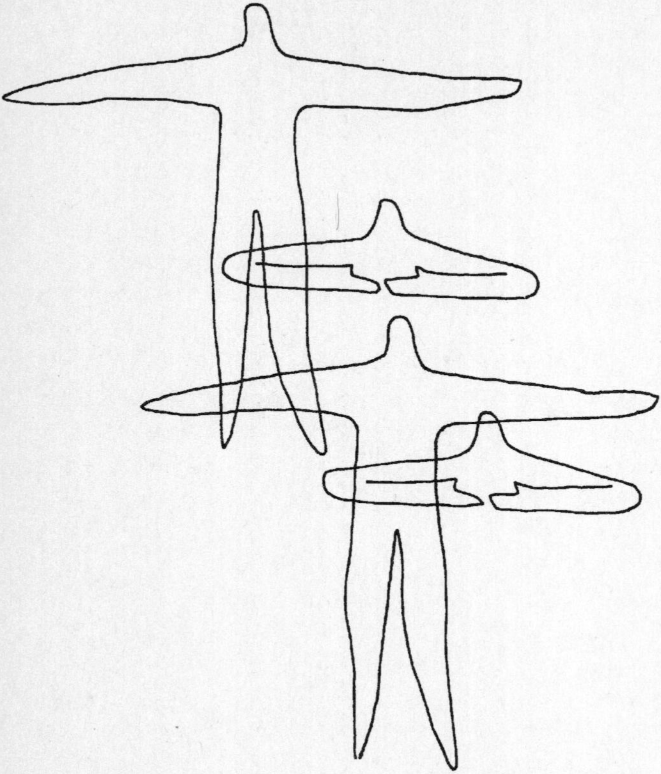

Übung 9 zur holografischen Verbindung: Das Göttliche in mir.

wünschen, können Sie dazu stumm sagen: »Der Christus ist in mir.«)
3. In Ihrer Brust befinden sich die beiden Chakras, die mit dem Wasserelement in Beziehung stehen. Sobald Sie also Ihre Brust berühren, stellen Sie sich vor, dass sofort ein Strom aus milchig weißem Licht von Ihnen zum Herzen der Erde fließt.
4. Wiederholen Sie die Geste mehrmals.

Bei den Übungen zur holografischen Verbindung, die mir offenbart wurden, waren mehrere dabei, die man nur mit den beiden Händen macht, ohne den ganzen Körper einzusetzen. Damit sind die Übungen auch unter beengteren Platzverhältnissen durchführbar, etwa mit einer Gruppe in einem Konferenzzimmer. Ich möchte Ihnen hier einige von ihnen vorstellen und mit der Übung anfangen, die in besonders enger Beziehung zu den »neuen Kräften« steht. Sie wurde mir von den Schutzgeistern des alten Heiligtums von Seesteinen auf dem Meißner in der Nähe von Kassel gezeigt.

10. Der Mahlstein der Liebe

1. Legen Sie vor Ihrer Brust eine Hand auf die andere.
2. Nun beginnen Sie mit der einen Hand kreisend über die andere zu fahren. Dabei sollten sich Ihre Hände wie Mahlsteine zueinander bewegen.
3. Nach einer Weile stellen Sie sich vor, dass Sie den »Mahlstein« in Ihr Herz hineinnehmen und das Mahlen dort fortsetzen.

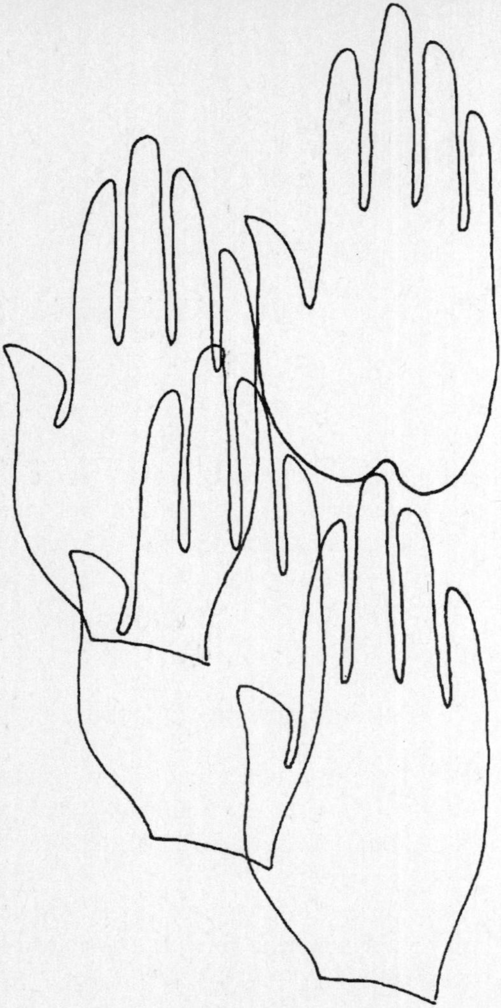

Übung 10 zur holografischen Verbindung: Der Mahlstein der Liebe.

11. Die Einheit des Herzens erfahren

1. Legen Sie eine Hand in der Höhe des Herzchakras mit dem Handrücken auf Ihren Rücken. Diese Hand steht für den dunklen Aspekt der Herzkräfte.
2. Legen Sie die andere Hand nacheinander auf Ihren Bauch, auf Ihren Hals und schließlich auf das Zentrum in Ihrer Brust. Stellen Sie jedes Mal eine Verbindung mit der Hand auf Ihrem Rücken her, und verharren Sie in jeder Position einen Moment lang. Auf diese Weise sorgen Sie dafür, dass alle drei Aspekte des Herzchakras, der emotionale, der mentale und der spirituelle, mit ihrer Quelle, die über allem steht, Verbindung aufnehmen.

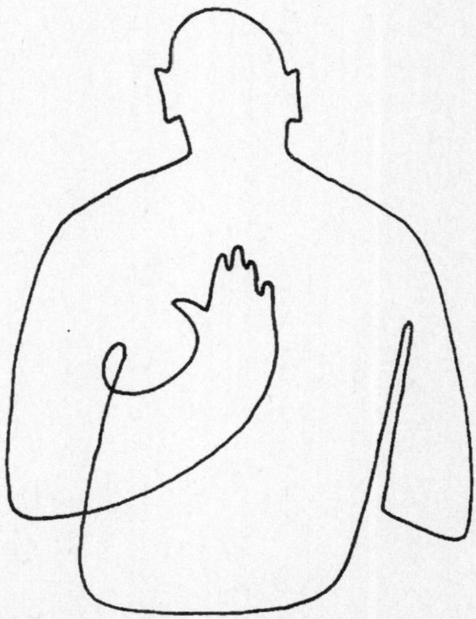

Übung 11 zur holografischen Verbindung: Die Einheit des Herzens erfahren.

Als ich mich in Turku in Finnland aufhielt, um ein Lithopunkturprojekt für die Stadt vorzubereiten, lernte ich die Skulpturen des dort lebenden Bildhauers Wäinö Aaltonen kennen. Es überraschte mich, wie viel er über die Sprache der Gesten wusste. Hier möchte ich die Geste vorstellen, die er in einer wunderschönen Frauendarstellung namens »Lilia« verewigt hat.*

12. Die Geste Lilias

1. Berühren Sie die kleine Kuhle unter Ihrem Hals mit Zeige- und Mittelfinger der einen Hand.
2. Legen Sie die Finger der anderen Hand auf den Haaransatz in Ihrem Nacken.
3. Nach einer Weile lassen Sie Ihre Vorstellung zwischen den beiden von Ihren Fingern markierten Stellen hin- und herwechseln und versenken sich in die Reiche Ihrer Seele.

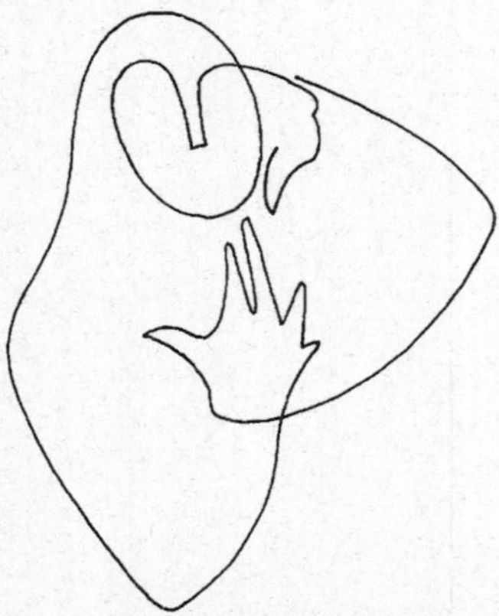

Übung 12 zur holografischen Verbindung: Die Geste Lilias.

* Rudolf Steiners Inspirationen, die schließlich zur Entwicklung der Eurhythmie führten, scheinen ebenfalls auf eine universelle Sprache hinzuweisen.

Hier folgen zwei weitere holografische Gesten, auf die ich während meiner ausgedehnten Reisen im Sommer 1999 stieß.

13. Anbindung an die Vorfahren

1. Legen Sie beide Hände auf Ihren Unterleib, die eine mit der Handfläche nach außen, die andere mit der Handfläche nach innen.
2. Achten Sie darauf, dass beide Mittelfinger sich berühren. Dann vergegenwärtigen Sie sich, mit der Hilfe Ihrer Vorstellungskraft in die Unterwelt einzusteigen.*

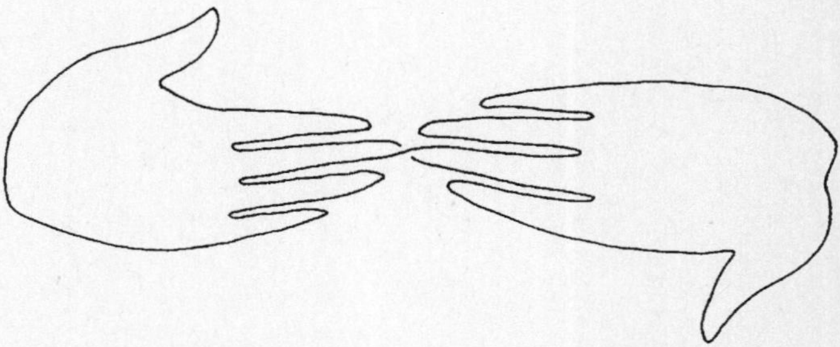

Übung 13 zur holografischen Verbindung: Anbindung an die Vorfahren.

* Die minoische Doppelaxt stellt das korrespondierende visuelle Symbol dar.

14. Erdung

1. Legen Sie Ihre Hände – die eine mit der Handfläche nach außen, die andere mit der Handfläche nach innen – so über Ihr Herz, dass die Finger der einen Hand nach oben und die der anderen nach unten weisen. Dabei berühren sich lediglich die Daumenspitzen.
2. Stellen Sie sich vor, dass die vier abwärts gerichteten Finger Lichtstrahlen aussenden, die tief in die Erde eindringen. Zugleich schicken die vier aufwärts gerichteten Finger Lichtstrahlen hoch hinauf ins Universum und berühren dort die Sterne. Verharren Sie einen Augenblick in dieser Verankerung zwischen Himmel und Erde.

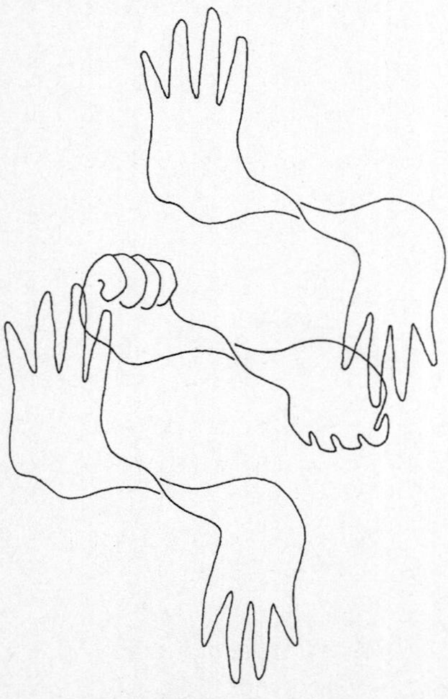

Übung 14 zur holografischen Verbindung: Erdung.

3. Dann beugen Sie die jeweils vier Finger Ihrer beiden Hände und schließen sie locker zu Fäusten, damit die »Lichtstrahlen« verschwinden. Sie konzentrieren sich nun auf den Punkt, an dem sich die beiden Daumen berühren. Dieser Punkt ist Ihr Herzzentrum, in dem die irdischen und die kosmischen Kräfte miteinander verwoben sind.
4. Nach einigen Augenblicken strecken Sie Ihre Finger neuerlich aus und beginnen die Übung von vorn ...

Als letztes Beispiel möchte ich Ihnen eine Übung zeigen, die mir während der Vorbereitungen auf einen Workshop, den meine Tochter Ana und ich im November 1999 im Central Park in New York abhielten, in Manhattan offenbart wurde. Im vierten Kapitel erwähnte ich, wie tief der Lichtkörper Manhattans in der Erde verwurzelt ist. Das macht es der Insel möglich, auf ihren Schultern äußerst kopflastige und dennoch höchst kreative Kulturschichten zu tragen. Die Übung bietet uns die Möglichkeit, unsere mentale Aktivität auf die gleiche Weise zu erden, während sie zugleich »unseren Kopf« für die ganze Bandbreite der Ewigkeit öffnet.

15. Die Manhattan-Übung

1. Sie beugen den Rumpf und berühren mit Ihren Händen fast die Erde. Dabei stellen Sie sich vor, dass sie bis tief in den Körper der Erde hineinreichen.
2. Sie richten sich nun langsam auf und ziehen dabei Ihre Verbindung mit der Erde über Ihre vertikale Achse mit hinauf. Legen Sie hierzu Ihre Hände mit den Handflächen aufeinander. Die Fingerspitzen weisen, bis sie auf der Höhe Ihres Unterleibs angelangt sind, erst noch nach unten, dann, auf der Höhe Ihres Herzens, weisen sie nach oben.

3. Heben Sie Ihre Hände weiter an. Sobald sie die Höhe Ihres Gesichts erreicht haben, verharren Sie einen Moment lang mit Ihren Händen vor Ihrem Gesicht und konzentrieren sich auf diese Geste des Gebets.
4. Nach einer Weile breiten Sie Ihre Arme langsam so weit Sie nur können nach links und rechts aus.
5. Beugen Sie sich erneut zur Erde hinunter, und beginnen Sie die Übung von vorn.

Übung 15 zur holografischen Verbindung: Die Manhattan-Übung.

6. Erdwandlungen, persönliche Zusammenhänge, kosmische Perspektiven

Da Sie nun einige Hilfsmittel kennen gelernt haben, die Sie darin unterstützen, sich persönlich und kreativ in den Veränderungsprozess einzubringen, sind Sie gut vorbereitet, um das fünfte der sieben apokalyptischen Siegel zu öffnen.

Es handelt von der Transformation des Menschen auf allen Ebenen. Keine Macht vermag uns diesen komplizierten Prozess aufzuzwingen, denn wir haben als Menschen das Recht, frei darüber zu entscheiden, ob wir für Veränderungen offen sein wollen oder nicht. Die himmlischen Kräfte müssen Geduld aufbringen und Menschen weiterhin entsprechende Gelegenheiten bieten, damit sie die Notwendigkeit von Veränderungen einsehen und sich auf sie einlassen.
Mehr Informationen liefert der symbolische Text über das fünfte Siegel im Grunde nicht. Er handelt von Menschenseelen, die bereit sind, weiße Kleider anzulegen, und von solchen, die es nicht sind. Das Anlegen eines weißen Gewands bedeutet in der Symbolsprache der Bibel, dass jemand willens ist, den Transformationsprozess einer Initiation zu durchlaufen. Einige der wartenden Seelen sind bereits eingekleidet, doch ihnen wird gesagt, »dass sie ruhen müssten noch eine kleine Zeit, bis dass vollends dazukämen ihre Mitknechte und Brüder, die auch noch sollten getötet werden gleichwie sie«. (Offenbarung 6,11) Dieses Sterben kann natürlich symbolisch verstanden werden. Dem damaligen Verständnis nach weist Sterben darauf hin, dass man zur Wiedergeburt bereit ist.

Mein Berater aus der Welt der Elementarwesen, mit dessen Hilfe ich mich mit den verschiedenen Phasen der Erdwandlungen und den diesbezüglichen persönlichen Transformationen auseinander setzte, riet mir, in den sieben Briefen an die sieben Kirchen in Kleinasien nach weiteren Informationen zu forschen.

Damit bezog er sich, so vermutete ich, auf die etwas langweilige Anfangspassage der Offenbarung, die ich für gewöhnlich überschlug, um gleich zu den Teilen vorzustoßen, die mich mehr interessierten. Die Briefe enthielten Empfehlungen für frühe Christengemeinden zum Umgang mit Sekten, zur christlichen Moral und so fort. Doch warum sollten wir uns heute für die Schwierigkeiten interessieren, die den frühen Gemeinden im ersten Jahrhundert unserer Zeitrechnung Sorgen machten?

Es trifft zu, dass die sieben Briefe, die an die Gemeinden in Ephesus, Smyrna, Pergamon, Thyatira, Sardes, Philadelphia und Laodicea adressiert sind, sich hauptsächlich mit den Problemen jener Zeit befassen. Doch derartige praktische Bezüge gibt es nicht nur bei einem bestimmten Teil der Offenbarung, sondern bis zu einem gewissen Grad im gesamten Text. Man kann sich leicht in den alten und häufig überholten dualistischen Mustern verlieren, von denen die Apokalypse durchzogen ist.

Wenn wir es zuließen, dass uns diese dualistischen Muster durch den Text führen, dann müsste folgendes Bild entstehen: Zu Beginn werden uns von den sieben Briefen die Regeln mitgeteilt, denen ein treuer Anhänger des Christentums zu folgen hat. Wer gehorcht, erhält das göttliche Zeichen auf die Stirn, wer nicht gehorcht, das des Bösen. Später wird der göttliche Richter auf dem Thron sitzen und die Menschen in jene, die das göttliche Zeichen tragen, und solche, die das Zeichen des Bösen aufweisen, aufteilen. Erstere werden in das

himmlische neue Jerusalem einziehen, Letztere aber in die Hölle.
Diese Kurzfassung habe ich mir nicht ausgedacht, sie kann so aus dem vollständigen Text herausgefiltert werden. Ich vermute, dass die Apokalypse seit Jahrhunderten auf diese Weise gedeutet wird. Inzwischen ärgere ich mich nicht mehr über dieses entsetzliche Schubladendenken, das die Menschheitsfamilie in eine gute und in eine schlechte Hälfte teilt.* Ich gehe inzwischen sogar davon aus, dass es eine positive Funktion hatte, indem es den Mantel der Illusion über das Wissen um die Zukunft der Erde und der Menschheit wirft. Auf diese Weise konnte die Apokalypse ihre Informationen sicher bis zum heutigen Tag bewahren und in eine Zeit hinüberretten, in der wir sie dringend brauchen.
Wenn wir die Apokalypse lesen, dann dürfen wir nicht vergessen, dass wir es mit einem vielschichtigen Text zu tun haben. Ihre äußere Schicht mag banal und veraltet scheinen, doch hat sie weitere Ebenen, die selbst heute noch zu innovativ für uns sein können, um sie ganz und gar zu verstehen.
Meine Herangehensweise besteht darin, dass ich mit meiner Intuition die Textpassagen herausspüre, die verschlüsselt wurden, damit sie erst in der gegenwärtigen Epoche in unser Bewusstsein vorstoßen können.** Dann meditiere ich über die Botschaft, die sich durch den vor mir liegenden Text offenbaren möchte.

* Mit den Gefahren dualistischer Muster habe ich mich in meinem Buch *Erdsysteme und Christuskraft* ausführlich beschäftigt.

** Die Vielschichtigkeit der Offenbarung ist so ausgeprägt, dass jede Epoche eine andere Botschaft in ihr finden kann. Die gefundene Botschaft ist für die jeweilige Epoche die angemessenste. Rudolf Steiner zum Beispiel illustriert mit seinen zwölf Lektionen über die Apokalypse, die er 1908 in Nürnberg vorgetragen hat, deutlich die Vielschichtigkeit des Textes.

Ich möchte mit dem ersten der apokalyptischen Briefe, dem an die Gemeinde in Ephesus, anfangen. Meine Intuition sagte mir, dass ich mich nur mit dem folgenden, von einer göttlichen Stimme formulierten Abschnitt befassen solle: »Ich weiß [um] deine Werke und deine Arbeit und deine Geduld ... Aber ich habe wider dich, dass du die erste Liebe verlässest.« (Offenbarung 2,2–4)
Ich betrachte diese Worte als Botschaft, die mit unserem Thema in Zusammenhang steht. Doch ich muss gestehen, dass ich dem Abschnitt »dass du die erste Liebe verlässest« nicht so recht trauen kann. Andere Übersetzungen sprechen hier von »dass du nicht mehr so liebest, wie du es zuerst getan«.
Meiner Einschätzung nach lässt sich die Botschaft in folgende, für uns verständliche Worte übersetzen: Wir Menschen haben eine einzigartige Tatkraft. Wir sind dazu in der Lage, hart zu arbeiten und fantastische Gebäude und Städte zu errichten, und ringen sogar beharrlich um die Wahrheit, die Menschenrechte oder die Sicherheit der Umwelt. Wir sind fähig, unseren Verstand und unsere Hände auf erstaunliche Weise einzusetzen. Doch all diese großartigen Schöpfungen verlieren an Wert und geraten in Vergessenheit, wenn es uns nicht gelingt, sie mit Liebe zu manifestieren.
Die Uneinigkeit, die bei der Übersetzung gerade im Zusammenhang mit dem Begriff »Liebe« existiert, weist darauf hin, dass das Wort hier nicht in einem uns vertrauten Sinn, etwa als emotionale, nachbarschaftliche oder sexuelle Liebe, gebraucht wird. Gemeint ist Liebe in ihrer Totalität – als kosmische Kraft, die im Universum alles untereinander verbindet. Die Kraft des Herzens kennt keine Trennung, unterscheidet nicht zwischen hellen und dunklen, guten und schlechten, irdischen und himmlischen Ausdrucksformen des Lebens ... Etwas mit Liebe zu manifestieren bedeutet, die eigene Schöpfung an die Ewigkeit anzubinden, während sie sich zugleich

auch praktisch bewährt. Eine solche Manifestation kann der gesamten Schöpfung Freude bringen, auch wenn man sich nur um einen einzelnen Knoten des universellen Webmusters kümmert.

Die Briefe an die sieben Gemeinden sind so zusammengestellt, dass wir als Erstes darüber unterrichtet werden, welche Qualitäten wir in Verbindung mit unserer täglichen spirituellen Praxis fördern müssen, um im Einklang mit den epochalen Veränderungen zu bleiben, die wir überall um uns her miterleben. Doch in den letzten Sätzen der Briefe wird die »Belohnung« formuliert, die man erhält, wenn man sich beharrlich müht, die verlangte Qualität in sein Leben einzubringen. Auf diese Weise wird die gegenwärtige Aufgabe durch das zukünftige Ziel ergänzt.

Die »Belohnung«, die der Brief an die Gemeinde von Ephesus verspricht, ist die Fähigkeit, gleichzeitig die Unendlichkeit der Ewigkeit zu verkörpern und in den konkreten Dimensionen von Zeit und Raum zu verbleiben. Nach den Worten der Offenbarung: »Wer überwindet, dem will ich zu essen geben von dem Baum des Lebens, der im Paradies Gottes ist.« (Offenbarung 2,7)

Der entscheidende Satz im zweiten Brief, der an die Gemeinde von Smyrna gerichtet ist, lautet: »Fürchte dich vor keinem, was du leiden wirst!« (Offenbarung 2,10)

Wenn wir für uns selbst versuchen, die Umwälzungen, die uns im Zusammenhang mit der Neuordnung der Erde bevorstehen, in Begriffe zu fassen, dann werden wir dabei auf vieles stoßen, was uns tatsächlich in große Angst versetzt. Denken Sie nur an die Vielzahl von Menschen, die sich so untrennbar mit der materiellen Dimension der Erde verbunden fühlen. Um sie von dieser Fixierung zu befreien, wird die Erde vielleicht dramatische, die emotionalen, energetischen und physischen

Ebenen erschütternde Veränderungen hervorbringen müssen. Dann könnten die Menschen leicht in Panik geraten und allen nur denkbaren Ängsten Raum geben.
Der Brief an die Gemeinde von Smyrna versucht uns dazu zu bewegen, Schwierigkeiten als normalen Bestandteil des Veränderungsprozesses, als kreative Herausforderung und Gelegenheit zu akzeptieren, um auf unserem persönlichen Weg der Wandlung weiter voranzukommen. Bei jeder sich möglicherweise entwickelnden dramatischen Situation sollten wir uns daran erinnern, dass der epochale Veränderungsprozess bereits im Vorhinein festgelegt ist. Dies trifft sowohl für den Erdkosmos als auch für die menschliche Entwicklung zu. Wir haben keinerlei Grund, Ängste zu nähren. Ein extremer Ausbruch von Angst könnte das Ergebnis der Veränderungen bedrohen. Der zweite Brief verlangt von uns, unseren inneren Frieden nicht von äußeren Umständen abhängig zu machen. Bewahren Sie also Ihren inneren Frieden, egal, wie dramatisch die Situation auch sein mag.
Welche Perspektive zeigt der Brief auf, wenn uns das gelingt? »Wer überwindet, dem soll kein Leid geschehen von dem zweiten Tode.« (Offenbarung 2,11) Was bedeutet dies in der Praxis? Mit dem »ersten Tod« ist der normale Tod des physischen Körpers und die Transzendierung der Seele auf die ätherische Existenzebene gemeint. Dieser Logik folgend müsste der »zweite Tod« eine sehr viel verhängnisvollere Rückentwicklung auf dem persönlichen spirituellen Weg sein, eine vielleicht, die man symbolisch als »Tod der Seele« verstehen könnte. Doch da die Seele Bestandteil der Ewigkeit ist, kann sie niemals sterben.
Der »zweite Tod« wird häufig als gravierende Krise auf dem persönlichen Entwicklungsweg interpretiert, die bis zum Verlust der persönlichen Identität führen kann. Wenn man sich seinen Ängsten überlässt, dann riskiert man also offensicht-

lich den Verlust des eigenen Identitätsgefühls. Im Gegensatz dazu zeugt es von Weisheit, seinen inneren Frieden zu bewahren und damit die Fortentwicklung der eigenen Individuation zu sichern.

Im dritten Brief, der an den Engel der Gemeinde von Pergamon adressiert ist, wird die zentrale Botschaft in einer einzigen knappen Aufforderung formuliert: »Bekehre dich!« (Offenbarung 2,16)*

Der scharfe Ton, der in diesem Befehl angeschlagen wird, verlangt von uns, dass ein jeder sich auf die Zeit der Veränderungen einstimmen soll. Es wird uns geraten, diesen Umwälzungen Hinweise darauf zu entnehmen, was wir selbst im Hinblick auf unsere psychische Welt, unsere spirituellen Vorstellungen, unsere persönlichen Beziehungen und so fort verändern müssen. Solche Zeiten des allgemeinen Umschwungs erleichtern und beschleunigen persönliche Veränderungen. Doch wenn Sie die Ihnen gebotenen Gelegenheiten zur Veränderung eine nach der anderen verstreichen lassen, dann müssen Sie mit gravierenden Schwierigkeiten rechnen. Und diese werden Sie letztlich wahrscheinlich doch dazu zwingen, sich zu ändern, nur wird es dann viel schmerzhafter sein.

Diejenigen, die beharrlich den Weg der Wandlung gehen, erreichen das in der Offenbarung beschriebene Ziel: »Wer überwindet, dem will ich geben von dem verborgenen Manna und will ihm geben einen weißen Stein; auf dem Stein aber steht ein neuer Name geschrieben, welchen niemand kennt, als der ihn empfängt.« (Offenbarung 2,17) Hiermit wird nichts anderes versprochen, als das Erreichen einer höher entwickel-

* In der Luther-Übersetzung heißt es eigentlich »Tue Buße!« Doch empfinde ich diese Übersetzung als ungenau und ziehe »Bekehre dich!« vor.

ten Identitätsebene, die jenseits des egoistischen Selbst liegt, das für den modernen Menschen typisch ist.

Die Schlüsselworte des vierten Briefes, der an den Engel von Thyatira gerichtet ist, verbergen sich in dem von der göttlichen Stimme gesprochenen Satz: »Und alle Gemeinden sollen erkennen, dass ich es bin, der die Nieren und Herzen erforscht.« (Offenbarung 2,23)
Der Brief an die Gemeinde von Thyatira fordert die Menschen auf, ihre geliebten Illusionen aufzugeben und auch die Mittel, mit denen sie anderen ein falsches Bild von sich selbst präsentieren. Bisher war es zum Beispiel möglich, Traumata, Ressentiments oder sogar Hassgefühle tief in der eigenen Psyche zu verbergen und auf der sozialen Ebene dennoch ausgezeichnet zu funktionieren. Damit ist es nun vorbei. Im weiteren Verlauf der Erdwandlungen werden wir immer häufiger feststellen, dass die verborgenen Motive eines Menschen oder seine versteckten Illusionen sofort an die Oberfläche treten und für jedermann offensichtlich werden. So wirken die Kräfte der Veränderung nun einmal.
Wer klug ist, der wird lernen, solche dualistischen Denk- und Verhaltensmuster ohne Zögern zu vermeiden. Seien Sie in jeder Situation und jederzeit dem Menschen treu, der Sie wirklich sind. Nur dann wird an uns das Versprechen erfüllt, das auch der Engel von Thyatira erhielt: »Und wer da überwindet und hält meine Werke bis ans Ende, dem will ich Macht geben über die Heiden, ... wie auch ich's von meinem Vater empfangen habe; und ich will ihm geben den Morgenstern.« (Offenbarung 2,26–28) »Morgenstern« ist ein anderer Name für die Venus, den Stern der Göttin. Das Ziel des Engels von Thyatira ist es, jedem Einzelnen bei der Überwindung seiner Illusionen zu helfen und ihm die Verwirklichung seines inneren Gottes beziehungsweise seiner inneren Göttin zu

ermöglichen. Ein Aspekt unseres göttlichen Ursprungs wird durch den Morgenstern symbolisiert, der andere durch den Ausdruck »Macht über die Heiden«.

Der Brief an Sardes beginnt mit den deutlichen Worten: »Und dem Engel der Gemeinde zu Sardes schreibe: Das sagt, der die sieben Geister Gottes hat und die sieben Sterne: Ich weiß deine Werke: Du hast den Namen, dass du lebest, und bist tot.« (Offenbarung 3,1)

Dieser Brief hat ein Thema, das wir bereits kennen: die unvermeidliche Wiedereingliederung der dunklen Aspekte in die Gesamtheit des Lebens und des Kosmos.

Ein eigenartiger Traum, den ich am 5. Oktober 1998 empfing, machte mir dieses Thema bewusst, das durch die Erdwandlungen in den Vordergrund gerückt wurde. Ich träumte, dass ich im Vorübergehen meinen weißen Hasen im Hof meines Nachbarn herumspringen sah. Ich nahm all meinen Mut zusammen, klopfte an die Tür meines Nachbarn und verlangte die Rückgabe meines Hasen. Sofort ging der Mann, um das Tier zu holen, kam jedoch mit einem grauen Hasen zurück. Er versuchte, mich davon zu überzeugen, dass dies mein Hase sei. Ich bestand darauf, dass der meine ganz und gar weiß sei. Mein Nachbar verschwand erneut und kam mit einem scheinbar vollständig weißen Hasen zurück. Ich war erleichtert, denn nun war ich mir sicher, dass ich auch tatsächlich meinen Hasen zurückbekam. Ich nahm ihn glücklich mit nach Hause, obwohl mir im Augenblick der Übergabe ein schwarzer Fleck an einem seiner Hinterläufe aufgefallen war, den mein Hase nicht gehabt hatte.

Es verging ein Jahr, ehe ich in meinem Verständnis für die neue Situation des Erdkosmos weit genug vorangekommen war, um die folgenden Kommentare meiner inneren Stimme zu dem Traum aufzunehmen: »Die Botschaft des Traumes ist die Hervorhebung der neuen Beziehung zwischen den Kräften des Lichts und der Dunkelheit. Beide repräsentieren legitime Aspekte des Lebens. Es ist unmöglich, einen dieser Aspekte hochzuhalten, ohne damit zugleich auch den anderen zu fördern. Es ist nicht möglich, sich für das Licht einzusetzen, ohne dass an irgendeinem anderen Ort auch das dunkle Gegenstück bestärkt und angeregt wird. Durch den grauen Hasen wird das universelle Gesetz des Gleichgewichts symbolisiert, das nicht mehr länger vernachlässigt werden darf. Es müssen Wege gefunden werden, um die so genannten dunklen Kräfte zu integrieren, damit sie wieder ein Teil des Ganzen werden können.«

Auf der persönlichen Ebene bedeutet dies, sich von dem einseitigen Streben nach dem Positiven, nach dem Licht des Guten zu lösen und damit die Illusion eines Friedens zu beenden, der nichts anderes ist als der Schlaf auf einem Berg von Waffen. Diese Illusion wird durch den weißen Hasen mit dem auf den ersten Blick nicht sichtbaren schwarzen Fleck dargestellt. In dem Brief an Sardes wird sie durch den scheinbaren Widerspruch symbolisiert, dass man zugleich lebendig und tot sein kann. Der fünfte Brief dringt darauf, dass wir unsere Neigung überwinden, ausschließlich auf der mit dem Licht identifizierten Oberfläche des Lebens zu leben, und stattdessen tiefer in seine inneren Geheimnisse einzutauchen. Das ewige Leben kennt nichts, was man aus dem kosmischen Ganzen ausschließen darf, ohne es zu lähmen. Das universelle Ganze, das auf dem vollkommenen Gleichgewicht von Gegensätzen beruht, schließt Dunkelheit und Licht gleichermaßen ein.

»Wer überwindet, der soll mit weißen Kleidern angetan werden, und ich werde seinen Namen nicht austilgen aus dem Buch des Lebens ...« (Offenbarung 3,5) Im Hinblick auf die göttliche Vision, auf die hin sich die Menschheit entwickelt, betont der Brief an Sardes die Engelwelt als eine Facette unseres Ursprungs. Dies wird durch das weiße Gewand und die dem Buch des Lebens zugeschriebene Ewigkeit symbolisiert. Über die weitläufige Geschichte unserer Inkarnationen hinausgehend, gehören Menschen in ihrer Essenz auch der Geistwelt an, die in diesem Fall mit der Engelwelt identifiziert wird. Und da wir dorthin gehören, müssen wir uns dort schließlich auch wieder eingliedern.

Die an den Engel der Gemeinde von Philadelphia gerichteten Schlüsselworte lauten: »... denn du hast ... mein Wort behalten und hast meinen Namen nicht verleugnet.« (Offenbarung 3,8) Was verbirgt sich hinter dieser orakelhaften Aussage?
Ich habe wieder und wieder über die Bedeutung dieser Worte nachgedacht, die sich zwar direkt an das Herz richten, sich aber dennoch schwer in eine rationale Alltagssprache übersetzen lassen. Wenn ich Vorträge über die Offenbarung des Johannes hielt, kam es immer wieder vor, dass ich den Brief an die Gemeinde von Philadelphia einfach vergaß. Vielleicht geschah dies, weil ich unbewusst das kollektive Trauma der heutigen Menschheit meiden wollte, das auch mich beunruhigt. Meine Zuhörer brachten mich dann in Verlegenheit, wenn sie nach dem fehlenden Kommentar fragten.
Ein jeder von uns ist mit der Bereitschaft auf die Erde gekommen, neben der Arbeit an der eigenen inneren Entwicklung bei der Umsetzung des göttlichen Plans mitzuhelfen, die ursprüngliche Schönheit des Erdkosmos wiederherzustellen. Und es bereitet jedem von uns gleichermaßen Schmerzen, dass wir durch den gesellschaftlichen Druck bereits als Kinder in vorgeschriebene kulturelle Muster gedrängt werden, die unser Versprechen in den Hintergrund treten lassen. Für gewöhnlich vergessen wir den eigentlichen Zweck unseres Lebens vollständig. Dies ist vermutlich der Auslöser des größ-

ten Schmerzen, den jeder Einzelne in seinem Unbewussten trägt, auch wenn die Gesellschaft als Ganzes sich das nie eingestehen würde.
Es wir im Grunde nur von uns verlangt, dass wir den Mut aufbringen uns zu fragen, welche Veränderungen wir in unserem Leben vornehmen müssen und wie wir es wieder in einen spirituellen Rahmen stellen können. Statt uns fortwährend von einem schlechten Gewissen quälen zu lassen, sollten wir versuchen, die uns zugewiesene Rolle im Universum auch tatsächlich zu spielen: »Wer überwindet, den will ich machen zum Pfeiler in dem Tempel meines Gottes, und er soll nicht mehr hinausgehen, und ich will auf ihn schreiben den Namen meines Gottes und den Namen des neuen Jerusalem, der Stadt meines Gottes, die vom Himmel hernieder kommt von meinem Gott, und meinen Namen, den neuen. Wer Ohren hat, der höre, was der Geist den Gemeinden sagt!« (Offenbarung 3,12–13)

Schließlich ist da noch der siebte Brief, der an den Engel der Gemeinde von Laodicea adressiert ist. Er ist der Freiheit gewidmet, einer Qualität, die ein einzigartiges Privileg des Menschen darstellt. In ihm finden sich folgende, von der göttlichen Stimme gesprochene Schlüsselworte: »Ich weiß ..., dass du weder kalt noch warm bist. Ach, dass du kalt oder warm wärest! Weil du aber lau bist und weder warm noch kalt, werde ich dich ausspeien aus meinem Munde.« (Offenbarung 3,15–16)
Hinter diesen Worten verbirgt sich eine dringende Warnung. Wenn die Menschheit weiterhin unkritisch den herrschenden kulturellen, psychologischen und politischen Mustern folgt und ihre eigenen Entscheidungen weiterhin den Vorgaben der Massenmedien oder politischer, religiöser oder anderer Meinungsmacher unterwirft, dann missachtet sie ihr wertvollstes

göttliches Geschenk, ihr Recht, frei zu wählen. Der gesamte Evolutionszyklus, der von unserem Ringen um die Unterscheidung von Gut und Böse (denken Sie an den Sündenfall von Adam und Eva) gekennzeichnet ist, wird damit sinnlos. Wir ringen um unsere Unabhängigkeit und um die Fähigkeit, Entscheidungen auf der Basis unserer Intuition (Herz) und unserer Vernunft (Verstand) zu treffen. Wenn wir es zulassen, dass andere Kräfte, seien es politische Gruppen oder unpersönliche Normen, für uns entscheiden, dann laufen wir Gefahr, uns ins Nirgendwo führen zu lassen.

In Zeiten der Veränderung stehen uns schwere Prüfungen bevor. Auf der Basis dessen, was die Gefühle unseres Herzens und die Vernunft unseres Verstandes uns sagen, werden wir wählen müssen, was für uns richtig und was für uns falsch ist. Dabei spielt eine gute Zusammenarbeit von Herz und Verstand eine wichtige Rolle.

Der Brief an die Gemeinde von Laodicea spricht symbolisch von der Wahl zwischen den Gegensätzen kalt und heiß. Hingegen wird die Verweigerung der Wahl und die Hingabe an Illusionen mit dem Adjektiv »lau« bezeichnet. Als Folge unserer Unfähigkeit, uns in einer gegebenen Situation eindeutig zwischen Ja und Nein zu entscheiden, und als letzte Chance zur Rettung unserer Integrität, könnten wir unerwarteterweise vom Leben »ausgespien« werden. Jenseits des Todes, im Reich des Geistes, fällt es sehr viel leichter, zwischen den Qualitäten »kalt« und »heiß« zu unterscheiden.

Wenn der Einzelne zeigt, dass er es gelernt hat, fest zu den Entscheidungen seines Herzens zu stehen, dann wird ihm seine zukünftige Rolle in der universellen Schöpfung zugewiesen: »Wer überwindet, dem will ich geben, mit mir auf meinem Throne zu sitzen, wie ich überwunden habe und mich gesetzt mit meinem Vater auf seinen Thron.« (Offenbarung 3,21)

Brief	*Schlüsselworte der Botschaft*	*Zukünftiges Ziel*
1. Brief Ephesus	Vergiss nicht die Urliebe!	Ewig und zugleich zeitlich sein.
2. Brief Smyrna	Hab keine Angst! (Bewahre dir deinen inneren Frieden!)	Dein Vorankommen auf dem Weg der Individuation ist gesichert.
3. Brief Pergamon	Bekehre dich! (Akzeptiere die Veränderungen!)	Erkennen deiner wahren Identität.
4. Brief: Thyatira	Erforsche dein Herz und deinen Geist! (Betrügen gilt nicht!)	Die Weisheit deiner inneren Göttin/ deines inneren Gottes erfahren.
5. Brief: Sardes	Du bist lebendig und doch tot (Integriere Licht und Dunkelheit!)	Deinen Ursprung im Engelreich erkennen.
6. Brief: Philadelphia	Erinnere dich an deine spirituelle Bestimmung!	Du wirst deine Rolle im Universum übernehmen.
7. Brief: Laodicea	Sei entweder kalt oder heiß! (Entscheide dich!)	Du wirst zum Mitschöpfer der Gottheit.

Die sieben Briefe der Offenbarung des Johannes

So weit können uns die sieben Briefe der Offenbarung helfen, die fünfte Phase der Erdwandlungen, die im Zusammenhang mit der Transformation des Menschen steht, zu begreifen. Der nächste Schritt besteht nun darin, zu hören, was die Offenbarung zur Öffnung des sechsten Siegels sagt.
Bei der Beschäftigung mit dem sechsten Siegel der Apokalypse als Erklärung der sechsten Wandlungsphase der Erde dürfen wir nicht vergessen, dass wir es hier mit einem symbolischen Text zu tun haben: »Und ich sah: als es [das Lamm] das sechste Siegel auftat, da ward ein großes Erdbeben, und die Sonne ward finster wie ein schwarzer Sack, und der Mond ward wie Blut, und die Sterne des Himmels fielen auf die Erde, gleichwie ein Feigenbaum seine Feigen abwirft, wenn er von großem Wind bewegt wird. Und der Himmel entwich, wie ein Buch zusammengerollt wird, und alle Berge und Inseln wurden bewegt von ihrer Stätte.« (Offenbarung 6,12–14)
Wir erinnern uns, dass die ersten vier Siegel durch vier apokalyptische Reiter vermittelt wurden. Die Reiter, die auf ihren Pferden vorankommen, ohne selbst die Erde zu berühren, stehen im Zusammenhang mit den Erdwandlungen für die vier Elemente. Die ersten vier Phasen der Erdwandlung laufen auf der unsichtbaren Ebene ab. Die fünfte bezieht sich auf Veränderungen des Menschen. Es ist offensichtlich, dass der Text zum sechsten Siegel etwas mit der physischen Ebene des Planeten zu tun haben muss. Er berührt die Existenzebene, auf die Menschen am empfindlichsten reagieren.

Das in der Offenbarung genannte Erdbeben steht symbolisch für Veränderungen auf der Erdoberfläche. Nach einem Erdbeben ist die Landschaft verändert. Das symbolische Erdbeben macht auch deutlich, dass es sich um Veränderungen handelt, die aus dem Inneren der Erde erwachsen, nicht aber um solche, die von außen aufgezwungen werden. Der erste Satz teilt

uns mit, dass die Erde, sobald sich die Veränderungen auf der physischen Ebene zu manifestieren beginnen, niemals wieder so sein wird, wie sie jetzt ist.
Doch das bedeutet nicht, dass wir es nur mit einer Serie von Mutationen zu tun haben werden. Der zweite Teil des ersten Satzes macht klar, dass wir uns auf eine Umwälzung des gesamten Erdholons vorbereiten sollten. Der Mond, der dann rot sein wird, und die Sonne, die dunkel wie ein »schwarzer Sack« sein wird, sind Hinweise auf einen vollständigen Tausch der Rollen, die wir bisher mit den verschiedenen Aspekten des Erdkosmos in Verbindung bringen. Der Text zum sechsten Siegel verdeutlicht, dass die Hoffnung, die gegenwärtigen Erdwandlungen mögen sich auf die unsichtbare Ebene abgrenzen und uns folglich verschonen, nichts als eine feige Illusion ist.
Der Text des sechsten Siegels enthält weitere Hinweise darauf, wie außerordentlich weitreichend die Neuordnung der sichtbaren Erde sein wird. Die vom Himmel wie Feigen herabfallenden Sterne könnten ein symbolischer Hinweis darauf sein, dass der neu entstehende Erdkörper genau das Gegenteil dessen sein wird, was wir heute als die physische Erde begreifen. Wenn die Sterne auf die Erde gefallen sind, heisst, dass es sich um eine Umstülpung des Raumes handelt, die keinem logischen Muster folgt. Die Veränderungen könnten auf völlig unerwartete und unvorstellbare Weise über uns hereinbrechen.
Der dritte Satz des biblischen Textes vermittelt uns eine Vorstellung davon, wie der Prozess der Erdwandlungen auf der physischen Ebene ablaufen könnte. Er handelt von einer Buchrolle, die zusammengerollt wird und darauf schließen lässt, dass die Umwelt ganz und gar verändert werden wird. Statt der einheitlichen Konfiguration, die uns die physische Welt bisher präsentiert, werden wir uns an eine gerundete,

vielschichtige, sphärische Konfiguration gewöhnen müssen. Der letzte Teil des Satzes betont, dass sich das physische Erscheinungsbild der geografischen Erde den Gesetzen der neuen Erdverfassung unterordnen muss: »... und alle Berge und Inseln wurden bewegt von ihrer Stätte.«

Ein solches Umkippen des physischen Erscheinungsbilds der Erde mag für den Menschen eine neue und sicherlich Angst einflößende Erfahrung sein, doch für den Planeten selbst trifft dies nicht zu. Die geologische Geschichte der Erde legt Zeugnis ab von zahlreichen vergleichbaren Veränderungen, während derer Kontinente verschwanden und andere neu entstanden. Landstriche, die heute im Sonnenlicht erstrahlen, waren Jahrmillionen lang vom Meer bedeckt. Eine so umfassende Neustrukturierung des Planeten hat die Menschheit jedoch noch nicht erlebt. Hoffentlich sind wir nun erwachsen genug, um die Veränderungen zu akzeptieren und uns nicht vor den mit ihnen einhergehenden Umwälzungen zu fürchten.

Wenn Sie mich fragen würden, wann wir die sechste Phase erwarten müssen, dann würde ich wohl dafür plädieren, dass sie bereits begonnen hat. Vermutlich veranlasst uns nur unser beharrliches Leugnen bedeutsamer Erdwandlungen, all die Katastrophen, die man uns täglich im Fernsehen zeigt, auf ein von uns verursachtes ökologisches Ungleichgewicht zurückzuführen. Tatsächlich aber handelt es sich wohl um Erdwandlungen, die überall auf dem Planeten mit ungewöhnlicher Intensität stattfinden.

Ich habe den Eindruck, dass die Neustrukturierung des physischen Erdkörpers durch eine Vielzahl kleiner Katastrophen, wie wir sie bereits erleben, ablaufen wird. Auf diese Weise wird sich die Kruste der alten Erde nach und nach in ausreichendem Maß »öffnen«, um Platz für die Entstehung des neuen Körpers zu schaffen. Doch nur im Zusammenwirken mit den vorangehend beschriebenen fünf Strängen des Erdwandlungsprozesses können diese vorbereitenden Schritte den Schwung entwickeln, der erforderlich ist, um die radikale Neugeburt des materiellen Erdkörpers zu ermöglichen.

Durch die Erwähnung des materiellen Erdkörpers komme ich erneut auf die geomantischen Strukturen der Erde zu sprechen. Sie werden sich erinnern, dass ich im zweiten Kapitel damit begonnen habe, die Kräfte und das Bewusstsein der Erde zu erforschen. In der Auslegung des Textes zum dritten der sieben apokalyptischen Siegel habe ich mich mit der ätherischen Basis der Erdumgebung befasst. Für sie habe ich den Begriff »Lichtkörper der Erde« eingeführt. Indem wir uns mit den Geheimnissen des sechsten Siegels auseinander setzen, können wir unseren Überblick über die verschiedenen Dimensionen der Erde vervollständigen.
Als Mitglieder einer materialistisch orientierten Gesellschaft stellen wir uns vor, dass wir die materielle Ebene in allen Einzelheiten kennen, und finden es vielleicht lächerlich, sie zum Thema einer geomantischen Erforschung zu machen. Natürlich haben wir nicht ganz Unrecht, wenn wir behaupten, dass es hier, bis auf einige wenige Details, nichts mehr zu erforschen gibt.
Doch kennen wir die materielle Ebene nur aus *einer* Perspektive. Wir meinen, dass sie unabhängig von den übrigen, oben erwähnten Dimensionen allein für sich steht. Herausgelöst aus dem Gesamtbild des Erdkosmos wirkt die physische Welt in sich selbst vollkommen, so, als seien weitere Dimensionen nicht erforderlich, um ihre Leben spendenden Funktionen zu unterstützen.
Die Wahrheit ist jedoch, dass wir nur deshalb einer so eingeschränkten Vorstellung vom Erdraum anhängen können, weil die spirituelle Gestalt der Erde so vollkommen ist, dass jedes aus dem Gesamtbild herausgelöste Bruchstück gleichfalls voll-

kommen ist. Nur deshalb ist die physische Dimension des Erdkörpers rund und in sich vollständig, und nur deshalb empfinden wir sie als einzigen tatsächlichen Aspekt der Wirklichkeit. Innerhalb ihres Mikrokosmos scheint ihr nichts zu fehlen, was erforderlich sein könnte, um das Leben in all seiner Nützlichkeit und Schönheit erscheinen zu lassen.

Als ich über den mit dem sechsten Siegel verbundenen Text nachdachte, fragte ich Julius, meinen Ratgeber aus dem Naturreich, wie ich besser mit dem Konflikt zwischen der starren Vorstellung des Menschen von der physischen Welt und den unvermeidlichen Veränderungen umgehen könnte. Während ich meine Frage formulierte, fiel mein Blick zufällig auf den herrlichen Sonnenaufgang, der an diesem Morgen besonders beeindruckend war. Julius' Antwort war ebenso klar wie die Farben des Sonnenaufgangs: »Es ist nicht möglich, zwei Pferde gleichzeitig zu reiten. Du musst auf die Schönheit der existierenden (materiellen) Welt verzichten.« Und nach einer Pause fügte er hinzu: »Die Erde ist gefangen in der Schönheit und Vollkommenheit ihrer physischen Erscheinung. So ist sie zwar wunderbar, aber auch zu schwach. Die Menschen haben gelernt, die materielle Ebene nach ihren Vorstellungen zu manipulieren. Die Erde kann euch so, wie sie jetzt ist, keinen neuen Lernstoff mehr bieten. Gebt alle falschen Hoffnungen auf. Es ist eine Tatsache, dass die Erde sich einer grundlegenden Neuordnung unterziehen wird, und das heißt, dass auch euch drastische Veränderungen in eurer Einstellung zum Planeten abverlangt werden.«

Ich hatte den Eindruck, dass Julius Bezug auf den Traum nahm, aus dem ich eben erwacht war. In der vorangegangenen Nacht hatte ich geträumt, dass mich eine Frau aufsuchte, deren Aufgabe es war, meine Arbeit zu überprüfen. Sie ging meine Dateien durch, konnte jedoch bis auf einen Fehler, der mir beim Kauf einer Waschmaschine unterlaufen war, nichts finden. Ich war erschüttert und beharrte darauf, dass doch der Kauf einer Waschmaschine nichts mit der spirituellen Ausrichtung meiner Arbeit zu tun hatte. Doch sie verlangte, dass sich die Wahrheit in jedem einzelnen Detail durchsetzen müsse. Ich wurde wütend. Um mich über sie lustig zu machen, befestigte ich kleine Bilder von verschiedenen Waschmaschinentypen an meiner Brust und rief dabei immerfort: »Ist das vielleicht meine Identität? Ist das meine Identität?« Doch zu meiner größten Überraschung verwandelte sich jedes Waschmaschinenbild, das ich über meinem Herzen befestigte, sofort in ein Kosmogramm.

Offenbar war ich dem Irrtum anheim gefallen, die Bedeutung der unsichtbaren Wirklichkeitsebenen überzubewerten und die Rolle der physischen Welt im Alltag und im Prozess der Erdwandlungen zu vernachlässigen. Unbewusst mag ich die materielle Ebene bereits an die Zukunft verloren gegeben haben, da ich sie mit der mechanistischen Weise identifizierte, mit der unsere Zivilisation sie behandelt.

Die unmittelbare Verwandlung der Waschmaschinen in Kosmogramme lässt darauf schließen, dass Materie eine unbekannte, doch hochinteressante Qualität besitzt, die sichtbar gemacht werden könnte, wenn unsere rationalistische Sicht Materie nicht immer gleich in die passive Rolle der »Hardware« drängen würde. Die physische Dimension der Existenz könnte als Kommunikationsmittel zwischen verschiedenen Dimensionen des Kosmos dienen. In der Tat führt das Zeitalter der Kybernetik bereits die Transmutation ein, die uns die »weiche« Funktion von Materie zugänglich macht. All die verschiedenen Dimensionen des Kosmos könnten sich auf der Ebene des inkarnierten, lebendigen Körpers treffen und auf diese Weise zu einer Einheit verschmelzen, die das Leben jenseits aller Vorstellungen stark und schön machen würde.

Doch um als Vermittler zwischen den verschiedenen Dimensionen des Universums dienen zu können, muss die Qualität der materiellen Erde transparenter und flexibler werden. Die dem Text zum sechsten Siegel angegliederten Botschaften bestätigen uns, dass der Planet durch die Zyklen der Erdwandlungen bereits in diese Richtung steuert und dass die notwendigen Veränderungen auf der physischen Ebene bereits in Vorbereitung sind.

Die Vermutung liegt nahe, dass wir durch den Text zum siebten und letzten der apokalyptischen Siegel über die abschließende und entscheidendste Phase in Kenntnis gesetzt werden, die die gequälte Erde im Zuge ihrer Wiedergeburt durchlaufen muss. Doch so einfach ist das nicht. Wir erfahren: »Und da das Lamm das siebente Siegel auftat, ward eine Stille in dem Himmel bei einer halben Stunde.« (Offenbarung 8,1) Nach dieser Pause, die die Erwartung weiter schürt, stoßen die sieben Engel in ihre Posaunen und treffen Vorbereitungen für das letzte Gericht, ein Abschnitt der Apokalypse, der bereits im vierten Kapitel besprochen wurde. Erst dann kehrt der Text zu den sieben Siegeln zurück und setzt die aufschlussreiche Geschichte über die Phasen des Erdwandlungsprozesses fort.

Nachdem die sieben Engel in ihre Posaunen gestoßen und sieben Donner ihre Stimmen erhoben haben, will Johannes ihre Botschaft niederschreiben, wie er es bei den vorangegangenen sechs Siegeln getan hat. Stattdessen wird er von dem Engel, der vor ihm steht, aufgefordert, ein kleines Büchlein (das die Geheimnisse des siebten Siegels enthält) anzunehmen und zu essen. »Und er [der Engel] sprach zu mir: Nimm hin und verschling's! Und es wird dich im Bauch grimmen; aber in deinem Munde wird's süß sein wie Honig. Und ich nahm das Büchlein von der Hand des Engels und verschlang's, und es war süß in meinem Mund wie Honig; und da ich's gegessen hatte, grimmte mich's im Bauch.« (Offenbarung 10,9–10)

In seiner symbolischen Sprache teilt uns dieser Abschnitt mit, dass es dem menschlichen Verstand nicht möglich ist, das Wesen der Veränderungen zu begreifen, die schließlich die »neue Erde« hervorbringen werden. Deshalb wäre es sinnlos gewesen, die Botschaft des siebten Siegels aufzuschreiben. Erfahrbar ist diese Erdwandlung allein durch Gefühl und Intuition. Diese innersten Erfahrungen werden in der Offenbarung durch das Essen der Botschaft und durch ihr Schmecken in Mund und Bauch symbolisiert.

Auch wenn wir die letzte Stufe der Erdwandlungen nicht verstehen können, beschreibt die Offenbarung des Johannes doch in verschlüsselter Form, zu welchem Ende die siebte Phase der Erdveränderungen führen wird. Dies geschieht im letzten Abschnitt der Apokalypse durch die sieben Grundqualitäten, die dem neuen Jerusalem zugeschrieben werden. Ich habe bereits erwähnt, dass das neue Jerusalem als Symbol für den neuen Erdkosmos nach dem erfolgreichen Abschluss der Veränderungen zu verstehen ist.
Im Folgenden werde ich in Übereinstimmung mit dem 21. und 22. Kapitel der Offenbarung des Johannes die sieben Qualitäten des erneuerten Erdkosmos darstellen:

1. Während die Erde die Qualen der durch das sechste Siegel offenbarten Transmutationen durchläuft, wird die physische Materie der alten Erde ätherisiert. Durch diese Transformation soll die Durchsichtigkeit entstehen, die wir beispielsweise von Edelsteinen und Kristallen kennen. Man könnte die Materie der zukünftigen Erde als ätherisierte Materie bezeichnen, und die Offenbarung beschreibt sie, indem sie auf Edelsteine und Edelmetalle zurückgreift: »Und ihr Licht war gleich dem alleredelsten Stein, einem Jaspis, klar wie Kristall. ... Und ihre Mauer war aus Jaspis

und die Stadt aus reinem Golde, gleich dem reinen Glase.« (Offenbarung 21,11 und 18)

2. Im neuen Jerusalem gibt es keinen Bedarf mehr für religiöse Institutionen, deren Rolle darin besteht, zwischen den Menschen und ihrem göttlichen Ursprung zu vermitteln. Der Mensch wird sich daran gewöhnen, die unmittelbare Gegenwart des Göttlichen in seinem eigenen Holon zu spüren. In der Sprache der Offenbarung: »Und ich sah keinen Tempel darin; denn der Herr, der allmächtige Gott, ist ihr Tempel, und das Lamm.« (Offenbarung 21,22)
3. Der neue Erdkosmos wird von innen durch Licht und Kraft genährt. Statt wie gegenwärtig von außen beleuchtet zu werden, erstrahlt die neue Erde aus ihrer Mitte heraus wie die Sterne. Die Symbolsprache der Offenbarung lässt darauf schließen, dass das Licht, das aus dem Herzen des Planeten leuchtet, nicht von physischer, sondern von spiritueller und emotionaler Qualität sein wird. »Und die Stadt bedarf keiner Sonne noch des Mondes, dass sie ihr scheinen; denn die Herrlichkeit Gottes erleuchtet sie, und ihre Leuchte ist das Lamm.« (Offenbarung 21,23)
4. Der neue Zustand des Erdkosmos kennt nicht die Dualität von Gut und Böse, von Hell und Dunkel. Die Schattenaspekte sind in die Dynamik des Ganzen integriert und ergänzen die Lichtaspekte. Um diese für christliches Denken häretische Vorstellung zum Ausdruck zu bringen, bedient sich die Offenbarung des Symbols der Stadttore, die in früheren Zeiten nachts geschlossen und im Morgengrauen wieder geöffnet wurden. »Und ihre Tore werden nicht verschlossen des Tages; denn da wird keine Nacht sein.« (Offenbarung 21,25)
5. »Und er zeigte mir einen Strom des lebendigen Wassers, klar wie Kristall, der ausgeht von dem Thron Gottes und des Lammes.« (Offenbarung 22,1) Der Strom des Lebens, der

durch die Mitte des Erdkosmos fließt, steht für die Macht der wieder vereinigten Lebenskräfte. Während der gegenwärtigen, doch nun ausklingenden Phase der Erdentwicklung sind die verschiedenen Lebensdimensionen auseinander gerissen, was dazu führt, dass sie entweder auf der sichtbaren oder der unsichtbaren Wirklichkeitsebene in Erscheinung treten. Die Vielschichtigkeit der neuen Erde macht das gleichzeitige Erscheinen der unterschiedlichen Dimensionen des Lebens möglich. In der Folge wird die Lebenskraft auf unvorstellbare Weise an Intensität und Potenz gewinnen.

6. Ewigkeit und Zeitlichkeit werden im Alltag miteinander verschmelzen. Das bedeutet, dass es die Grenzen, die den Himmel von der Erde trennen, nicht mehr gibt. Hierbei handelt es sich um eine unlogische Situation, die der lineare Verstand nicht erfassen kann. Die Bibel bringt die erstaunliche Synthese von Sterblichkeit und Ewigkeit in dem Bild vom Baum des Lebens zum Ausdruck. »Auf beiden Seiten des Stromes mitten auf der Gasse ein Baum des Lebens ...« (Offenbarung 22,2) Es ist jenseits aller Logik, dass ein Baum zugleich auf beiden Seiten eines Flusses wachsen kann.
7. Die Fortsetzung des Verses lautet: »... und die Blätter des Baumes dienen zur Heilung der Völker.« (Offenbarung 22,2) Die Beteiligung an den ganzheitlichen Lebensprozessen des neuen Erdkosmos ermöglicht es verschiedenen Rassen und Völkern, ohne einen Gedanken an Konkurrenz kreativ miteinander zu kooperieren. Dies wiederum wird die Heilung der alten Wunden ermöglichen, die ihren Ursprung in geschichtlichen Konflikten haben.

Siegel	*Symbol*	*Qualität*	*Erdwandlungs-phänomene*
1.	Reiter auf einem weißen Pferd	Luftelement	Neue Erdstrahlungs-qualität – Lichtinseln entstehen
2.	Reiter auf einem feuerroten Pferd	Feuerelement	Archetypische Kräfte der Erde werden aktiviert – Transformation der Elementarwesen
3.	Reiter auf einem schwarzen Pferd	Erdelement	Veränderung des Erdlichtkörpers
4.	Reiter auf einem fahlen Pferd	Wasserelement	Stimmen der Vorfahren verschaffen sich Gehör – Kräfte der Dunkelheit müssen integriert werden
5.	Seelen in weißen Kleidern	Mensch	Transformationsprozess der Menschen
6.	Erdbeben	Raum/Zeit	Planetare Transformation
7.	Sieben Donner erheben ihre Stimmen	Erdkosmos	Sieben Qualitäten des neuen Erdkosmos

Die sieben Siegel der Offenbarung bezogen auf die sieben Phasen der Erdwandlungen.

7. Die Balkanerfahrung – Rückkehr des Bösen?

Als vor einigen Jahren auf dem Balkan, beginnend in meiner Heimat Slowenien, der Krieg ausbrach, machte sich im Land schon bald ein Gefühl der Enttäuschung breit. Wir hatten Glück, dass der Krieg in Slowenien, nachdem wir unsere Unabhängigkeit erklärt hatten, nur eine Woche dauerte. Für andere Balkanvölker wie die Bosnier, Kroaten, Serben und Albaner, die sich sieben Jahre lang in einem äußerst brutalen und beschämenden Kampf und in ethnischen Säuberungen verstrickten, war der Krieg weitaus schwieriger. Auch heute sind die Konflikte noch nicht beseitigt.

Wir gehören zum hoch entwickelten westlichen Kulturkreis, und dennoch müssen wir uns nun seit Jahren für die Bilder im Fernsehen schämen, für die Tausende verzweifelter Flüchtlinge, die blutgetränkten Opfer und die zahllosen vergewaltigten Frauen. Wir waren sicher, dass wir uns durch die Katastrophe des Zweiten Weltkriegs verändert hatten, dass wir nie wieder in solchen Aufruhr geraten würden. Und doch ist am Ende des 20. Jahrhunderts die Rückentwicklung so offensichtlich, dass selbst erfolgreiche Friedensverträge sie nicht verbergen können.
Selbstverständlich gibt es politische, soziale und wirtschaftliche Gründe für den apokalyptischen Balkankrieg Ende der 90er Jahre. Doch bin ich davon überzeugt, dass diese Umwälzung Gefühle und Ahnungen in uns auslöst, die darauf schließen lassen, dass dieser Krieg auch psychische Ursachen hat.

Würde man die Gestalt Europas mit dem Körper des Menschen vergleichen, dann wäre der Balkan der Unterleib. In die psychologische Sprache übersetzt bedeutet dies, dass der Balkan das Unbewusste Europas ist, der Bereich, in dem sich die verdrängten Probleme des Kontinents, die zu lösen wir bisher nicht in der Lage waren, angestaut haben. So zum Beispiel die historische Spaltung der christlichen Kirche, die zu einer Grenzziehung zwischen der katholischen und der orthodoxen Kirche führte, die auch heute noch mitten durch Bosnien verläuft. Ein weiteres grundlegendes Problem der europäischen Kultur ist die Konfrontation mit dem Islam. Es spiegelte sich in den Kriegen zwischen dem österreichischen Kaiserreich und dem Osmanischen Reich wider, die jahrhundertelang auf dem Balkan ausgetragen wurden.

Nicht weniger traumatisch war die Unterdrückung der mittelalterlichen Bewegung der Bogumilen im 15. Jahrhundert. Sie erfolgte durch einen Kreuzzug unter der Befehlsgewalt der christlichen römischen Kirche. Wie ich bereits im fünften Kapitel erwähnte, wandten sich die Bogumilen wie die Katharer in Frankreich von der Mutterkirche ab, weil sie davon überzeugt waren, dass Christus nicht in Ritualen und anderen Glaubensbekundungen zu finden war, sondern nur im göttlichen Funken, der den Mittelpunkt eines jeden Menschen ausmacht. Das bosnische Königreich unterstützte die Bogumilen, doch die heftigen Attacken der Kreuzfahrer machten es schließlich den Türken leicht, das Land zu erobern. Vom Christentum konvertierte das bosnische Volk geschlossen zum Islam. Das ist der Grund, warum es mitten auf dem christlichen Balkan ein Volk gibt, das am Islam festhält und damit eine Situation schafft, die schwer zu handhaben ist.

Doch vergleichbare religiöse und sozioökonomische Probleme könnte man auch für die Ausbreitung des Bösen in Irland und im Kaukasus verantwortlich machen, wo jetzt, Ende des

20. Jahrhunderts, erneut Blut vergossen wird. Das lässt darauf schließen, dass es noch einen anderen Grund für die Wirkung geben muss, die die Abfolge schrecklicher Ereignisse auf dem Balkan auf unser globales Bewusstsein hatte.

Das erste intuitive Erfassen dieser Ursachen und ihrer Bedeutung wurde meinem Bewusstsein durch einen Traum vermittelt, der sich auf einen Ort in Bosnien konzentrierte. Der Name dieses Ortes ist Velika Kladuša. Am 14. Januar 1999 träumte ich, dass ich mit meiner Frau Marika in einem Intercity durch das Gebiet des früheren Jugoslawien fuhr. Es war der modernste und schnellste Zug, den die Deutsche Bahn entwickelt hatte. Der vollkommen weiße und modern gestaltete Zug steht für das höchste von der Bahntechnik bisher erreichte Niveau.

Fahrplanmäßig sollte in Velika Kladuša eine halbe Stunde Pause sein, damit die Passagiere nach langem Sitzen ihre Beine strecken und spazieren gehen konnten. Auch Marika und ich machten einen Spaziergang durch die kleine Stadt. Die Einfachheit des Ortes überraschte mich. Doch war sie in ihrer Geschlossenheit durch die modernen Gebäude gestört. Einige der kleinen, dunkelfarbigen Hütten hatten sogar noch Strohdächer. Der Kontrast zwischen dieser im Althergebrachten verwurzelten Kleinstadt und unserem Hightech-Intercity schrie förmlich zum Himmel.

Als wir zum Zug zurückgekehrt waren und darauf warteten, die Reise fortzusetzen, begann meine Frau, an den Menschenrechtsorganisationen Kritik zu üben. Sie hatte Berichte darüber gesehen, dass eine von ihnen in undurchsichtige finanzielle Transaktionen und in Spendenmissbrauch verwickelt war. Nach außen hin, beklagte sie, setzten sich die Menschenrechtsorganisationen für das höchste Gut ein, insgeheim jedoch strebten sie nach Profit. Ich wurde wütend auf Marika und beschuldigte sie, ausgerechnet die Menschen zu verurteilen, die sich für das Gute und für die Gerechtigkeit enga-

gierten. Von ihrer Kritik außer Fassung gebracht, machte ich eine große Show aus meinem Protest, stand auf und stürmte wütend aus dem Zug.
Doch schon bald tat mir meine Überreaktion Leid, und ich machte mich rasch auf den Rückweg zum Bahnhof. Doch es war zu spät. Der weiße Zug war verschwunden und Marika mit ihm. In großer Eile suchte ich den Bahnhof ab in der Hoffnung, dass ich vielleicht auf einem anderen Gleis auf den Zug stoßen würde. Doch er war ganz offensichtlich abgefahren. Ich sah lediglich einige alte Eisenbahnwagons in verblassendem Grün, die scheinbar nicht mehr benutzt wurden. Sie befanden sich in der mit einem Glasdach versehenen Bahnhofshalle, die über drei Stockwerke verfügte. Zu meinem Erstaunen waren alle drei Stockwerke mit diesen alten Wagons gefüllt. Eine Lokomotive konnte ich nirgendwo sehen, und auch mein supermoderner Zug blieb verschwunden. Den Blick auf diese zeitlose Technik vor mir gerichtet, fühlte ich mich plötzlich verloren ...
Als ich erwachte und mich auf die Qualität des Intercitys einstimmte, spürte ich eine äußerst schnelle, ja nervöse Vibration, die sich über meinem Kopf ausbreitete. Als ich mein Bewusstsein auf das dreistöckige Gebäude mit den alten Wagons richtete, wurde meine Aufmerksamkeit tief in meinen Bauch hineingezogen. Dort wurde die Dynamik fast bis auf null heruntergebremst.
Die sich mit Höchstgeschwindigkeit bewegende, lineare Gestalt des Intercitys lässt sich leicht als Symbol für unsere hoch technisierte westliche Zivilisation begreifen. Der Zug steht außerdem für den so genannten linearen Zeitablauf, der einem mechanischen Rhythmus, der sich von Minute zu Minute und von Jahrhundert zu Jahrhundert fortsetzt, folgt. Die alte, starre und undurchsichtige Kultur von Velika Kladuša symbolisiert das genaue Gegenteil. Die Wagons orientierten sich an

keiner linearen Struktur, sondern waren auf drei Ebenen übereinander gestapelt und bildeten eine Art abgerundeten kreisförmigen Raum, der typisch für das zyklische Zeitmodell ist.
Das Nebeneinander des Hightechzugs und der strohgedeckten Hütten von Velika Kladuša transportierte eine eindeutige Botschaft: Der Aspekt des menschlichen Wesens, der an die Evolution der Natur gekoppelt ist, kann mit der raschen Entwicklung unserer Kultur nicht Schritt halten. Anders ausgedrückt, die mentale und lineare Stoßkraft, die unserer Kultur immanent ist, neigt dazu, den Raum der Psyche zu unterdrücken, der emotional gerundet ist. Wenn sich die Entwicklung in dieser Weise fortsetzt, dann besteht die ernstliche Gefahr, dass die Menschheit auseinander gerissen wird. Unser Kopf, der sich in der Perfektion mentaler Aktivität hoch über alles erhebt, wird den »schmutzigen«, weiter unten liegenden Schoß der Emotionen nicht mehr begreifen und akzeptieren.
Folglich entsteht ein äußerst gefährlicher Abgrund zwischen der positiven und dynamischen Entwicklung der Zivilisation einerseits und der gewalttätigen, habgierigen und blutrünstigen Wirklichkeit menschlichen Lebens andererseits. Dabei handelt es sich um ein allgemeines Problem, das in den Ereignissen auf dem Balkan beispielhaft zum Ausdruck kommt. Im Rahmen der Weltwirtschaft korrespondiert es mit dem explosiven Gegensatz zwischen dem reichen Westen und der armen Dritten Welt.
Die Problematik der westlichen Zivilisation beeinträchtigt die emotionale Integrität der Menschen und erzeugt einen verwirrenden emotionalen Aufruhr »da unten im Bauch«. Die Unfähigkeit, diese Zusammenhänge zu erkennen, könnte die vernunftgesteuerte Welt in den Wahnsinn treiben. Möglicherweise werden Bomben und Raketen auf den emotionalen »Unterleib« abgefeuert, ohne zu durchschauen, das damit das eigene Gegenstück angegriffen wird und dass Verstand und

Emotionen gleichwichtige Bestandteile ein und desselben Organismus darstellen. Als die westlichen Verbündeten im April 1999 begannen, Serbien zu bombardieren, hatte ich das starke Gefühl, dass sich dieses tragische Bild nun in der harten Wirklichkeit manifestierte.

Wenn wir die Katastrophe eines dritten Weltkriegs verhindern wollen, dann müssen wir uns bewusst machen, dass sich der Abgrund vor allem in uns selbst befindet, das heißt insbesondere in jenen Menschen, die sich für einen durch den Verstand bestimmten Weg entschieden haben. Konfrontationen wie jene, die im Balkan an die Oberfläche gespült wurden, sind die Folgen einer Spaltung, die jeder Einzelne von uns in seinem Menschsein erfahren hat. Nur wenn wir daran arbeiten, die sexuellen, emotionalen und vom Herzen ausgehenden Qualitäten unseres Seins wieder mit den mentalen und rationalen zu verknüpfen, können wir verhindern, dass die Zivilisation schließlich in zwei gegensätzliche Pole auseinander bricht, die sich auf tragische Weise gegenseitig vernichten.
Der einzuschlagende Weg ist ein äußerst heikler. Es reicht zum Beispiel nicht aus, mit dem Verstand Informationen über die unterschiedlichen Möglichkeiten zur Kontaktaufnahme mit den subtilen Dimensionen der Natur und über ihre emotionalen oder ätherischen Schichten zu sammeln. Solche Informationen müssen vielmehr umgesetzt und praktisch zur Anwendung gebracht werden, damit sich die emotionale Ebene der menschlichen Psyche gleichfalls an die verschiedenen Erscheinungsformen der Realität gewöhnen kann. Andererseits reicht die Initiation beispielsweise in schamanistischen Ritualen oder bestimmten spirituellen Traditionen unter Umständen nicht aus, wenn diese nicht in die eigenen Denk- und Verhaltensweisen integriert und damit Bestandteil des alltäglichen Lebens werden.

Um eine neue Friedenskultur zu schaffen, müssen wir zuallererst eine Beziehung zwischen den Teilen in uns selbst aufbauen, die gegenwärtig im Konflikt zueinander stehen. Das komplexe Konstrukt aus Geist, Vernunft und Wissen muss mit emotionalen, sexuellen und seelischen Qualitäten gefüllt werden, die gleichrangige Bestandteile unseres Seins sind.

Es ist wieder die Offenbarung des Johannes, die Vorschläge dazu macht, wie wir den soeben beschriebenen, grundlegenden menschlichen Widerspruch beheben können. Ich beziehe mich auf die Kapitel 11 bis 13, die zugleich den zentralen Abschnitt in den insgesamt 22 Kapiteln der Offenbarung darstellen. Kapitel 11 erzählt die Geschichte der beiden göttlichen Zeugen und Kapitel 13 die der zwei Tiere.

Die zwei Zeugen stehen für die Gesamtheit der menschlichen Seele. Mit Seele meine ich jenen Aspekt des Menschen, der Bestandteil der Ewigkeit ist, selbst wenn er auf der Erde inkarniert und daher den Bedingungen der Zeit unterworfen ist. Die beiden Zeugen werden als normale Sterbliche dargestellt, die den Alltag meistern, aber zugleich auch als mit übernatürlichen Kräften begabte Menschen. Es heißt von ihnen, dass sie »die Macht haben, den Himmel zu verschließen, dass es nicht regne in den Tagen ihrer Weissagung ...« (Offenbarung 11,6) Ihre Macht deckt sich offenbar mit den spirituellen Kräften der Natur und des Kosmos im Allgemeinen. Sie sind kenntlich als die Vorfahren, die ohne Begrenzungen durch die physische Welt leben und denen das volle Potenzial der Seele zur Verfügung steht.
Doch sind sie zugleich auch in die Konflikte der materiellen Welt verwickelt, was mich zu der Annahme veranlasst, dass sie zudem die spirituellen Kräfte der inkarnierten mensch-

lichen Seele repräsentieren. Die Geschichte von den zwei Zeugen stellt auf sehr fassbare Weise das Schicksal der menschlichen Seele dar, die sich der Herausforderung einer materiellen Inkarnation stellt: Sie werden besiegt und getötet, und »ihre Leichname werden liegen auf der Gasse der großen Stadt, ..., wo auch ihr Herr gekreuzigt ist. Und es werden etliche aus den Völkern und Geschlechtern und Sprachen und Nationen ihre Leichname sehen drei Tage und einen halben und werden ihre Leichname nicht lassen ins Grab legen.« (Offenbarung 11,8–9)

»Und nach drei Tagen und einem halben fuhr in sie der Geist des Lebens von Gott, und sie traten auf ihre Füße; und eine große Furcht fiel auf alle, die sie sahen. Und sie hörten eine große Stimme vom Himmel zu ihnen sagen: Steiget herauf! Und sie stiegen auf in den Himmel in einer Wolke, und es sahen sie ihre Feinde.« (Offenbarung 11,11–12)

Auch wenn die Gesetze materiellen Lebens die Menschen von ihrer nach Ganzheit strebenden Seele ablenken, kann diese wieder zur Ewigkeit zurückkehren, wenn sie nach dem physischen Tod aus dem Körper entlassen wird. Der Zyklus von Geburt und Tod sorgt dafür, dass die physische Erfahrung inkarnierten Lebens vollendet wird, und trotzdem geht die grundsätzliche Einheit mit der ewig währenden Seele nicht verloren. Es wird erst dann gefährlich, wenn die Leute jenen Kräften ihrer mentalen oder emotionalen Welt gehorchen, die nichts von der grundsätzlichen Einheit des Kosmos wissen. Diese Kräfte sind Ausdruck der gegensätzlichen Pole im Menschen und kamen in meinem Traum durch die weiße Linie des Intercity und durch die dunklen Häuser von Velika Kladuša zum Ausdruck.

Die Offenbarung des Johannes präsentiert die beiden auseinander gerissenen Polaritäten als vergegenständlichte Mächte, die unsere Zivilisation auf fatale Weise beeinflussen.

Sie werden in den zwei Tieren im 13. Kapitel der Offenbarung symbolisch dargestellt. Nachdem das Böse auf die Erde geworfen wurde, wie es das 12. Kapitel berichtet, erscheinen im 13. Kapitel die beiden Tiere, eines aus dem Wasser und das andere aus der Erde.

»Und ich sah ein Tier aus dem Meer steigen, das hatte zehn Hörner und sieben Häupter und auf seinen Hörnern zehn Kronen und auf seinen Häuptern lästerliche Namen. … Und es tat sein Maul auf zur Lästerung gegen Gott, zu lästern seinen Namen und sein Haus und die im Himmel wohnen. Und ihm ward gegeben, zu streiten wider die Heiligen und sie zu überwinden; und ihm ward gegeben Macht über alle Geschlechter und Völker und Sprachen und Nationen. Und alle, die auf Erden wohnen, beten es an, …« (Offenbarung 13,1 und 6–8)

Das Wasserelement ist als Symbol für die emotionale Qualität zu verstehen. Das aus dem Wasser steigende Tier steht somit für die Gefühle, doch sein Verhalten zeigt, dass diesen Gefühlen ihre integrative Kraft fehlt. Das Tier verhält sich feindselig gegenüber allem, was über die Macht verfügt, die voneinander getrennten Aspekte des Lebens wieder zusammenzuführen und sie zu einem großen Ganzen zu verschmelzen. Johannes stellt dieses große Ganze als die Macht des göttlichen Wortes und die Macht der Heiligen dar. Damit meint er jene, die sich im Einklang mit der Botschaft des Wortes befinden.

Das zweite Tier, das sich aus der Erde erhebt, symbolisiert die verhärtete Kraft menschlicher Vernunft, der ihr grundlegendes Verständnis für das spirituelle Wesen des Lebens und der Materie abhanden gekommen ist. Es setzt die magischen Eigenschaften der materiellen Welt ein, um eine Zivilisation zu begründen, die von der Gesamtheit des Lebens abgespalten ist. »Und ich sah ein zweites Tier aufsteigen von der Erde, das hatte zwei Hörner gleichwie ein Lamm und redete wie ein Drache.« (Offenbarung 13,11) Das zweite Tier verführt die

Massen dazu, sich an der Illusion einer gespaltenen Welt zu erfreuen, und macht sie sogar glauben, dass sie der Wirklichkeit des Lebens selbst teilhaftig werden. Das ist der Grund, warum dieses zweite Tier aus der Erde aufsteigt und wie ein Lamm aussieht, aber dennoch die Stimme eines Drachen hat. Es handelt sich um eine destruktive Kraft, die sich hinter der Maske des bescheidenen Dieners verbirgt, der sich um die Bedürfnisse der Menschheit kümmert.
Die folgenden Schilderungen ähneln der Beschreibung des Intercity aus meinem Traum. Die technologischen »Wunder« des 20. Jahrhunderts werden in einer zweitausend Jahre älteren Sprache beschrieben: »Und es tut große Zeichen, dass es auch macht Feuer vom Himmel fallen auf die Erde vor den Menschen ... Und es ward ihm gegeben, dass es dem Bilde des Tieres Geist gab, damit des Tieres Bild redete und machte, dass alle, welche nicht des Tieres Bild anbeteten, getötet würden.« (Offenbarung 13,13 und 15)
Es gibt sogar eine Anspielung auf die Verwendung von Kreditkarten und Ausweisen, die in unserem Alltag inzwischen zu etwas Selbstverständlichem geworden sind: »Und es macht, dass sie allesamt, die Kleinen und Großen, die Reichen und Armen, die Freien und Knechte, sich ein Malzeichen geben an ihre rechte Hand oder an ihre Stirn, dass niemand kaufen oder verkaufen kann, er habe denn das Malzeichen, nämlich den Namen des Tieres oder die Zahl seines Namens.« (Offenbarung 13,16–17)

Die Offenbarung des Johannes stellt nicht nur das destruktive Wesen der in den beiden Tieren personifizierten menschlichen Anteile vor, sie klärt im 12. Kapitel auch über ihre kosmische Herkunft auf. Hier wird der Kampf zwischen dem mächtigen Erzengel Michael und dem gleich starken Drachen mit dem Namen Satan geschildert. Der Text bezeugt, dass Satan ein

Aspekt des Engelreichs ist. »Und es erhob sich ein Streit im Himmel: Michael und seine Engel stritten wider den Drachen. Und der Drache stritt und seine Engel und siegten nicht, auch ward ihre Stätte nicht mehr gefunden im Himmel. Und es ward gestürzt der große Drache, die alte Schlange, die da heißt Teufel und Satan, der die ganze Welt verführt. Er ward geworfen auf die Erde, und seine Engel wurden mit ihm dahin geworfen.« (Offenbarung 12,7–9)

Der Kampf im Himmel ist ein symbolisches Bild, das bezeugt, dass beide, der siegreiche Michael mit seinen Engeln und Satan, der mit seinen Engeln auf die Erde geworfen wird, zwei verschiedene Aspekte des Engelreichs repräsentieren. Das Engelreich wiederum könnte als Bild für das universelle Bewusstsein verstanden werden. Michael steht für den Lichtaspekt und Satan für den dunklen Aspekt kosmischen Bewusstseins.

Michael mit seinem Lichtschwert symbolisiert die göttlichen Mächte, die das Universum dazu inspirieren, sich auszudehnen und an Schönheit und Leben spendender Kraft zu gewinnen. Satan hingegen stellt die Kräfte des Göttlichen dar, die sich jeglicher Expansion entgegenstellen und das Universum davor bewahren, sich über seine Begrenzungen hinweg zu ergießen und der Selbstzerstörung anheim zu fallen. Sich dem Neuen widersetzend, halten sie am Alten fest.

Die gesunde Entwicklung des Lebens kann nur dann gewährleistet werden, wenn vorwärts drängende und bremsende Kräfte im richtigen Verhältnis zueinander stehen. Der Wachstumsimpuls kann nur durch ein entsprechendes Regulativ, das die Bewegung auf null und in das dunkle Unendliche des Nichts zurückdrängt, ausgeglichen werden.

Natürlich würde die Expansion des Universums zum Stillstand kommen und stagnieren, wenn die hemmenden Kräfte der Dunkelheit zu viel Macht gewännen. Um dafür zu sorgen, dass sich die Schöpfung des Kosmos fortsetzt, müssen sich die

Kräfte des Lichts, die sich im christlichen Gedankengut in der Gestalt des Erzengels Michael verkörpern, behaupten und ihre Überlegenheit sichern.
Bei ihrer Schilderung des himmlischen Kampfes ist die Offenbarung in der Darstellung der Rolle des Erzengels Michael und der ihm zugeordneten Kräfte äußerst genau. Zwar tragen sie den Sieg davon, doch sind sie deshalb keineswegs besser als die unterlegenen gegnerischen Kräfte. Michael gewinnt, nicht um Satan zu vernichten, sondern um die richtigen Proportionen zwischen den Kräften des Lichts und den gleichfalls göttlichen Kräften der Dunkelheit wieder herzustellen. Es ist die Aufgabe Michaels und des Aspekts des Engelreichs, für den er steht, den neu eingeschlagenen Entwicklungsweg des Universums zu schützen. Indem er all die verschiedenen Subjekte und Mitschöpfer der kosmischen Entwicklung dazu inspiriert, diesen eingeschlagenen Weg zu wählen und sich auf diese Weise auch in der Gestalt von Planeten und Galaxien zu manifestieren, sorgt er dafür, dass die Kräfte der Dunkelheit nicht die Macht an sich reißen und das göttliche Schöpferwort zum Verstummen bringen.*

Der Streit im Himmel ist ein äußerst sensibles theologisches Thema. Für gewöhnlich wird er als Aufforderung, sich Michael anzuschließen und gegen die Dunkelheit, das Böse und alles Weibliche zu kämpfen, wörtlich genommen. In diesem Kampf sind alle Mittel erlaubt, und jede abweichende Haltung ist Verrat am göttlichen Willen.
Ein solches dualistisches Gedankenmuster ist äußerst gefährlich, erzeugt Feindschaft, verleiht rücksichtslosen Menschen Macht und trägt zur Aufrüstung von Heeren bei. All dies

* Aufschluss über die Rolle des Erzengels Michael gibt außerdem mein Buch *Erdsysteme und Christuskraft*, Seite 29ff. und Seite 77ff.

wird untermauert von der Aufforderung: »Wenn wir Frieden, Demokratie und Menschenrechte haben wollen, dann muss zuerst die Dunkelheit vernichtet werden. Kämpft für das Gute und das Licht!« Solche Gedankenkonstrukte sind der Kultur des Friedens, die wir ja anstreben, direkt entgegengesetzt.

Die Offenbarung des Johannes zeigt, dass es genau dieses dualistische Gedankenmuster ist, das uns veranlasst, die Erdentwicklung aus dem kosmischen Zusammenhang zu reißen und die Erde als ungesunden Ort im Universum zu verunglimpfen, an den der Teufel zur Strafe verbannt wurde. Die Erde als letzte Zufluchtsstätte Satans zu interpretieren erzeugt Hassgefühle gegenüber Mutter Erde und den Lebenskräften, die sie uns allen uneigennützig anbietet.

Wir benötigen mentale und emotionale Klarheit und Disziplin, um all die verschiedenen und fortgesetzten Manifestationen dieser falschen Gedankenmuster zu erkennen: Sie treten in der Art zu Tage, wie wir politische Trends, unsere Nachbarn und schließlich Gott und das Leben selbst beurteilen. Ein jeder achte darauf, was ganz ist, nicht zu spalten, und auf dem Weg der Integration zu bleiben. Der Auftrag für die Zukunft lautet, kreative Möglichkeiten für die Integration von Gegensätzen zu finden, ohne sich dabei in Kriegen zu verfangen.

Meine Gedanken kehren zurück zum Thema des vierten apokalyptischen Siegels und zu dem Tod, der auf einem fahlen Pferd reitend daherkommt. An dieser Stelle der Offenbarung heißt es, dass sich ein Viertel der Welt der Macht dieses Reiters ergibt. Im vierten Kapitel haben wir dieses Viertel mit dem rückwärtigen Teil unseres Körpers gleichgesetzt, der schon seit langem aus unserem Bewusstsein herausgefallen ist. Die berühmte Äbtissin, Mystikerin und Heilkundige Hildegard von Bingen (1098–1179) weist diesen »rückwärtigen Raum« den »Engeln der Dunkelheit« zu und nimmt dabei Bezug auf universelle Dimensionen. Die Einsichten, die sie präsentiert, sind von äußerster Klarheit.*

Hildegard von Bingen legt dar, dass Göttlichkeit als Totalität, die nichts ausschließt, verstanden werden muss. Damit sind Dunkelheit, Schatten und das Böse Bestandteil dieser Ganzheit. Doch sie sagt auch, dass nur die Engel höchster Ordnung, die Cherubim, stark genug sind, um Licht und Dunkelheit nebeneinander in ihrem Bewusstsein unter Kontrolle zu halten. Wenn die Cherubim des Lichts drei Viertel des Himmels für sich beanspruchen, dann gehört das vierte Viertel den Cherubim der Dunkelheit.

Der Streit im Himmel, von dem im 12. Kapitel der Offenbarung berichtet wird, teilt uns mit, dass zu einem bestimmten Zeitpunkt in der Entwicklung des Kosmos die Cherubim der Dunkelheit auf die Erde überwechselten. Ich meine, dass dieser Zeitpunkt mit der »Vertreibung aus dem Paradies« zusammenfällt. In dem Augenblick, da dem Menschen die gefährliche Kraft des freien Willens zuteil wurde, musste das universelle Bewusstsein Vorkehrungen für den Fall treffen, dass die möglicherweise hervortretende menschliche Destruktivität auf das gesamte Universum übergreifen würde. In der Folge verschmolzen die Kräfte der Dunkelheit ihre Kraftfelder mit denen der Erde. In den Worten der Offenbarung: Satan und seine Engel – die Cherubim der Dunkelheit – wurden auf die Erde geworfen.

Darauf nahm die Entwicklung der Erde Formen an, die in früheren Phasen, die normalerweise mit der Zeit des Paradieses gleichgesetzt werden, unbekannt waren. Seit dieser Zeit schlagen die (göttlichen) Repräsentanten des Bösen immer dann mit doppelter Wucht zurück, wenn sie dadurch provo-

* Siehe das Kapitel über Hildegard von Bingen in: Matthew Fox, Rupert Sheldrake, *Die Seele ist ein Feld. Der Dialog zwischen Wissenschaft und Spiritualität.* München: O. W. Barth, 1998.

ziert werden, dass der Mensch dem Leben seine egoistischen, ignoranten und irreführenden Kräfte aufzwingen will. Dies geschieht nicht aus Hass, auch wenn es manchmal den Anschein haben mag, sondern ist die angemessene Methode, um Menschen eine Lehre zu erteilen, da sie über jede andere Form von Unterweisung auf Grund ihres freien Willens hinwegsehen können. Allzu oft sind wir nur dann bereit zu hören, wenn der Schmerz bis weit in unser Inneres hineinreicht und dort unsere emotionale Basis erschüttert.
Satan wurde zum allmächtigen Inquisitor menschlichen Handelns und unterzog alles vom menschlichen Verstand oder Gefühl Geschaffene einer strengen Prüfung. Seine ihm von Gott gegebene Aufgabe ist es, sichtbar zu machen, ob menschliche Bedürfnisse Bestandteil der Gesamtheit und Heiligkeit des Universums sind oder nur ein Produkt egoistischer Willensbildung.
Der »Herr der Dunkelheit« hat sich nach und nach in beiden Polen »inkarniert«, in der emotionalen und in der rationalen Hälfte der geteilten menschlichen Welt. Die beiden »Inkarnationen« des kosmischen Bösen werden in der Offenbarung des Johannes als das »Tier aus dem Meer« und das »Tier von der Erde« beschrieben. Gemeinsam verbildlichen sie das Elend des Menschen, der in Trennung und Illusion gefangen ist.*

Da ich beruflich an Erdheilungsprojekten arbeite, hatte ich im Verlauf meiner Tätigkeit nur allzu oft die Gelegenheit, Erfahrungen mit den so genannten dunklen Kräften zu sammeln.

* Rudolf Steiner, der österreichische Philosoph und spirituelle Lehrer spricht von den beiden Tieren als von Luzifer und Ahriman, wobei Luzifer zum Licht und Ahriman zur dunklen Seite der Materie neigt. Steiner sieht sie in seinem Werk als die zwei Versuchungen des Menschen. Der Christusweg führt zwischen ihnen hindurch.

Sie sind an all jenen Orten auf der Erde im Spiel, auf die Menschen ihre egozentrischen Vorstellungen und Vorurteile projiziert und die sie gemäß ihren egoistischen Bedürfnissen benutzt haben. Die Arbeit mit solchen Orten, das Heilen, Wiederbeleben und Ausgleichen ihrer Energiefelder bedeutet auch, sich ihrem Schatten zu stellen und die Orte von dessen Herrschaft zu befreien.

Dies hat mir zahllose Gelegenheiten verschafft, den Mächten der Dunkelheit zu begegnen und mich von ihnen herausfordern zu lassen.* Nur allzu oft bekam ich die Gewalt ihrer Gegenschläge zu spüren, nachdem ich an einem Ort, der zerstört worden war, erfolgreich die Heilung eingeleitet hatte. Da wir diese Arbeit als Familie tun, wurde unser Zuhause immer wieder enorm unter Druck gesetzt oder sogar energetisch verwüstet. Manchmal war ich geradezu verzweifelt, weil die Dominanz der dunklen Mächte endlos schien.

Zu meinem Erstaunen veränderte sich die Situation ab der zweiten Augusthälfte 1997 von Grund auf. Mir fiel die Veränderung nach unserer Rückkehr aus Tibet auf, wo ich mich mit meiner Tochter Ana und einer Idriart-Gruppe aufgehalten hatte. Diese Gruppe bestand aus 24 engagierten Personen, die unter der Führung des von meiner Tochter Ana gechannelten Engels der Erdheilung Heilarbeit an den ätherischen Organen der tibetischen Hauptstadt Lhasa geleistet hatten. Unser Besuch in Tibet war als Teil des Idriart-Kunstfestivals möglich geworden.**

Nachdem ich nach Europa zurückgekehrt war und meine

* Von solchen Begegnungen mit den Mächten der Dunkelheit berichte ich ausführlich in meinem Buch Wege der Erdheilung (siehe Seite 259 bis 287).

** Mein Bruder Miha Pogačnik ist der Begründer der internationalen Stiftung Idriart, die durch Kunst Brücken zwischen den Kulturen und Völkern bauen will.

Arbeit dort fortgesetzt hatte, stellte ich bald fest, dass die Schattenkräfte ihren üblicherweise heftigen Widerstand eingestellt hatten. Anfangs wagte ich es nicht, öffentlich über die erstaunliche Veränderung zu sprechen. Doch nun, drei Jahre später, kann ich Zeugnis darüber ablegen, dass ich nie wieder wie zuvor die aggressive Anwesenheit der dunklen Mächte gespürt habe.

Ich vermute, dass es auf der Ebene des kosmischen Bewusstseins Ende August 1997 zu einer Anordnung gekommen sein muss, der zufolge sich die Mächte der »Cherubim der Dunkelheit« aus dem Kraftfeld der Erde zurückzogen. Dies geschah wahrscheinlich, um den Beginn des Erdwandlungsprozesses zu ermöglichen. Bereits einen Monat später nahm ich die ersten überraschenden Veränderungen in der Bodenstrahlung der Erde wahr. Diese führten schließlich zu der radikalen Veränderung der Erdaura, die zwischen Februar und April 1998 zum Abschluss kam und über die ich im ersten Kapitel dieses Buches berichtete.

Tatsächlich spricht auch die Offenbarung des Johannes davon, dass sich die dunklen Mächte während der vorhergesagten Erdwandlungen von der Erde zurückziehen werden. In Kapitel 20 erfahren wir, dass sich das neue Jerusalem erst dann offenbaren kann, wenn Satan tausend Jahre gebunden ist: »Und ich sah einen Engel vom Himmel fahren, der hatte den Schlüssel zum Abgrund und eine große Kette in seiner Hand. Und er griff den Drachen, die alte Schlange, das ist der Teufel und Satan, und band ihn tausend Jahre und warf ihn in den Abgrund und verschloss ihn und tat ein Siegel oben darauf, dass er nicht mehr verführen soll die Völker, bis dass vollendet würden die tausend Jahre. Danach muss er los werden eine kleine Zeit.« (Offenbarung 20,1–3)

Dieser Textabschnitt legt dar, dass dem Rückzug der Kräfte der Dunkelheit aus den Energiefeldern der Erde eine entsprechende Entscheidung des kosmischen Bewusstseins vorausging. Den weiteren Versen ist zu entnehmen, dass Satans Zurückweichen nur eine vorübergehende Angelegenheit ist: »Und wenn die tausend Jahre vollendet sind, wird der Satan los werden aus seinem Gefängnis und wird ausgehen, zu verführen die Völker an den vier Enden der Erde, den Gog und Magog, um sie zu versammeln zum Streit; deren Zahl ist wie der Sand am Meer.« (Offenbarung 20,7–8).

Der Rückzug der dunklen Kräfte kann nur vorübergehend sein, da sie Bestandteil der kosmischen Ordnung sind und niemals endgültig zerstört werden können. Ihr rhythmisches Hervortreten und Zurückweichen wird von der Notwendigkeit geregelt, im Entwicklungsprozess des Universums die Kräfte des Lichts auszugleichen. Außerdem können die Kräfte der Dunkelheit nicht einfach aus dem Leben des Menschen verschwinden, solange der Mensch weiterhin die freie Wahl hat, seinen Willen so einzusetzen wie es ihm beliebt. Der freie Wille ermöglicht es jedem Menschen, jederzeit die dunklen Mächte hinzuzuziehen. Dies kann bewusst nach den Plänen eines Menschen oder einer Gruppe von Menschen erfolgen, die die göttliche Lebenskraft benutzen wollen, um zu verletzen, zu quälen oder sogar zu töten. Oder es kann unbewusst durch jemanden geschehen, der schlechte Gefühle oder destruktive Gedanken in Bezug auf einen anderen Menschen in sich trägt oder einfach nur sein Herz vor der Wahrheit verschließt.

Daher hat sich seit 1997 und dem vermutlichen Rückzug der »Cherubim der Dunkelheit« von der Erde in den Angelegenheiten der Menschen nicht allzu viel verändert. Die Situation gleicht einer Tragödie. Nach Jahrtausenden des Drucks und des Terrors könnte die Menschheit endlich einmal tief Luft holen und sich entspannen. Doch statt dieses Glück zu erkennen, folgen viele Mitmenschen auch weiterhin den Verhaltensmustern, die sich während der Regierungszeit der »beiden

Tiere« eingeschliffen haben. Indem sie dies tun, zwingen sie mit ihren persönlichen Gefühlen, Gedanken und Handlungen die dunklen Kräfte, die sich bereits zurückgezogen hatten, zur Rückkehr.

Das Einzige, was man tun kann, um zum unvermeidlichen Wiedererscheinen des Bösen wenigstens nicht beizutragen, besteht darin, sich wieder und wieder auf das wahre Wesen des Lebens in der Gegenwart einzustimmen und sich nicht durch Automatismen aus der Vergangenheit festzufahren. Die Vergangenheit ist bereits vorüber. Seien Sie das, was Sie jetzt sind. Diese Entscheidung muss durch den bewussten Verzicht auf die Wiederholung vergangener emotionaler und ideologischer Muster unterstützt werden. Und dies muss wieder und wieder geschehen.

Denken Sie daran, dass die Zukunft Abrundung und Integration auf allen Existenzebenen braucht. In Wahrheit kann es so lange keinen endgültigen Rückzug der destruktiven Kräfte aus der Welt und aus unserem persönlichen Leben geben, bis wir lernen, sie als mitschöpferische Kräfte zu integrieren.

Nach meiner Erfahrung beginnt der Integrationsprozess, wenn man versucht, in jeder Situation einen positiven Aspekt zu erkennen, ganz egal wie tragisch oder destruktiv sie zu sein scheint. Wenn Sie diese Art Disziplin nicht bereits praktizieren, dann versuchen Sie es jetzt. Das bedeutet selbstverständlich nicht, dass man etwas akzeptieren muss, was sich ethisch oder moralisch falsch anfühlt. Man sollte dem siebten Brief an den Engel der Gemeinde von Laodicea folgen und in jeder Situation eine eindeutige Entscheidung treffen. Doch während Ihr Herz oder Ihr Verstand Sie dazu drängt, Nein zu sagen, müssen Sie immer auch nach dem Aspekt suchen, zu dem Sie von ganzem Herzen Ja sagen können.

Auf diese Weise verhindern wir die neuerliche starke Anbindung der dunklen Kräfte an die Erde, nachdem der Planet zunächst von ihrem Einfluss befreit zu sein schien. Noch wichtiger ist es zu lernen, wie man die dunkle Seite der Wirklichkeit so in den Lebensprozess einbeziehen kann, dass sie ihr Licht spendendes Gegenstück ergänzt. Dann wird unsere Kreativität und unsere Kraft in einem Ausmaß zunehmen, das jenseits unserer gegenwärtigen Vorstellung liegt.
Solange Gegensätze wie hell und dunkel, positiv und negativ, links und rechts in unserem Bewusstsein und in unserem emotionalen und ätherischen Kraftfeld voneinander getrennt sind, werden wir immer schwach und verletzbar sein. Um das Verhältnis in Zahlen auszudrücken: Wir können dann wenig mehr als sechs Prozent unserer Kraft und Kreativität nutzen. Ein Seinszustand, der mehr Ähnlichkeit mit Schlaf hat und mit unserem eigentlichen Potenzial nicht vergleichbar ist. Wenn der integrative Prozess, der unsere hellen und dunklen Seiten miteinander verbindet, sich entwickelt, dann verstärken die Polaritäten einander, und ein nie da gewesenes Erwachen bricht an.

Erinnern Sie sich noch an die Geschichte von Dornröschen, die man Ihnen in der Kindheit erzählt hat? Lesen Sie sie noch einmal!
Das Märchen bezeugt, dass es der Ausschluss der dunklen Kräfte aus der Gesamtheit des Lebens ist, der die vielfältigen Potenziale des Menschen in einen Zustand des Tiefschlafs versetzt. Wie Sie sich vielleicht erinnern, war es die Tatsache, dass der König, Dornröschens Vater, nur die zwölf Feen des Lichts zur Geburt seiner Tochter einlud, die Dornröschen in einen »hundertjährigen Schlaf« fallen ließ. Bewusst schloss er die dreizehnte Fee, die eine schwarze Fee war, aus und behauptete, dass ihm nur zwölf goldene Teller und Löffel zur Verfügung stünden.

Die Pläne für das Fest missachtend, erschien die schwarze Fee trotzdem und sagte den Tod der Prinzessin voraus. Das unerwartete Erscheinen der schwarzen Fee erinnert an die apokalyptische Geschichte von Satan, der auf die Erde geworfen wurde. Die Offenbarung des Johannes macht folgende Bemerkung zum Abstieg der »schwarzen Fee« auf die Erde: »Darum freuet euch, ihr Himmel und die darinnen wohnen! Weh aber der Erde und dem Meer! Denn der Teufel kommt zu euch hinab und hat einen großen Zorn und weiß, dass er wenig Zeit hat.« (Offenbarung 12,12) Die Zeit ist knapp, weil sie, gemäß der in der Geschichte von Dornröschen überlieferten Information, auf die symbolischen hundert Jahre beschränkt ist.

Können Sie sich vorstellen, wie schrecklich es für die eingeladenen Gäste ist, als die schwarze Fee plötzlich unter den zwölf Feen des Lichts erscheint? Sie vertritt die Mächte der Dunkelheit, die in dem Augenblick in Erscheinung treten, als der freie Wille des Menschen ins Spiel kommt. Die Feen des Lichts können nicht mehr tun, als den drohenden Tod des neugeborenen Kindes, den ihre dunkle Gefährtin prophezeit, in einen hundertjährigen Schlaf zu verwandeln.

Egal, wie pflichtbewusst der König auch darauf achtet, dass sich seine Tochter nicht an einer Spindel verletzt, wie es die schwarze Fee vorhergesagt hat, es geschieht dennoch. Eines Tages, als Dornröschen allein im Schloss ist, durchforscht sie die Räume ihres Bewusstseins und entdeckt einen kleinen Raum in einem abgelegenen Turm, in dem eine alte Frau, die das Potenzial des rationalen Denkens verkörpert, an einem merkwürdigen Spinnrad sitzt und spinnt. Als Dornröschen die alte Frau hinter ihrem Spinnrad danach fragt, was es mit dem schönen Spielzeug des rationalen Denkens auf sich hat, sticht sie sich in den Finger und fällt sofort in einen »hundertjährigen Schlaf«.

Für alle, denen das Schicksal der Erde am Herzen liegt, ist an diesem Märchen besonders interessant, dass mit Dornröschen auch alles in ihrer Umgebung in diesen hundertjährigen Schlaf sinkt. »Gemeinsam mit Dornröschen sank das ganze Schloss in Schlaf ... die Pferde schliefen in ihren Ställen und die Hunde auf dem Hof, die Tauben auf dem Dach und die Fliegen an den Wänden. Sogar das Feuer, das im Ofen noch brannte, schlief ein ... Auch der Wind erstarb, und nicht ein Blatt regte sich in den Bäumen.«

Das Märchen berichtet von einem tatsächlichen Ereignis, das das Schicksal der Menschheit zutiefst beeinflusst hat. Es teilt uns mit, dass unsere Entdeckung der vielschichtigen Potenziale des freien Willens in Verbindung mit rationalem Denken und dem möglichen Missbrauch dieser Gaben die dunklen Kräfte unmittelbar herbeigerufen hat. Die »Cherubim der Dunkelheit« haben nicht nur die menschlichen Kraftfelder durchdrungen und sie »eingefroren« und damit in eine Art »Tiefschlaf« versetzt, sie haben zugleich auch die Kraftfelder der Erde bis zu einem solchen Grad »eingefroren«, dass sich Materie zu der uns heute vertrauten Form verfestigt hat. Folglich können auf der materiellen Ebene keine noch so geringen Spuren der feinstofflichen Dimensionen mehr existieren. Also entstand die Kruste der eindimensionalen Erde, über die ich im zweiten Kapitel bereits mit meinem Freund Julius gesprochen habe.

In den Worten des Märchens: »Und um das Schloss wuchs ein Dornendickicht, das von Jahr zu Jahr dichter und undurchdringlicher wurde, bis es schließlich das gesamte Schloss überwucherte, so dass nicht einmal mehr die Fahne auf dem Dach zu sehen war.« Erst nachdem die symbolischen hundert Jahre verstrichen waren und die »Cherubim der Dunkelheit« ihre Kräfte aus dem Energiefeld der Erde zurückgezogen hatten – was im August 1997 geschah –, konnte der Zyklus der

Erdwandlungen seinen Anfang nehmen. In der Bildersprache des Märchens wird dieser Zeitpunkt als plötzliche Verwandlung des Dornendickichts in blühende Rosensträucher beschrieben. Der Weg für den Prinzen ist frei, um das schlafende Dornröschen zu wecken und zu heiraten und eine neue Phase der Erdentwicklung einzuleiten.

Dass ausgerechnet Rosen als Symbol des neuen Bewusstseinszustands gewählt werden, unterstreicht, wie präzise die Bildersprache des Märchens ist. Rosen können nicht nur ihre einzigartige Blütenpracht zur Schau stellen, sie haben, wie das langweilige Brombeerdickicht, auch Dornen. Doch im Fall der Rosen wird die dunkle Macht der Dornen in ein ausgeglichenes Ganzes integriert, in dem die Blumen des Lichts zwar die dominierende Rolle spielen, die Mächte der Dunkelheit aber dennoch ihre Funktion erfüllen.

8. Die Widerspiegelung des neuen Erdkosmos in der Offenbarung des Johannes

Bisher bin ich nach eigenem Ermessen durch die Apokalypse gestreift wie ein Raumschiff durch eine Galaxie. Die wesentlichen Themen waren die sieben Siegel, die sieben Briefe an die Gemeinden in Kleinasien, die sieben Grundeigenschaften des neuen Jerusalem und die Erscheinungsformen und Wirkungsweisen des Bösen. Jeder »Stern« in dieser »Galaxie« hat eine andere Botschaft für uns. Doch als Gesamtheit und in Verbindung mit den übrigen Visionen und Einsichten des Apostels Johannes stellen sie ein komplexes Ganzes dar, das die Essenz des entstehenden Erdkosmos spiegelt.
Außerdem habe ich mich mit den Erdwandlungen als einer Abfolge von unabhängigen Phänomenen auseinander gesetzt, die sich sowohl auf der vitalenergetischen Ebene als auch in der emotionalen Welt manifestieren. Ich habe sie im Hinblick auf die damit in Verbindung stehende Entwicklung des menschlichen Bewusstseins und in ihrer Beziehung zu den verschiedenen Facetten des Lebens untersucht. Nun werde ich die Erdwandlungen aus einer umfassenderen Perspektive betrachten und kann mich damit dem entstehenden Erdkosmos in seiner Gesamtheit und nicht nur seinen einzelnen Bestandteilen zuwenden.
Einfach ausgedrückt bedeutet dies, dass nun die Frage im Mittelpunkt steht, welche Rolle in diesem erneuerten Erdkosmos das göttliche Prinzip spielen wird.
Bisher haben sich die Visionen und Einsichten der Offenbarung als äußerst genauer Schlüssel zum Verständnis der Wandlungen erwiesen, an denen sowohl das einzelne Indivi-

duum als auch die gesamte Menschheit beteiligt ist. Warum sollte ich mich also nicht desselben bewährten Schlüssels bedienen, wenn ich mich mit den Geheimnissen der spirituellen Dimensionen des erneuerten Erdkosmos befasse? Doch diesmal möchte ich den Zugang zum Text durch das für diesen Zweck bereitgestellte »Eingangstor« finden. Die Schwierigkeit besteht darin, dass die Offenbarung zwei solche »Eingangstore« besitzt: das eine am Anfang des Textes und das andere in der Mitte, im zwölften Kapitel. Ich möchte mit dem am Anfang stehenden beginnen.

Der Autor der Offenbarung bezeichnet sich einfach als Johannes, und ich will es dabei belassen. Die Worte der Offenbarung kamen unerwartet zu Johannes, während er auf der griechischen Insel Patmos das Evangelium Jesu Christi predigte. Plötzlich kam der Geist über ihn, und er hörte *hinter sich* »eine große Stimme wie von einer Posaune«, die ihn aufforderte, alles, was er sah, in einem Buch niederzuschreiben. Sie kennen bereits diesen »hinteren Raum«, aus dem die Stimme zu Johannes sprach. Sie wissen, dass er jene Wesen und Dimensionen umfasst, die mit den ätherischen, emotionalen und spirituellen Ebenen der Seele in Beziehung stehen.

Um zu sehen, woher die Stimme kam, die zu Johannes sprach, drehte er sich um und öffnete sich damit seinem »hinteren Raum«. Das bedeutet, er sieht mit den Augen seiner Seele, denn sonst könnte er die Quelle der Stimme nicht erkennen: »Der Geist kam über mich an des Herrn Tag, und ich hörte hinter mir eine große Stimme wie von einer Posaune, die sprach: Was du siehest, das schreibe in ein Buch ... Und ich wandte mich um, zu sehen nach der Stimme, die mit mir redete. Und als ich mich wandte, sah ich ...« (Offenbarung 1,10 und 12)

Als Erstes sieht Johannes das unpersönliche Bild der sieben

goldenen Leuchter. Sie symbolisieren das kosmische Bewusstsein, das das Licht des Geistes im gesamten Universum verbreitet. Dieser Anblick Gottes würde die meisten zufrieden stellen. Doch gleich danach nimmt Johannes auch noch seine personifizierte Gestalt zwischen den Leuchtern wahr. »... einer, der war eines Menschen Sohn gleich, der war angetan mit einem langen Gewand und begürtet um die Brust mit einem goldenen Gürtel. Sein Haupt aber und sein Haar war weiß wie weiße Wolle, wie der Schnee, und seine Augen wie eine Feuerflamme, und seine Füße gleichwie goldenes Erz, das im Ofen glüht, und seine Stimme wie großes Wasserrauschen; und er hatte sieben Sterne in seiner rechten Hand, und aus seinem Munde ging ein scharfes, zweischneidiges Schwert, und sein Angesicht leuchtete, wie die Sonne scheint in ihrer Macht.« (Offenbarung 1,13–16)

Bei mir beginnen sofort die Alarmglocken zu schrillen, wenn das Prinzip der Ganzheit ausgerechnet menschliche Gestalt annimmt. Wurde Gott nach dem Bilde des Menschen geschaffen? An dieser Stelle möchte ich betonen, dass die Bilder der Offenbarung als Symbole zu verstehen sind und nicht als Abbildungen der Wirklichkeit. Folglich können die sieben Sterne als ewige Liebe und das zweischneidige Schwert in seinem Mund als reine Wahrheit interpretiert werden. Diese beiden Symbole in Verbindung mit der »Sonne in ihrer Macht« weisen auf eine angemessene Weise darauf hin, dass es sich hier um den göttlichen Kern des universellen Bewusstseins handelt.

Doch was bedeutet es, dass sich das universelle Bewusstsein zugleich in einem unpersonifizierten und in einem personifizierten Bild zeigt? Damit wird zum Ausdruck gebracht, dass das Bewusstsein des Universums nicht nur alle Erscheinungsformen durchdringt, sondern sich auch in einem Punkt verdichtet. Es ist dieser zentrale Punkt im kosmischen Ganzen,

wo es sich seiner selbst bewusst ist, wo es zielgerichteter Schöpfer ist und sich der Schöpfung bewusst erfreut.
Sie werden sich daran erinnern, dass ich von der Beteiligung wenigstens zweier verschiedener Ebenen gesprochen habe, als es um das Bewusstsein der Erde ging. Einerseits sind da Elementarwesen und Naturgeister, die die verschiedenen Einheiten und Aspekte des Erdbewusstseins verkörpern. Andererseits ist da der Kern, das allumfassende, sich seiner selbst bewusste Bewusstsein, das wir Mutter Erde oder Gaia nennen. Auch in der Offenbarung begegnen wir dieser Vorstellung, dass Bewusstsein eine personalisierte Qualität besitzt.
Wir Menschen neigen dazu, dem universellen Bewusstsein eine menschliche Gestalt zu verleihen, weil wir uns selbst als bewusste Wesen erleben und es um uns her nichts anderes Fassbares und Sichtbares gibt, das diese besondere Qualität besitzt. So kommt es, dass die menschliche Gestalt das richtige Bild zu sein scheint, um den sich seiner selbst bewussten Kern kosmischen Bewusstseins, der im Begriff ist, sich den Menschen zu offenbaren, in einer Form zu fassen. Dieser Kern ist die Göttlichkeit in Person. Um ihm einen Namen zu geben, bedient sich Johannes der Umschreibung »eines Menschen Sohn gleich«. In der westlichen Tradition heißt dieses Gesicht des Göttlichen »der Christus«, was »der Gesalbte« bedeutet. In der östlichen Tradition würde es möglicherweise als Buddha bezeichnet.
Johannes fährt fort: »Und als ich ihn sah, fiel ich zu seinen Füßen wie ein Toter; und er legte seine rechte Hand auf mich und sprach zu mir: Fürchte dich nicht! Ich bin der Erste und der Letzte und der Lebendige. Ich war tot, und siehe, ich bin lebendig von Ewigkeit zu Ewigkeit und habe die Schlüssel der Hölle und des Todes.« (Offenbarung 1,17–18)
Es ist kein Zufall, dass Johannes wie ein Toter zu seinen Füßen fällt. Wenn man die Offenbarung durch die Vordertür des ers-

ten Kapitels betritt, dann begegnet man Christus als einer Macht, die jenseits der materiellen Ebene existiert, auf der sich die Menschen im Verlauf ihrer Inkarnation bewegen. Sie könnten die wirkliche Präsenz Christi nur im Tod erleben. Befreit von den Beschränkungen der eindimensionalen Welt und von ihrer eingeschränkten Wahrnehmung, würden sie wie Johannes seine Gestalt sehen und seine Stimme hören.

Wir dürfen nicht übersehen, dass Christus sich als derjenige präsentiert, der die Schlüssel zur Hölle und zum Tod in Händen hält. Schließlich bedeutet nach den Gesetzen der »alten Erde« das Sterben des physischen Lebens die Wiedergeburt in der spirituellen Welt. Christus selbst bestätigt Johannes, dass er sterben musste, um zu leben. Was bedeutet das? Er musste am Kreuz sterben, um durch das Tor des Todes zu gehen. Nur weil er das Tor des Todes passierte, konnte er allgegenwärtig werden und in den spirituellen Reichen der Erde und des Universums zugleich sein.

Wie wir aus der Bibel wissen, inkarnierte sich Christus etwa vor zweitausend Jahren in der Person des Jesus von Nazareth und wurde in die Jüdische Kultur hineingeboren. Damals hatte die jüdische Religion in der westlichen Welt den tiefsten Einblick in das kosmische Ganze. Sie konzentrierte sich auf die Essenz des ewigen Gottes und verlor sich nicht in den Hierarchien zahlloser göttlicher Wesen und örtlicher Kulte.

Es ist eine große Tragödie, dass die jüdische Kultur trotz ihrer Fortschrittlichkeit die Botschaft, die Jesus Christus predigte, nicht akzeptieren konnte. Die jüdische Tradition war zu sehr in ihren spirituellen und emotionalen Mustern gefangen, die ein ganz bestimmtes Bild vom »Gesalbten« und von seinem Erscheinen unter den Juden vorgaben. Dass Christus sich dann als Jesus, als Sohn eines armen Tischlers, offenbarte, war mit diesen fest gefügten Mustern nicht in Übereinstimmung zu bringen. In Verbindung mit dem pragmatischen

Rationalismus der römischen Zivilisation, die damals in Palästina herrschte, war der jüdische Konservativismus stark genug, um Christus durch die Kreuzigung aus seiner Inkarnation zu stoßen.
Doch die Evangelien, die als einzige Schriftstücke das Leben Jesu dokumentieren, legen Zeugnis darüber ab, dass er drei Tage, nachdem er vom Kreuz abgenommen worden war, aus seinem Grab verschwand. Später zeigte er sich einigen wenigen Einzelpersonen und einer Gruppe seiner Jünger in einer ätherischen, fast materiellen Form. Erst in der nachfolgenden Phase, bei der so genannten Himmelfahrt, erhob er sich vor den Augen seiner erstaunten Jünger in das Reich des Geistes.
In der gesamten Offenbarung werden die leidenschaftlichsten Warnungen ausgesprochen und Menschen dazu angehalten, aufrichtig zu sein, sich nicht zu Lügnern, Feiglingen und Mördern, zu treulosen und korrupten Menschen zu entwickeln. Die Apokalypse verlangt von uns, uns nicht so zu verhalten, als seien wir allein auf der Erde und als dürften wir tun und lassen, was wir wollen. Die Offenbarung ruft uns ins Bewusstsein, dass wir zwar die göttliche Gegenwart nicht sehen können, dass sie sich aber dennoch in unserer unmittelbaren Nähe, im »hinteren Raum« befindet und unsere Taten beobachtet, fördert und bewertet. Niemals dürfen wir uns der Illusion hingeben, dass Gott weit fort ist, schon gar nicht, seit er sich in Palästina inkarniert hat!
Die Vorstellung von einer Göttlichkeit, die sich in unmittelbarer Nähe befindet, kann ich leicht akzeptieren. Ich kann jedem Detail zustimmen. Ich bin dankbar, bereit auf die Knie zu gehen und zu akzeptieren.

Jedoch, seit der Wandlungsprozess der Erde begonnen hat, sagt mir meine Intuition, dass sich etwas Wesentliches in der

Beziehung zwischen Gott, dem Menschen und dem Erdkosmos verändert. Zum ersten Mal vermittelte sich mir dieser Eindruck in einem Traum, den ich im Februar 1999 hatte, als ich auf Kreta arbeitete.
Mir träumte, dass ich mit meinem Auto durch Frankreich fuhr. Diesmal fiel es mir außerordentlich schwer, auf den französischen Straßen zu fahren. Immer wieder tauchten Straßensperren vor mir auf, die von der Polizei errichtet worden waren, um mich anzuhalten. Ich hatte den Eindruck, dass etwas äußerst Wertvolles mit dem höchstmöglichen Sicherheitsaufwand transportiert wurde. Schließlich erfuhr ich, dass es sich bei dem wertvollen Gegenstand um den Schädel Christi handelte, der in Paris bei einer großen internationalen Ausstellung gezeigt werden sollte.
Als Nächstes sah ich den Schädel Christi an seinem Ausstellungsort. Er befand sich im Inneren eines Glasquaders und war so platziert, dass man durch das Wirbelloch an seiner Basis in den leeren Hirnraum blicken konnte. Die leeren Augenhöhlen sahen nach oben an die Decke.
Mein erster Gedanke war: Der Traum versucht, mich auf ein verstecktes Chakra an der Schädelbasis aufmerksam zu machen. Ein halbes Jahr lang hing ich dieser Illusion an, weil ich es nicht wagte, der grauenvollen Wahrheit ins Gesicht zu blicken. Erst als ich mich im Sommer auf eine kleine Insel in der Adria zurückzog, brachte ich den Mut auf, mich weit genug auf die Qualität der Vision hinter den Bildern einzulassen. Was ich erkannte, schockierte mich zutiefst. Ich fiel auf die Erde und weinte bitterlich. Ich erkannte, dass es sich bei dem lästerlichen Transport des Christusschädels über die Straßen Frankreichs und seiner schamlosen öffentlichen Zurschaustellung um den symbolischen Hinweis auf das Ende eines Zeitalters handelte, das mir sehr am Herzen lag.
Es war das Zeitalter der Kathedralen, der klösterlichen Chor-

gesänge, des hingebungsvollen Gebets und des inneren Friedens. Dieser innere Frieden beruhte auf dem Wissen, dass Christus in unmittelbarer Nähe zu uns den unsichtbaren Raum um uns bewohnte. Wir entwickelten zahllose Methoden, um mit ihm durch Kunst, Ritual und selbstlosen Dienst zu kommunizieren. Ja, wir gerieten in Abhängigkeit von der Vorstellung, dass uns nichts geschehen konnte, weil wir im Schatten des Vaters lebten.

Wir wurden selbstbewusster und fingen an, mit theologischen Erkenntnissen zu jonglieren, deren vermutete Gegner zu bekämpfen und sogar unbarmherzig im Namen des Kreuzes zu töten. Später wurden wir vernünftiger; wir organisierten unsere Institutionen etwas demokratischer, und es gelang uns, unser Machtstreben in legale Bahnen zu lenken. Wundern Sie sich darüber, dass der Weg, zu dem hin sich die »Vordertür« der Offenbarung öffnet, inzwischen leer ist?

Der Traum von dem leeren Schädel hat mir die Illusion genommen, dass die Beziehung, wie sie früher zu Christus bestand und wie er sie durch seinen Tod und seine Wiederauferstehung selbst ermöglicht hat, noch intakt ist. Mit den »Schlüsseln der Hölle und des Todes« in Händen hat Christus versucht, im nichtphysischen Raum unserer Wirklichkeit nahe zu bleiben.* Ich bin zutiefst dankbar für die Möglichkeit, die er uns damit geboten hat. Doch die Menschheit hat diese Möglichkeit auf tausenderlei Arten manipuliert und sie zu einer Dualität verfälscht, da sie einerseits an Gott glaubt, sich aber andererseits im Recht fühlt, die Natur oder die Mitmenschen zu zerstören. Sie ist an die Grenzen des spirituellen Wachstums gelangt, die dieser Weg ermöglichen kann. Das ist die Botschaft des leeren Schädels: Christus aus der Ganzheit seines Leibes gerissen und in Paris zur Schau gestellt.

* Vergleichen Sie hierzu meine Wahrnehmung Christi während einer heiligen Messe in *Erdsysteme und Christuskraft* im ersten Kapitel (Seite 11ff.).

In der Folge der nun ablaufenden Erdwandlungen orientiert sich der Kern des Universums mehr und mehr an neuen Prinzipien, um die Kommunikation mit den Menschen auf der Erde zu ermöglichen. Um sie zu entdecken, müssen wir uns eines anderen Zugangs zur Offenbarung des Johannes bedienen.

Zu Beginn dieses Kapitels erwähnte ich, dass die Offenbarung des Johannes ein ausgeklügeltes Konstrukt mit zwei miteinander verflochtenen Textstrukturen ist. Der eine Text besitzt linearen Charakter, beginnt mit dem Anfang der Offenbarung und führt bis zu ihrem Ende, dem Bild vom Jüngsten Gericht. Der zweite Text besitzt einen sphärischen Charakter. Er beginnt mit einer Vision am Anfang des 12. Kapitels in der Mitte der Apokalypse. Von diesem Zugang aus sind die einzelnen Kapitel mit den Visionen des heiligen Johannes symmetrisch, sozusagen links und rechts einer gedachten Achse, angeordnet.

Auf der linken Seite der Achse haben wir das 11. Kapitel mit der Geschichte von den *zwei Zeugen;* auf der rechten das 13. Kapitel mit der Vision von den *zwei Tieren.* Die Symmetrie des Textes wird offensichtlich, wenn wir uns weiter mit der linken und der rechten Seite der gedachten Achse befassen. Das 10. Kapitel beginnt mit der Vision eines *starken Engels,* der »vom Himmel herabkommt«, und auf der anderen Seite offenbart das 14. Kapitel die Vision eines *anderen Engels,* der mitten durch den Himmel fliegt und das »ewige Evangelium« hat.

Wenn wir unsere Suche nach dem sphärischen Aufbau des Textes auf die gleiche Weise fortsetzen, dann finden wir im 8. und 9. Kapitel die schreckliche Geschichte von den *sieben Posaunen,* die sieben Katastrophen herbeirufen, die die Erde und ihre Bewohner treffen sollen. Das Gegenstück befindet sich im 15. Kapitel, das von den *letzten sieben Plagen* berichtet, die über die Erde und ihre Menschen kommen werden. In Wirklichkeit sind die von den sieben Posaunen herbeigerufenen Katastrophen so schrecklich, dass gemäß linearer Logik keine weiteren sieben Plagen erforderlich wären, um das Zerstörungswerk zu vollenden. Offenbar werden die sieben Plagen nur benötigt, um die für die Offenbarung so bedeutsame

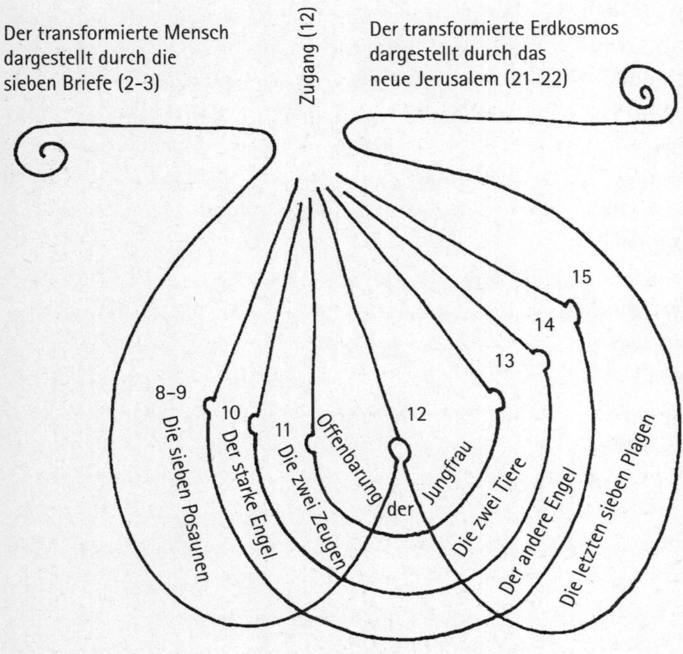

Die sphärische Anordnung der Offenbarung des Johannes (die Ziffern in Klammern bezeichnen die jeweiligen Kapitel).

kreisförmige Anordnung als Alternative zur gewohnten linearen Abfolge zu gewährleisten.
Wenn wir uns weiter mit der sphärischen Anordnung der Offenbarung beschäftigen, dann stoßen wir auf der linken Seite der Achse zuletzt auf die *sieben Briefe* an die sieben Gemeinden. Wie an anderer Stelle bereits dargelegt wurde, zeigen sie das Bild einer transformierten Menschheit. Die rechte Seite wird gleichermaßen durch die sieben Eigenschaften des *neuen Jerusalem* vervollständigt, welche die Grundqualitäten des transformierten Erdkosmos symbolisieren. Die Offenbarung zeichnet sich also nicht nur durch ihre symmetrische Struktur aus, sondern auch durch die sphärische Anordnung ihrer Essenz. Am »Ende« des Textes stoßen wir auf das Bild des erneuerten Erdkosmos – das neue Jerusalem –, das durch die Vision einer erneuerten Menschheit an seinem »Anfang« vervollständigt wird. Beide »Enden« sind miteinander verbunden und bilden ein abgerundetes Ganzes.

Dieser großartige Text, der schließlich ein allumfassendes Ganzes bildet, entspringt aus einem einzigen Samenkorn, das in seiner Mitte, zu Beginn des zwölften Kapitels, gepflanzt wird. Dies ist die archetypische Saat, aus der alle Schöpfung entsteht: »Und es erschien ein großes Zeichen am Himmel: ein Weib, mit der Sonne bekleidet, und der Mond unter ihren Füßen und auf ihrem Haupt eine Krone von zwölf Sternen. Und sie war schwanger und schrie in Kindesnöten und hatte große Qual bei der Geburt.« (Offenbarung 12,1–2)

Zunächst einmal ist es überraschend, dass der zentrale Punkt der Schöpfung durch eine Frau und nicht durch Gott dargestellt wird. Und doch kann es kein Missverständnis geben. Die ihr beigegebenen Symbole bezeichnen sie eindeutig als die Eine, die alle drei Bereiche des Universums verkörpert. Die

Krone aus zwölf Sternen auf ihrem Kopf steht für die kosmische Dimension. Ihr Sonnengewand symbolisiert die Kräfte des Sonnensystems und der Mond zu ihren Füßen die Ebene der Erde, da Mond und Erde ein gemeinsames Holon bilden.
Man könnte sie als die universelle Mutter, die Jungfrau oder die Mutter Gottes bezeichnen. Sie ist das Zentrum der ganzen sphärischen Konstellation des Kosmos und schenkt einem Sohn das Leben, einem »Knäblein, der alle Völker sollte weiden mit eisernem Stabe« (Offenbarung 12,5).

Doch damit sie die gewaltige Macht der Mitte an ihrem Platz halten kann, wird die Mutter Gottes vervollständigt durch die kosmische Gegenkraft, die Sie bereits als »alte Schlange«, Teufel oder Satan im vorangegangenen Kapitel kennen gelernt haben. Die Apokalypse fährt fort: »Und es erschien ein anderes Zeichen am Himmel, und siehe, ein großer, roter Drache, der hatte sieben Häupter und zehn Hörner und auf seinen Häuptern sieben Kronen, und sein Schwanz fegte den dritten Teil der Sterne des Himmels hinweg und warf sie auf die Erde.« (Offenbarung 12,3–4)
Das Bild nimmt Bezug auf die eigentlichen kosmischen Verbindungen zwischen den Kräften des Lichts und den Kräften der Dunkelheit. Im Zusammenhang mit der Weisheit der Äbtissin Hildegard von Bingen habe ich im vorangegangenen Kapitel diese wichtige Fragestellung bereits näher erläutert.
Um einen Eindruck von der Zerbrechlichkeit und Gefährdung dieses Gleichgewichts zwischen Licht und Dunkelheit, auf dem das Leben beruht, zu vermitteln, berichtet die Offenbarung weiter: »Und der Drache trat vor das Weib, die gebären sollte, auf dass, wenn sie geboren hätte, er ihr Kind fräße. Und sie gebar einen Sohn, ein Knäblein, der alle Völker sollte weiden mit eisernem Stabe. Und ihr Kind ward entrückt zu Gott

und seinem Thron. Und das Weib floh in die Wüste ...« (Offenbarung 12,4–6)
In dem Augenblick, da die Mächte, welche die Evolution des Lebens vorantreiben, sich zu dem nächsten entscheidenden Schritt in der universellen Entwicklung entschließen, wird das empfindliche Gleichgewicht des Lebens offenbar erschüttert. Dieses apokalyptische Bild veranschaulicht, wie die Mächte der Dunkelheit versuchen, das »Knäblein«, das in der Gestalt des Jesus Christus den neuen Entwicklungsschritt verkörpert, aus dem Weg zu räumen. Ich habe bereits erwähnt, dass die Zeitgenossen Jesu durch die Kreuzigung seine Inkarnation beendet haben. Nach nur drei Jahren Arbeit in der Öffentlichkeit wird Jesus dorthin zurückgeschickt, woher er kam, »entrückt zu Gott und seinem Thron«.

Am 16. September 1999 hatte ich eine Vision, die mir eine Vorstellung vom Wesen dieses neuen Entwicklungsschrittes ermöglichte. Ich saß in einem Zug, der mich quer durch Mitteleuropa nach Aachen brachte, wo ich über meine Liebe zur Göttin reden sollte. Die Reise hatte mit einigen entsetzlichen Ereignissen begonnen, die jedoch alle zu einem guten Ende gefunden hatten. Ich fragte mich also, was als Nächstes geschehen würde. Wir durchquerten bereits die österreichischen Alpen, als ich auf einmal feststellte, dass ich mitten in einer Säule aus feinstem goldenem Regen saß. Dieser Regen fiel unablässig auf mich herab und erfüllte mich mit einem einzigartigen Gefühl von Zärtlichkeit und Frieden.
Die stille Stimme der Intuition begann zu mir zu sprechen: »Es ist kein Zufall, dass so viele Abbildungen Christus als männliches Kind im Schoß seiner Mutter zeigen. Er kam als Lichtstrahl aus anderen kosmischen Dimensionen, um unseren Raum durch das Herz der Göttin zu betreten. Der als Kind dargestellte Christus steht für eine andere Art Vibration, die weit

Die Figur des heiligen Christopherus, wie sie auf der Wand einer mittelalterlichen Kirche im österreichischen Kärnten dargestellt ist.

stärker verdichtet ist, als wir dies bisher kannten. Deshalb ist seine Erscheinung als kleines Kind so bezeichnend. Seine Kleinheit ist nur relativ und befindet sich in Übereinstimmung mit der konzentrierten kosmischen Kraft, die er verkörpert.«
In diesem Augenblick fuhr unser Zug an einem anderen vorbei. Dieser zweite Zug war mit Holzkisten beladen, auf denen ich den Aufdruck »Achtung, schwer!« lesen konnte. Ich fühlte mich an den heiligen Christopherus erinnert, dessen griechischer Namen auf Deutsch »der Christusträger« bedeutet. Er war ein Riese, der seinen Lebensunterhalt damit verdiente, dass er Menschen über einen wilden Fluss trug. Eines Tages erschien ein »Knäblein« bei ihm und bat den Riesen, ihn über das Wasser zu tragen. Nichts leichter als das! Doch als Christopherus das Kind hochnahm, musste er bald feststellen, dass es so schwer war, als trüge er die *ganze Welt* auf seinen Schultern.

Die Offenbarung gibt weder dem Kind noch der Frau, die es gebiert, einen Namen. Damit macht sie deutlich, dass beide für urzeitliche kosmische Kräfte stehen und nicht für Bewusstsein. Ein Kind, das »alle Völker sollte weiden mit eisernem Stabe«, ist ein gewaltiges Symbol. Warum handelt es sich nicht um einen goldenen Stab? Weil die gegenwärtige Entwicklung ein abwärts gerichteter Prozess ist, der von der Ebene des »Goldes«, der Region reinen Lichts, in die »Eisenzeit« führt. Von den Höhen des Geistes begeben sich die göttlichen Impulse hinab auf die dichte Ebene der Materie. Das Leben, das nun aus den ätherischen, emotionalen und spirituellen Ebenen hervorbricht, muss greifbare Formen annehmen, wie wir sie von unseren irdischen Erfahrungen her kennen. Es soll sich, wie Jesus es seinen Jüngern gegenüber erklärte, »zum Königreich des Himmels auf Erden« entwickeln.
Denken Sie nur an all die Sterne und Planeten am Firmament! Wie kann es sein, dass all unsere empfindlichen Geräte, deren

Aufgabe es ist, das Universum zu erforschen, nirgendwo Leben entdecken? Es ist durchaus denkbar, dass es auf der Ebene, auf der wir suchen, tatsächlich kein Leben gibt, denn die materielle Existenzebene gehört zu einer zukünftigen Phase des Universums. Sie wartet noch auf ihre Zeit. Wir haben großes Glück, dass wir bereits auf der Erde inkarniert sind und schon das erfahren, was sich im Universum erst in der Zukunft Schritt für Schritt verwirklichen wird.

Man kann sich leicht vorstellen, dass der neue Weg mit seinen verborgenen und unvorhersehbaren Gefahren die gegensätzlichen Kräfte in Alarmbereitschaft versetzt und damit den »Streit im Himmel« auslöst. Im vorangegangenen Kapitel habe ich bereits den nächsten Abschnitt der Offenbarung interpretiert, in dem »Michael und seine Engel stritten wider den Drachen«. (Offenbarung 12,7) Wie Sie sich vielleicht erinnern, werden die dunklen Kräfte schließlich auf die Erde geworfen und erhalten die kosmische Genehmigung, unsere menschlichen Bemühungen, kosmisches Bewusstsein durch konkrete Handlungen auf die materielle Ebene zu übertragen, so streng wie sie wollen zu prüfen.

Wenn wir dem »Knäblein« in seiner Entwicklung über die während seiner Inkarnation in Palästina erfüllten Aufgaben hinaus folgen wollen, dann müssen wir uns erneut dem sphärischen Modell der Offenbarung zuwenden. Man könnte es mit der Aufteilung unseres Gehirns in zwei miteinander verbundene Hälften vergleichen. Die rechte Hemisphäre der Offenbarung (die Kapitel 12–22) entspricht der rechten beziehungsweise der intuitiven Hälfte des Gehirns. Auf dieser Seite lernt man das weibliche Prinzip der Göttlichkeit, den Weg der Göttin, kennen. Die linke Hemisphäre der Offenbarung (die Kapitel 12–1) gleicht der linken, rationalen Hälfte des Gehirns und gewährt Zugang zum Weg Gottes und zum männlichen Prinzip der Göttlichkeit. In Verbindung mit dem Thema, das gerade im Mittelpunkt steht, möchte ich mich zunächst dem zuletzt genannten Pfad widmen.

Rückwärts gehend führt uns dieser Weg vom zwölften zum vierten Kapitel, das die Überschrift »Vor dem Throne Gottes« trägt. Dort heißt es: »Und siehe, ein Thron war gesetzt im Himmel, und auf dem Thron saß einer; und der da saß, war anzusehen gleichwie der Stein Jaspis und Sarder; und ein Regenbogen war um den Thron, anzusehen gleichwie ein Smaragd. Und um den Thron waren 24 Throne, und auf den Thronen saßen 24 Älteste, mit weißen Kleidern angetan, und hatten auf ihren Häuptern goldene Kronen. Und von den Thronen gingen aus Blitze, Stimmen und Donner; und sieben Fackeln mit Feuer brannten vor dem Thron, welches sind die sieben Geister Gottes. Und vor dem Thron war es wie ein gläsernes Meer, gleich dem Kristall, und mitten am Thron und um den Thron vier himmlische Gestalten, voll Augen vorne und hinten.« (Offenbarung 4,2–6)
Hier wird ein Einblick in die Werkstatt des kosmischen Bewusstseins gewährt, die mit den für die Herbeiführung der universellen Schöpfung erforderlichen Werkzeugen ausgestattet ist. Im Mittelpunkt steht, symbolisiert durch den zentralen Thron, das sich seiner selbst bewusste Angesicht der Göttlichkeit. Doch diesmal nimmt es nicht die Form des bereits Gestorbenen an, sondern die eines reinen, formlosen Lichtkörpers. Die 24 Ältesten stehen für die so genannten »aufgefahrenen Meister«, Frauen und Männer, die in ihrer persönlichen Entwicklung die Erleuchtung bereits erlangt haben. Sie sind dazu fähig, sich auf die Impulse der göttlichen Essenz einzustimmen und ihre Aufgaben zu erfüllen, um die göttliche Botschaft zu verwirklichen.

Als Nächstes lernen wir die Werkzeuge kennen, mit denen die Impulse des kosmischen Bewusstseins in schöpferische Handlungen umgewandelt werden:

- Die kreativen Kräfte dargestellt als Blitze;
- Die sieben kosmischen Strahlen symbolisiert durch die sieben Fackeln;*
- Äther, die urzeitliche Substanz, durch die Schöpfung Form annimmt, vermittelt als gläsernes Meer;
- Die vier Elemente, die die vier Pfade bezeichnen, durch die der Lebensstrom fließt, symbolisiert durch die vier Gestalten: ein Löwe, ein Stier, eine, die »ein Antlitz hat wie ein Mensch«, und ein Adler.

Doch erst der Beginn des fünften Kapitels offenbart uns das interessanteste und bedeutendste göttliche Werkzeug: »Und ich sah in der rechten Hand des, der auf dem Thron saß, ein Buch, beschrieben inwendig und auswendig, versiegelt mit sieben Siegeln. Und ich sah einen starken Engel, der rief aus mit großer Stimme: Wer ist würdig, das Buch aufzutun und seine Siegel zu brechen?« (Offenbarung 5,1–2)
Das Buch, dessen Blätter beidseitig beschrieben sind, ist das versiegelte Buch zukünftiger Ereignisse. Für gewöhnlich betrachten wir es als eine Art Urblaupause, in der die Entwicklung des Universums aufgezeichnet ist. Im Verlauf des letzten Kapitels haben Sie die sorgfältige Öffnung der einzelnen Siegel miterlebt und so die göttliche Blaupause für das Entstehen des Erdkosmos kennen gelernt.

Diese Siegel hätten nicht aufgebrochen werden können, wenn Christus sich nicht vor zweitausend Jahren inkarniert und so

* Informationen über die sieben kosmischen Strahlen enthält das Buch *Die Strahlen und die Einweihungen* (Genf: Lucis, o. J.) von Alice A. Bailey.

seine kosmischen Kräfte mit den Kräften der Erde vereinigt hätte. Nach seinem rituellen Tod am Kreuz und seiner Wiederauferstehung blieb er weiterhin auf der Erde präsent. Er setzte seine Mission für die Erde fort, indem er sich mit dem Elementarbewusstsein der Erde vereinigte. Das ist der Grund, warum die Offenbarung ihn als Tier darstellt, als Lamm, das »erwürgt ist« und am Kreuz starb.

Das Lamm »hatte sieben Hörner und sieben Augen, das sind die sieben Geister Gottes, gesandt in alle Lande.« (Offenbarung 5, 6) Diese Formulierung teilt uns mit, dass das Bewusstsein Christi, das auf der ätherischen Ebene angesiedelt ist, während der vergangenen zweitausend Jahre, in denen die Menschheit sich mühte, die neue Rolle zu akzeptieren und zu verstehen, die er ihr offenbart hatte, nicht geruht hat. Das Bewusstsein Christi hat daran gearbeitet, die kosmischen Impulse, die er auf den Planeten gebracht hatte, mit dem Erdbewusstsein zu verbinden. Um es in der biblischen Symbolsprache auszudrücken: Die »sieben Geister Gottes«, die er mitgebracht hat, wurden in allen Ländern der Erde verteilt.

Immer, wenn die göttliche Gegenwart die Gestalt eines Tiers annimmt – in unserem Fall die eines Lamms –, dann steht sie für die Inkarnation des Göttlichen im Rahmen des irdischen Organismus. Seit mindestens viertausend Jahren rufen die Schamanen der unterschiedlichsten Kulturen und Epochen überall auf der Welt die Geister verschiedener Tiere an, wenn sie sich dem dem Erdkosmos innewohnenden Göttlichen nähern wollen. Um den Völkern der Erde Heilung und Wissen zu bringen, mussten Schamanen geistig in die Anderswelt reisen, um sich dort mit Tiergeistern zu beraten. Spätere Kulturen übertrugen dann Priestern und spirituellen Führern die Vermittlerrolle, um mit dem Göttlichen fortwährend in Berührung bleiben zu können. Und auch heute noch ist es die Aufgabe von Priestern unterschiedlichster religiöser Richtungen, den Zugang zur Gegenwart Christi zu erleichtern.

Im Gegensatz zu diesen an der Tradition orientierten Methoden der Kommunikation mit dem Göttlichen bietet die Offenbarung des Johannes einen revolutionären Blick auf den am gegenwärtigen Veränderungsprozess beteiligten männlichen Aspekt des Göttlichen. Der Prozess beginnt mit dem kleinen Jungen, der auf dem Schoß der universellen Mutter sitzt, wo er den immer neuen göttlichen Impuls darstellt, der die Entwicklung der kosmischen Schöpfung inspiriert. In der nächsten Phase der Transformation zeigt die Offenbarung die göttliche Gegenwart als Thron der Schöpfung, der für das kreative Wissen und die Macht des universellen Bewusstseins steht, aus dem heraus ständig Sterne, Planeten und Blumen geschaffen werden.

Das Lamm verkörpert die dritte göttliche Phase, in der Gott den Himmel greifbar macht, indem er in den multidimensionalen Raum des Erdkosmos hinabsteigt und mit seinen Kraftfeldern und seinem Bewusstsein verschmilzt. Dann bedarf es keiner besonderen Techniken oder Vermittler mehr, um mit dem Göttlichen in Verbindung zu treten. Die dritte Phase ermöglicht eine erstaunliche Koexistenz mit dem Göttlichen. Die Worte der Offenbarung bringen diese neue Beziehung, die durch die Veränderungen des Erdkosmos und des Menschen möglich wurden, zum Ausdruck: »Siehe da, die Hütten Gottes bei den Menschen! Und er wird bei ihnen wohnen, und sie werden sein Volk sein, und er selbst, Gott, wird mit ihnen sein; und Gott wird abwischen alle Tränen von ihren Augen ...« (Offenbarung 21, 3–4)

Hierbei handelt es sich nicht um das Versprechen einer weit entfernten glücklichen Zukunft, wie man vielfach meint. Der Text bezeugt vielmehr das mit logischem Denken nicht fassbare, widersprüchliche Wesen des göttlichen Bewusstseins: In jedem Partikel des Universums gegenwärtig und zugleich das Ganze enthaltend, umfasst es – unter Berücksichtigung der dritten göttlichen Phase – sowohl inkarnierten als auch reinen Geist in ein und demselben Augenblick der Ewigkeit.

Die zuletzt aus der Offenbarung zitierten Worte sind also weniger ein Versprechen für die Zukunft, sondern eine Aufforderung, auf der persönlichen und der gesellschaftlichen Ebene solche spirituellen Praktiken zu fördern, die es dem dritten göttlichen Aspekt ermöglichen, sich zu verwirklichen. Das nachfolgende Kapitel macht in dieser Hinsicht einige Vorschläge. Ich habe die in ihm vorgestellten Meditationen und Rituale in den Jahren 1998 bis 1999 entwickelt, als mir klar wurde, dass die Veränderung des Erdkosmos ein weitergehendes spirituelles Engagement der Menschen verlangt.

9. Meditationen und Rituale zur Unterstützung der persönlichen Veränderung und der Erdwandlungen

Ein paar Tage nachdem ich den schrecklichen Traum von dem in Paris zur Schau gestellten Christusschädel hatte, machte mir ein weiterer Traum klar, dass ich eine persönliche spirituelle Praxis, die sich in Übereinstimmung mit dem sich verändernden Erdkosmos befindet, intuitiv erarbeiten musste. In dem Traum sah ich mich überall auf der Welt von Vortrag zu Vortrag und von Workshop zu Workshop reisen, und immer hatte ich eine entsetzlich große Menge Gepäck bei mir. Oft bekam ich Schwierigkeiten mit seiner Beförderung, musste erst Menschen suchen, die mir beim Tragen der einzelnen Gepäckstücke halfen. Doch nach einiger Zeit stellte ich fest, dass es eine Art alternatives Gepäck gab, das mich auf jeder Reise begleitete. Anfangs glaubte ich, es handle sich um eine neue Vorrichtung irgendeiner Spedition, die deren Manager mir verkaufen wollten, und ignorierte es.

Eines Tages überwältigte mich jedoch meine Neugier, und als gerade niemand hinsah, unterzog ich das alternative Gepäck einer gründlichen Durchsuchung. Alles war auf einer kleinen, zweirädrigen, eisernen Sackkarre befestigt, wie sie Träger auf Bahnhöfen verwenden. Wenn ich beide Hände gebrauchte, konnte ich sie leicht bewegen. Vor allem überraschte es mich, dass ein so kleines Gepäckstück alles für eine lange Reise Notwendige enthalten konnte. Ich entnahm dem sorgfältig verschnürten Gepäckstück eine Jacke und zog sie an. Wieder war ich überrascht, diesmal von der hohen Qualität des Stoffes und dem modischen Schnitt. Dann öffnete ich eine hübsche kleine Schachtel und sah, dass sie verschiedene Arten der allerbesten Schokolade enthielt. Ich gestattete es mir jedoch nicht, ein Stück davon zu probieren, weil meine Mutter mir beigebracht hat, vor den Hauptmahlzeiten keine Schokolade zu essen.

Zunächst einmal machte der Traum mir klar, dass meine Psyche noch immer Barrieren pflegte, die die fantastische Freiheit spiritueller und religiöser Praxis blockierten, die sich uns durch den sich wandelnden Erdkosmos bietet. In der Vergangenheit waren wir sehr viel mehr auf Kräfte und Mittler von außen angewiesen, die uns auf den richtigen spirituellen Weg brachten. Mit »von außen« meine ich zum einen das kosmische Grundgerüst, also zum Beispiel die Vorfahren, aufgestiegene Meister und Engelwesen und die Gelegenheiten, bei denen Menschen mehr oder weniger blind ihrer Führung gehorchen. Und zum anderen das Grundgerüst der menschlichen Kultur wie etwa Priester und spirituelle Führer als Vermittler, die häufig nur ihre vorgefassten oder dogmatisch starren Glaubensmuster weitergeben, ohne dem Einzelnen die Freiheit der Wahl zu gewähren oder ihm eine seinem Herzen gemäße Entscheidung zu gestatten.

Der Traum legte mir nahe, mein spirituelles und religiöses »Gepäck« auf die Menge zu reduzieren, die mich jederzeit auf meinem persönlichen spirituellen Weg voranbringt. Natürlich könnte es sein, dass man für den nächsten Schritt auf seinem Weg irgendein anderes Hilfsmittel benötigt. Deshalb sollte man die Freiheit haben, inspirierende Hilfsmittel zu wählen, und außerdem nicht zögern, sich einer spezifischen spirituellen Praxis zu entledigen, wenn man nach sorgfältiger Prüfung feststellt, dass sie die weitere spirituelle Entwicklung behindert. Die durch den hervortretenden Erdwandlungsprozess geschaffenen Bedingungen verlangen eine dynamische, undogmatische und flexible spirituelle Praxis.

In den vergangenen zwei Jahren habe ich mich immer wieder

neu auf die bereits beschriebenen überraschenden Wendungen der Erdwandlungen eingestimmt. Ich habe mich bemüht, ihnen im Rahmen meiner eigenen spirituellen Praktiken und durch meine Gruppenarbeit zu folgen. Die Beispiele, die ich Ihnen hier vorstelle, werden Ihnen hoffentlich auf Ihrem spirituellen Weg von Nutzen sein können. Vielleicht inspirieren sie Sie aber auch zu eigenen Lösungen. Die im fünften Kapitel beschriebenen Übungen zur holografischen Verbindung eignen sich gleichfalls zur persönlichen und gemeinsamen Einstimmung auf die Erdwandlungen.

Meditationen für die Einzel- oder Gruppenarbeit

1. Mit dem inneren Kind sprechen

1. Um »rückwärts« zu den Quellen Ihres Seins zu gelangen, setzen Sie sich ruhig nieder und stellen sich vor, dass Sie ein kleines Kind sind, das Sie auf Ihrem Schoß halten.
2. Wenn Sie dies mit Zuversicht und offenem Herzen tun, dann werden sich jegliche Illusionen oder Projektionen sofort auflösen. Und wenn es Ihnen gelingt, in sich eine Haltung der Liebe und des Friedens zu finden, dann wird sie Sie geradewegs zur Quelle der Wahrheit führen.
3. Fühlen Sie sich frei, auf Ihr wahres Selbst zu hören. Gestatten Sie es Ihrer Seele, die Muster und Normen zu überwinden, die Kultur, Eltern und Erziehung im Laufe Ihrer Entwicklung auf Sie projiziert haben.

Ich greife immer dann auf diese Meditation zurück, wenn ich unsicher bin, ob ich Beziehung zu einer tatsächlich vorhandenen Realitätsebene aufnehme oder mich möglicherweise irgendeiner Illusion unterordne. In solchen Fällen beobachte ich die Reaktionen des Kindes auf meinem Schoß, die mir sichere Hinweise liefern. Das gleiche Verfahren wende ich an, wenn ich Schwierigkeiten mit der Wahrnehmung habe, etwa an einem Ort, dessen Bewusstsein unterdrückt wurde und folglich an alten, erstarrten Mustern festhält.

2. Der Kreis und die Mitte

Es ist entscheidend, diese Übung immer wieder zu machen, um sich auf eines der Grundprinzipien des erneuerten Erdkosmos einzustimmen: Gegensätze auf eine alle Logik transzendierende Weise miteinander zu verbinden. Dies verlangt die Einbeziehung synergetischer Kräfte. Die nachfolgende Meditation stellt eine einfache Methode dar, um an dieser Aufgabe zu arbeiten:

1. Kommen Sie zur Ruhe, und konzentrieren Sie sich auf das innerste Zentrum Ihres Herzens.
2. Während Sie weiterhin auf Ihr Zentrum konzentriert bleiben, weiten Sie Ihr Bewusstsein nach außen hin aus und umfassen mit ihm schließlich den gesamten Kosmos mit all seiner Unendlichkeit.
3. Halten Sie Ihre Konzentration eine Zeit lang auf den unendlichen Kreis des Universums und zugleich auf das Zentrum in Ihrem Herzen gerichtet.

3. Der dreifache Baum

Die nächste Übung beinhaltet die Vereinigung der irdischen und der kosmischen Dimensionen mit dem Ziel, eine neue Einheit hervorzubringen, die ich für gewöhnlich als den Erdkosmos bezeichne. Menschen könnten die Brücke sein, um diese Verknüpfung von Erde und Kosmos lebendig werden zu lassen. Eine der Meditationen, deren ich mich zu diesem Zweck bediene, heißt »Der dreifache Baum«.

1. Stellen Sie sich vor, dass Sie ein Baum sind, dessen Wurzeln sich tief in die Erde senken und der mit seinen Ästen

hoch in den Himmel hinaufreicht und die Sterne berührt. Die ewigen Lebenssäfte fließen durch Sie hindurch, und Sie ermöglichen somit den Austausch zwischen Himmel und Erde.

2. Dann stellen Sie sich vor, dass die Äste dieses Baumes in Wahrheit die Wurzeln sind und seine Wurzeln die Äste. Da Sie ein Seelenwesen sind, befindet sich Ihr tatsächlicher Ursprung im Himmel bei den Sternen, und Ihre geöffneten Blüten richten sich auf das Zentrum der Erde, das Sie sich als Herz von Mutter Erde vorstellen können.
3. Wenn Sie aus dem Zentrum der Erde eine Reaktion erreicht, dann verwandeln Sie sie in einen Lichtkörper des Lebensbaums, der durch Sie dem Himmel entgegenwächst.

Die drei Transformationen, die der Baum durchläuft, können auch als die drei Aspekte der Erdung des Menschen begriffen werden, die unsere energetische, emotionale und spirituelle Einheit mit dem Erdkosmos anzeigen.

4. Die Qualität des Erdbewusstseins erfahren

Bei dieser Meditation, die sich auch für eine geführte Gruppenmeditation eignet, erfährt man die einzelnen Elemente mit seinen Sinnen, um schließlich bei der Essenz anzulangen, die die vier Elemente miteinander verbindet und das Bewusstsein der Erde darstellt. Sie wurde mir als Inspiration eingegeben, nachdem ich die Erde gebeten hatte, mir zu zeigen, wie ich einer Schülergruppe dazu verhelfen könnte, den Erdkern zu erfahren.

1. Stellen Sie sich vor, dass Sie langsam eine aus wunderschönen alten Bäumen bestehende Allee entlanggehen. Nach einer Weile nehmen Sie eine Windböe wahr, die plötzlich

von der Seite kommt, Sie umspielt und dann verschwindet. (Die Gegenwart des Luftelements.)

2. Sie setzen Ihren Spaziergang durch die Allee fort und gelangen in einen Streifen milchigen Nebels, der sich zwischen den Baumreihen erstreckt. Sie spüren die winzigen Wassertropfen rings um Sie her. (Die Gegenwart des Wasserelements.)
3. Noch immer folgen Sie der Allee und lassen den Nebelstreifen schließlich hinter sich zurück. Nun nähern Sie sich einer Lichtung. Der bisher schattige Weg ist nun in helles Sonnenlicht getaucht. Sie betreten den von der Sonne erhellten Bereich und erfreuen sich an ihrer Wärme. (Die Gegenwart des Feuerelements.)
4. Nun erreichen Sie das Ende der Allee, wo unmittelbar vor Ihnen eine riesige Felswand aus dem Boden »wächst«. Doch erstaunlicherweise endet der Weg, den Sie gekommen sind, nicht am Fuß dieser Wand. Ein natürlicher Tunnel führt mitten hinein in den Fels. Sie betreten den Tunnel und folgen dem Weg weiter. Das Licht nimmt mehr und mehr ab, und schon bald finden Sie sich in vollkommener Dunkelheit wieder. Die Sie ringsum umgebenden Felsen strahlen Stärke aus. (Die Gegenwart des Erdelements.)
5. Bleiben Sie nicht im Tunnel, sondern verfolgen Sie bewusst Ihren Weg weiter durch die Dunkelheit, die zunehmend an Undurchdringlichkeit verliert und nach und nach von einem schwachen blauen Licht aus unbekannter Quelle am Ende des Tunnels überlagert wird. Nun erreichen Sie das Ende des Tunnels und betreten einen gewaltigen unterirdischen Raum, der von dem bläulichen Licht, das von den Wänden, der Decke und dem Boden ausgeht, schwach erhellt wird.
6. Verharren Sie einen Augenblick lang in diesem unterirdischen Raum, und versuchen Sie seine Qualität zu erspüren.

Es ist die Qualität des Erdzentrums, vor der sich Menschen meist ängstigen. Deshalb neigen sie dazu, sie zu ignorieren. Machen Sie sich dann das Zentrum Ihres Herzens bewusst, das sich im Einklang mit dem Herzen der Erde befindet. Nach einer Weile sollten Sie sich mit dem Herzen des Universums identifizieren und sich eins mit dem kosmischen Ganzen fühlen. Nun sind Sie nach Hause zurückgekehrt und können die Augen öffnen.

5. Die Rotkäppchen-Meditation

Die Märchen aus der Umgebung des Meißners in der Nähe von Kassel, die von den Brüdern Grimm niedergeschrieben wurden, sind ein Schatz tiefster Weisheit. In einem der vorangegangenen Kapitel habe ich bereits auf das Märchen »Dornröschen« Bezug genommen.* Als ich mich mit der Beziehung zwischen unserer Kultur und der Welt der Vorfahren beschäftigte, klopfte eine weitere berühmte Märchenfigur aus dem Repertoire der Gebrüder Grimm an die Tür zu meinem Bewusstsein: Rotkäppchen.

In diesem Märchen wird die Geschichte eines kleinen Mädchens namens Rotkäppchen erzählt, das durch den dunklen Wald geht, um seiner Großmutter einen Besuch abzustatten. Der tiefe Wald, in dessen Mitte die Großmutter lebt, symbolisiert das Jenseits, wo die Vorfahren wohnen und Weisheit und Wissen der Ewigkeit hüten. Das Mädchen, das seine Großmut-

* Zwei weitere Märchen aus der Sammlung der Gebrüder Grimm spielen in meinen anderen Büchern eine Rolle: Schneewittchen in *Wege der Erdheilung* (siehe Seite 146 bis 154) und Aschenputtel in *Erdsysteme und Christuskraft* (siehe Seite 244 bis 268). Allerdings beziehe ich mich auf die Wiedergabe der Märchen nach Walt Disney, die sich teilweise sehr vom Original unterscheidet.

ter mit einem Korb voller roter Erdbeeren besuchen will, steht für die alten Völker, die die Ritualwege zu Orten beschritten, an denen sie mit ihren Vorfahren in Verbindung treten konnten – Hoga in Schweden ist einer dieser Orte. Der Korb voller Erdbeeren stellt das rituelle Geschenk der Ritualteilnehmer dar.

Doch der Wolf, ein Symbol für die dunklen Kräfte, sah das Mädchen, lief zum Haus der Großmutter, verschlang sie, legte ihre Kleider an und setzte ihre Brille auf. Als der Wolf dann im Bett lag und Rotkäppchens Fragen beantwortete, tat er dies mit dem Ziel, Rotkäppchen gleichfalls zu verschlingen.

Das Märchen von Rotkäppchen ist als Warnung an uns gedacht. Es setzt uns davon in Kenntnis, dass der spirituelle Weg, den die Menschen früher wählten, um auf respektvolle Weise die Verbindung mit den Vorfahren aufzunehmen, inzwischen von destruktiven Kräften okkupiert ist und möglicherweise missbraucht wird. Es reicht bereits der Wunsch aus, die Weisheiten der Unterwelt kennen zu lernen, um von den Stimmen bestimmter astraler Dämonen* verführt zu werden.

Die hier vorgestellte Meditation stimmt mit der Botschaft des vierten Siegels überein. Ihr Ziel ist es, das negative Muster, das das Märchen dem Unbewussten heranwachsender Generationen aufprägt, umzukehren. Die Selbstheilungskräfte des sich wandelnden Erdkosmos ermöglichen heute die Kommunikation mit der Welt der Seelen und der Vorfahren nun auf einer neuen Ebene.

1. Schließen Sie Ihre Augen, und stellen Sie sich vor, ein kleines Mädchen zu sein, das durch einen wunderschönen Wald fröhlich zu seiner Großmutter läuft.

* In meinem Buch *Wege der Erdheilung* gehe ich näher auf astrale Dämonen ein (siehe Seite 272ff.).

2. Wenn Sie an der Lichtung ankommen, sehen Sie dort das kleine Haus Ihrer Großmutter. Sie öffnen die Tür, und wen sehen Sie dort bequem im Lehnstuhl sitzen? Ihre Großmutter! Sie umarmt Sie freudig, und gemeinsam sitzen Sie nun am Eingang des Hauses und blicken in vergangene und zukünftige Zeiten.
3. Nun öffnen Sie Ihr Herz und Ihren Geist und lassen sich bei der Erforschung des gerade anstehenden Themas von Ihrem Höheren Selbst führen. Fühlen Sie sich frei, jede Ihnen wichtige Frage zu stellen, und schenken Sie der Antwort Gehör.

6. Meditation zur Stärkung eines ausgewählten Ortes oder einer Landschaft

1. Zentrieren Sie sich in Ihrem Herzen, schließen Sie die Augen, und stellen Sie sich vor, dass Sie mitten auf dem Platz, in der Landschaft oder in dem Land stehen, dessen Lebensqualität oder Gesundheit Sie fördern wollen.
2. Dann heben Sie den Platz, die Landschaft oder das Land, in dessen oder deren Mitte Sie stehen, langsam auf die Höhe Ihres Herzen an.
3. Stellen Sie sich vor, dass Ihr Herz die Kraftquelle der verschiedenen Bereiche des Platzes, der Landschaft oder des Landes ist, auch wenn diese geografisch weit entfernt sind. Gehen Sie in Ihrer Vorstellung von einem Bereich zum anderen, und lassen Sie dem Platz, der Landschaft oder dem Land Ihre Liebe zuteil werden. Seien Sie sich dabei die ganze Zeit dessen bewusst, dass sich dieser Platz, diese Landschaft oder dieses Land im Zentrum Ihres Herzens befindet.

7. Licht und Dunkelheit verbinden

1. Zentrieren Sie sich in Ihrem Herzen, schließen Sie die Augen, und umgeben Sie sich in Ihrer Vorstellung mit herrlichem Sonnenlicht, wie es Sie an einem schönen Tag einhüllt.
2. Nehmen Sie all dieses Sonnenlicht in Ihren Körper auf, und stellen Sie sich nun vor, von dunkler Nacht umgeben zu sein, in der winzige, weit entfernte Sterne leuchten.
3. Vergegenwärtigen Sie sich beides: das helle, in Ihrem Herzen zentrierte Sonnenlicht und die Sie umgebende Dunkelheit.
4. Nach einer Weile lösen Sie sich von diesen Bildern und erforschen nun die Tiefen Ihres Herzens.

8. Erde und Kosmos verbinden

Ich erwähnte bereits, dass der Erdwandlungsprozess zwei besonders schwierige Phasen durchlaufen musste: die eine in der ersten Hälfte des Jahres 1999 und die andere zur Zeit des Jahreswechsels 1999/2000. Beide Male erkundigte sich meine Tochter Ana Pogačnik im Engelreich, wie sich Einzelpersonen und Gruppen bei dieser Transformation nützlich machen könnten. Daraufhin offenbarte ihr ihr Engelmeister die beiden nachfolgenden Meditationen. Sie sind auch weiterhin wirkungsvoll, um den Prozess der Erdwandlungen zu unterstützen.

1. Errichten Sie einen kristallweißen Kanal von Ihrem Herzen zum Mittelpunkt der Erde, und lassen Sie die Erdkräfte durch diesen Kanal in Ihren Körper fließen.
2. Errichten Sie einen ebensolchen Kanal zwischen Ihrem

Herzen und den kosmischen Reichen, und füllen Sie Ihren Körper mit kosmischen Energien.

3. Verbinden Sie beide Energieströme in Ihrem Herzen, indem Sie sie zu einem harmonischen Ganzen verflechten.
4. Gehen Sie in Ihr Herz, und errichten Sie Brücken, die Sie weltweit mit anderen Personen oder Gruppen verbinden, die sich gleichfalls hingebungsvoll für die Kräfte von Licht, Liebe und Frieden engagieren. (Sollten Sie diese Meditation in einer Gruppe machen, dann schaffen Sie zunächst auch ein Verbindungsnetzwerk zwischen den Herzen der einzelnen Gruppenmitglieder).
5. Nun stellen Sie sich vor, dass der Lichtstrom in Ihrem vertikalen Lichtkanal hell und in verschiedenen Farben leuchtet und von der Kraft Ihres Herzens verstärkt wird. Lassen Sie ihn rege aufwärts und abwärts fließen. Verbreitern Sie die Lichtsäule, bis ihr Durchmesser sich mit dem der Erde deckt.
6. Nun nehmen Sie den Planeten in Ihre Hände und legen ihn in Ihr Herz. Umhüllen Sie ihn mit verschiedenen Farben, und werden Sie eins mit ihm.
7. Dann kehren Sie Ihre Vorstellung um. Nun stehen Sie im Herzen der Erde, werden von ihrer Gegenwart und von ihren Farben umfangen. Vereinigen Sie sich mit dem Planeten.
8. Bleiben Sie noch einen Moment lang in Ihrem Herzen zentriert. Hüllen Sie die Erde in Ihrem Herzen in die Farbe Grün (die Farbe des Herzens), und erfüllen Sie sie mit der Kraft der vier Elemente. Seien Sie offen für die Gegenwart von Engeln oder anderer liebender Wesen.
9. Sie können zum Abschluss der Meditation harmonische Töne summen, die dafür sorgen, die konzentrierten Energien zu verteilen, oder einfach noch einen Augenblick als offener Kanal stehen bleiben.

9. Lichtachsenmeditation

1. Entspannen Sie sich, bis Sie inneren Frieden und innere Offenheit erreichen. Stellen Sie eine Verbindung zum regenbogenfarbenen Netz der Personen oder der Gruppen her, die sich gemeinsam mit Ihnen für das Wachstum von Licht, Liebe und Frieden engagieren.
2. Stellen Sie sich die Lichtachse vor, die in Ihrem Inneren vibriert und Sie mit den kosmischen Reichen und dem Zentrum der Erde verbindet. Spüren Sie die Gegenwart Ihrer Lichtachse.
3. Machen Sie sich Ihr persönliches Kraftfeld bewusst, und spüren Sie seine Offenheit. Dann führen Sie sich das Kraftfeld der Erde zu Bewusstsein und stellen sich vor, dass beide zusammenströmen, wobei das eine in das andere übergeht. Halten Sie einen Moment lang an dem Gefühl ihrer Einheit fest.
4. Spüren Sie auf der Basis dieses gemeinsamen Kraftfelds Ihren physischen Körper als Bestandteil der Erde. Werden Sie zur Erde, und erfüllen Sie dieses vereinte Ganze mit Licht und dem vollständigen Farbenspektrum.
5. Nun erinnern Sie sich daran, dass Sie ein Kanal sind, eine Lichtsäule oder eine Achse, die tief in das Zentrum der Erde hineinreicht, wo die Lichtsäulen aller Menschen verankert sind. Im Erdmittelpunkt zentriert machen Sie sich nun das einem Stern gleichende Muster bewusst, durch das alle Menschen auf der Erde miteinander verbunden sind.
6. Dringen Sie mit der Kraft Ihres Herzen und mit Ihrem Licht in das Zentrum der Erde ein, bis Sie zu dem Punkt vorstoßen, an dem wir alle miteinander vereint sind, und sorgen Sie dafür, dass dieser Punkt zu einem glänzenden Stern wird.

7. Den Abschluss kann ein harmonisches Singen zur Unterstützung des Sterns bilden, der alle Menschen mit dem Mittelpunkt der Erde verbindet und in wachsendem Maße sein Licht ins Universum aussendet.

Rituale für die Gruppenarbeit

Ich liebe die Arbeit in einer Gruppe wegen ihrer synergetischen Kraftentfaltung und wegen der tiefen Verbindungen, die sie zwischen den einzelnen Beteiligten herstellt. In der Praxis gibt es zwei Formen von Gruppenarbeit. In der ersten kommen die Menschen tatsächlich in einer Gruppe zusammen. In der zweiten sind sie zwar räumlich voneinander getrennt, jedoch telepathisch als Gruppe auf einen gemeinsamen Zeitrahmen und ein gemeinsames Ziel eingestimmt. Zunächst möchte ich die geomantische Arbeit, die ich mit Gruppen für die Unterstützung der Erdwandlungen mache, in einigen Beispielen vorstellen.

1. Eine Gruppe begründen

Um sicherzugehen, dass die Arbeit einer Gruppe mit den neuen Kräften und Qualitäten der Erde übereinstimmt, beginne ich meine Ritualarbeit immer mit den persönlichen Erdungs- und Schutzübungen, die ich bereits im dritten Kapitel vorgestellt habe, und ergänze sie um einige Übungen zur holografischen Berührung, die im fünften Kapitel beschrieben werden. Dann bilde ich mit der Gruppe einen Kreis, wobei die einzelnen Gruppenmitglieder eng beieinander stehen, und wir begründen die Gruppe. Die Methode, die wir anwenden, um uns miteinander zu verbinden, hat ihren Ursprung in der holografischen Gebärde, die ich von der minoischen Kultur Kretas gelernt habe.

1. Stehen Sie in einem Kreis dicht beieinander, und achten Sie darauf, dass Männer und Frauen in diesem Kreis gleich-

mäßig verteilt sind. Jedes Gruppenmitglied legt seine linke Hand gerade oberhalb des Pos auf den Rücken des zur Linken stehenden Nachbarn beziehungsweise der zur Linken stehenden Nachbarin. Die rechte Hand wird auf die rechte Schulter der Person zur Rechten platziert. Auf diese Weise kann sich eine rhythmische Yin-Yang-Verbindung (Schatten-Licht-Verbindung) auf der energetischen Ebene bilden.
2. Wenn alle Gruppenmitglieder die richtige Position gefunden haben, sollen sie sich gegen den Uhrzeigersinn liebevoll von Herz zu Herz miteinander verbinden. Damit stellen sie eine Verknüpfung auf der emotionalen Ebene her.
3. Schließlich sollten sich alle vorstellen, dass sie in einer Kugel aus kristallweißem Licht stehen, die das Gruppenholon darstellt. Nun ist die Vereinigung auch auf der spirituellen Ebene vollzogen.

2. Einen Platz oder eine Landschaft auf die neuen Kräfte und Qualitäten einstimmen

Es gibt Plätze und Landschaften, die mit ihren kulturellen Funktionen so überladen sind, dass sie mit dem natürlichen Verlauf der Erdwandlungen nicht Schritt halten können. Sie sind in den verschiedenen Mustern und Bindungen gefangen, die die Menschen auf sie projiziert haben. Unser Ziel sollte es sein, diese Plätze und Landschaften von solchen Bindungen zu befreien und ihnen damit die Gelegenheit zu geben, sich in den Fluss der Erdwandlungen einzubringen. Da es Menschen sind, die die Schwierigkeiten solcher Plätze und Landschaften verursachen, sollten Menschen auch dabei helfen, sie wieder zu beseitigen.
Während unseres Workshops in Findhorn im Juni 1999 bat

ich meine Tochter Ajra Miška, eine Verbindung mit ihrem Engelmeister herzustellen und ihn um Vorschläge zu dem Thema zu bitten, wie eine Gruppe einen Platz oder eine Landschaft darin unterstützen kann, sich auf den ablaufenden Erdwandlungsprozess einzustimmen. In der nachfolgenden Übung habe ich die einzelnen Vorschläge des Engelmeisters zu einem Ritual verbunden. Seien Sie kreativ, und verändern Sie es gegebenenfalls gemäß Ihrer eigenen Inspiration.

1. Beginnen Sie, indem Sie sich selbst erden und Verbindung zur Erde aufnehmen. Dann stellen Sie die Gruppenbindung her, wie ich sie oben beschrieben habe.
2. Bilden Sie einen Kreis, halten Sie sich an den Händen, und beginnen Sie das Ritual, indem Sie den Platz auf die Qualitäten der vier Elemente einstimmen. Es ist die Aufgabe der Gruppenleitung, ein Element nach dem anderen in den Kreis zu rufen:
   - Fühlen Sie den Wind und wirbelnde Böen in Ihrem Kreis (Luftelement);
   - Sehen Sie Flammen in Ihrem Kreis tanzen (Feuerelement);
   - Stellen Sie sich vor, dass sich der Boden in Ihrer Mitte zu einem Erdhügel erhebt (Erdelement);
   - Stellen Sie sich vor, dass Ihr Kreis eine Schüssel ist, die mit Wasser gefüllt wird (Wasserelement).
3. Lassen Sie das Wasser fortfließen, um damit Ihre Umgebung zu segnen. Nun nennt der/die Gruppenleiter/in das Ziel der gemeinsamen Arbeit. Er/sie beschreibt knapp die spirituelle oder geomantische Identität des Platzes, mit dem die Gruppe arbeiten will. Er/sie lädt die Wesenheiten der vier Elemente und auch die Engel ein, um bei der Arbeit mitzuhelfen.
4. Nun wird ein Ritual vollzogen, das die Identität des Platzes

beschwört. Dies kann auf verschiedenerlei Weise erfolgen. Hier einige Vorschläge:

- Alle Gruppenmitglieder stehen in einem Kreis beisammen und visualisieren, dass das Kosmogramm des Platzes oder der Landschaft aus dem Boden in der Mitte ihres Kreises aufsteigt und eine Zeit lang über der Erde schwebt;
- Die Gruppenmitglieder gehen in das Innere des Kreises und stampfen mit den Füßen, bis sich ein rhythmisches Muster ergibt. Sie nehmen sich genug Zeit, damit das richtige Muster entstehen kann, sobald es manifestiert ist, löst sich der Kreis auf;
- Entwickeln Sie einen Tanz, der mit dem Platz beziehungsweise der Landschaft übereinstimmt.

5. Bilden Sie neuerlich einen Kreis, und stehen Sie eine Zeit lang still da und geben dem Platz damit die Gelegenheit, sich zu beruhigen und neu zu ordnen. So verhindern Sie, dass durch Ihr Ritual Verwirrung entsteht.
6. Beenden Sie das Ritual, indem Sie sich bei den beteiligten Naturwesen für ihre Unterstützung bedanken.

3. Die Elementarwesen auf die neuen Kräfte und Qualitäten einstimmen

Auch die Zentren der Elementarwesen können in merkwürdigen Mustern gefangen sein. Nachdem man herausgefunden hat, welche besonderen Schwierigkeiten ihnen zu schaffen machen, hilft ihnen das nachfolgende Ritual möglicherweise weiter.

1. Der Ritualbeginn kann sich an den beiden ersten Schritten des vorangehenden Rituals orientieren. Sollte dies nicht

wünschenswert sein, dann kann sich die Gruppe unter Zuhilfenahme der nachfolgenden Anleitung körperlich auf die vier Elemente einstimmen:

- Luftelement: Die Gruppe konzentriert sich eine Zeit lang auf gemeinsames bewusstes Atmen;
- Feuerelement: Die Mitglieder stimmen sich auf das Pulsieren ihres Blutes in ihren Venen ein;
- Erdelement: Die Gruppenmitglieder stimmen sich auf die Festigkeit ihres Körpers ein;
- Wasserelement: Sie lauschen auf den Kreislauf der Lebenskraft in ihren Körpern.

2. Der/die Gruppenleiter/in begrüßt die Elementarwesen des Platzes, erklärt ihnen mit ein paar Worten das Ziel der Arbeit und lädt sie ein, den Ritualkreis als Tor in unsere Welt zu nutzen.
3. Mit unsichtbaren Fäden, die die verschiedenen Farben des Regenbogens haben, weben die Gruppenmitglieder im Geiste eine Membran, die sich zwischen den Herzen durch den Raum spannt. Während des Webprozesses fordern sie die betreffenden Elementarwesen oder das Bewusstsein des Ortes wiederum im Geiste dazu auf, die Membran zu passieren, um sich auf die neuen Kräfte und Qualitäten einzustimmen.
4. Die Gruppenmitglieder verankern die Membran noch eine Weile länger in ihren Herzen und singen dazu harmonische Töne, um dem elementaren Bewusstsein bei der Passage durch die Membran aus Regenbogenfäden zu helfen. Während des gesamten Vorgangs halten sie ihre Liebe auf die Elementarwesen gerichtet.
5. Das Ritual wird mit einer Danksagung beendet.

4. Die Weihe eines geheiligten Platzes erneuern

Im Laufe der Jahrhunderte wurden zahlreiche heilige Plätze zerstört beziehungsweise durch falschen Gebrauch entweiht oder sind einfach in Vergessenheit geraten. Während ihres Wandlungsprozesses benötigt die Erde diese Plätze, um mit ihren Transformationen voranzukommen. Die Plätze müssen ihr neuerlich »übereignet« werden, damit diese neue Aufgaben im Rahmen des dazugehörigen Landschaftstempels übernehmen können. Das folgende Ritual zelebrierten Ajra und ich erstmals im Rahmen des Findhorn-Workshops in Blackhills bei Elgin in Schottland.

1. Die Gruppe findet sich in einem Kreis zusammen, wie es oben bereits beschrieben wurde.
2. Die Gruppenmitglieder machen sich ihre Vermittlerrolle zwischen Erde und Kosmos bewusst.
3. Der/die Gruppenleiter/in bittet laut darum, den Platz neu weihen zu dürfen, und nennt die Aufgabe und Qualität, die der Platz anstrebt.
4. Die Gruppe visualisiert eine Lichtsäule, die die Kreismitte mit den kosmischen Höhen verbindet.
5. Der Teilnehmerkreis sollte begreifen, dass er selbst den äußeren Rand der Lichtsäule darstellt und als Medium für die Segnung dient, die durch die Lichtsäule auf den Platz niedergeht und ihn einer neuen Aufgabe weiht. Die Gruppe visualisiert sich als Lichtkorona, die ihre Umgebung erhellt.
6. Während alle auf die beschriebene Weise dastehen, stimmt der/die Gruppenleiter/in harmonische Töne an. Zunächst schließt sich die Person zur Linken an, dann nacheinander im Uhrzeigersinn alle anderen, bis ein harmonischer gemeinsamer Gesang entsteht.

7. Nachdem der Gesang beendet ist und Stille herrscht, geben alle die Hände ihrer Nachbarn oder Nachbarinnen frei und lassen zum Zeichen, dass der Kreis aufgelöst ist, die Arme zur Seite fallen. Im Anschluss bewegen sie ihre Hüften in Form einer Acht – dem Zeichen für Unendlichkeit –, um den Segen der Engel auf den Platz herabzurufen.

5. Dem Tierreich Trost spenden

Als ich im August 1999 einen Workshop für das Wassermann-Zentrum bei Stuttgart vorbereitete, kam ich unerwartet mit der Deva des nahe gelegenen Waldes ins Gespräch. Sie drängte dazu, etwas für die Tiere zu tun, die, wie wir wissen, von der gegenwärtigen Zivilisation sehr schlecht behandelt werden.* Sie gab mir die folgenden Anweisungen:

1. Wählen Sie einen Platz aus, an dem sich Tiere versammeln, oder eine Stelle, die sie regelmäßig aufsuchen, um zu trinken.
2. Die Mitglieder der Gruppe suchen sich in dieser Umgebung ihren individuellen Platz, schließen die Augen und stimmen sich auf den Ort und das Tierreich ein.
3. Dann legen sie ihre Hände so im Schoß zusammen, dass sie eine Art Sitz bilden, und laden dann – jeder still im Geiste – ein Tier ein, auf diesen Sitz zu springen. Geben Sie gut Acht, welches Tier zu Ihnen kommt, damit Sie den anderen nach Abschluss des Rituals davon berichten können.
4. Während jedes Gruppenmitglied sein Tier im Schoß hält, stimmen alle gemeinsam einen Gesang an, um damit einen

* Das siebte Kapitel meines Buches *Elementarwesen* ist der Rolle der Tiere gewidmet und behandelt dieses Thema näher.

Kanal zu schaffen, der einen Fluss universeller Liebe in das Tierreich lenkt.

5. Nach Beendigung des Singens öffnen alle Gruppenmitglieder ihre Arme weit, damit die Tiere zurück in den Äther springen können.

Telepathische Gruppenarbeit zur Revitalisierung von Plätzen, Landschaften und Ländern

Wenn eine Gruppe an der Wiederbelebung eines sehr großen Platzes, einer Landschaft oder eines Landes arbeiten möchte, ist es möglich, diese in Bereiche zu zerlegen, die von Teilgruppen betreut werden. Alle Teilgruppen vollziehen an dem ihnen zugewiesenen Ort ein und dasselbe Ritual. Die einzelnen Orte und der genaue Zeitpunkt des Rituals müssen allen Mitgliedern der Gesamtgruppe bekannt sein.

Diese aufregende Art von telepathischer Gruppenarbeit habe ich von meiner Kollegin Johanna Markl gelernt, als wir zusammen mit Stefan Brönnle in Deutschland einen Ausbildungskurs in Geomantie und Erdheilung leiteten. Aus ihren Angaben habe ich das folgende telepathische Gruppenritual entwickelt.

1. Das Ziel der Arbeit muss der Gesamtgruppe vorgestellt werden, und sie muss über die einzelnen Orte, an denen die Teilgruppen zum gleichen Zeitpunkt arbeiten werden, im Bilde sein. Ein gemeinsamer Zeitplan sorgt dafür, dass alle Ritualschritte an den einzelnen Orten auch wirklich zum gleichen Zeitpunkt ablaufen. Und natürlich muss ein gemeinsamer Termin für den Beginn des Rituals festgelegt werden.
2. Das Ritual beginnt mit einer Gruppeneinstimmung. Danach trennt sich die Gesamtgruppe, und die Teilgruppen suchen die einzelnen ihnen zugewiesenen Orte auf.
3. Wenn die Teilgruppen ihre Bestimmungsorte erreicht haben und der Zeitpunkt des Rituals näher rückt, beginnen die einzelnen Gruppenmitglieder mit einer persönlichen

Einstimmung – beispielsweise unter Zuhilfenahme einer Übung zur holografischen Berührung – zunächst auf das Ritual und dann auf den Ort selbst. Kurz vor dem eigentlichen Ritualbeginn bildet jede Teilgruppe einen Kreis und stimmt sich gemeinsam auf das Ritual ein.

4. Zum vereinbarten Zeitpunkt bilden die Teilgruppen Lichtbrücken, die sie mit den übrigen Teilgruppen verknüpfen, so dass eine telepathische Verbindung der Gesamtgruppe entsteht. Dabei halten sie sich an den vereinbarten Zeitplan. Um die Gruppenvisualisierung zu koordinieren, sollte jede/r Teilgruppenleiter/in nacheinander die Namen der ausgewählten Orte ausrufen. Die Mitglieder der einzelnen Gruppen visualisieren dann jeweils eine Lichtbrücke, die sich tief in den Boden in ihrer Mitte versenkt und bis hin zu dem Ort, der gerade genannt wurde, erstreckt. Durch diese Lichtbrücke fließt Energie unterirdisch bis zum genannten Ort und dann auch oberirdisch zurück. Diese Verbindungen sollten jeweils eine Zeit lang aufrechterhalten werden.
5. Nachdem Verbindungen zu allen einzelnen Orten hergestellt wurden, können die Teilgruppen mit dem Ritual beginnen, auf das sie sich zuvor geeinigt haben. Dabei kann es sich um einen Tanz, einen Gesang oder um eine Reihe von holografischen Übungen handeln.
6. Die Gruppen beenden die Ritualarbeit, indem sie einen harmonischen Gesang anstimmen.
7. Im Anschluss sollte sich jedes Gruppenmitglied genug Zeit nehmen, um der jeweiligen Landschaft genau zuzuhören und festzustellen, welche Prozesse das Ritual in Bewegung gesetzt oder welche Bilder es erzeugt hat. Die Erfahrung jedes Einzelnen sollte dann später vor der Gesamtgruppe vorgetragen werden.

Eine große telepathische Gruppenarbeit dieser Art wurde am Vorabend der Sonnenfinsternis vom 11. August 1999 abgehalten. An diesem Tag vollzogen 85 Gruppen, die überall in Europa und Brasilien verteilt waren, gleichzeitig ein Ritual, mit dem der Landschaftstempel Europa neu geweiht und in das größere Ganze des atlantischen Landschaftstempels integriert wurde. Die Gruppen waren nicht nach dem Zufallsprinzip verteilt, sondern versammelten sich an Orten, an denen ich bereits in den sieben vorangegangenen Jahren gemeinsam mit der ortsansässigen Bevölkerung Reinigungs- und Heilungsarbeit geleistet hatte.

Inspirationen für diese umfassende Gruppenarbeit am Landschaftstempel Europa (auf ihn gehe ich im letzten Kapitel dieses Buches genauer ein) hatten sich bereits seit Februar 1999 bei mir eingestellt, als Ana und ich zusammen Heilarbeit in Kreta leisteten. Wir hatten gelernt, Kreta sozusagen als Wurzelchakra Europas zu empfinden, wo die gesamte kulturelle Entwicklung des Kontinents bewahrt wird.

Der nächste Punkt auf der Suche nach einer Achse, um die der Lichtkörper Europas sich anordnet, ergab sich aus den tragischen Ereignissen, die damals auf dem Gebiet des früheren Jugoslawien zu beobachten waren. Die dringende Notwendigkeit, den Balkan, den verleugneten »Bauch« Europas, in das Gesamtbild des Kontinents zu integrieren, wurde neuerlich sichtbar, als der Kosovo-Krieg im Frühjahr 1999 internationalisiert wurde und die Bombardierung Serbiens durch die NATO begann.

Wenn also Kreta das Wurzelchakra oder die Kundalini Europas ist und man dem »Rückgrat« des Kontinents in nordwestlicher Richtung folgt, dann verkörpert der Balkan eine Art Sexualchakra. In der Jungsteinzeit entwickelte sich in diesem

Raum die Basis der europäischen Kultur, die den gesamten Kontinent beeinflusste. Es handelte sich um eine lebendige, kreative matrilineare Kultur.

Das südlich und nördlich der Alpen gelegene Zentraleuropa übernimmt die Funktion des Solarplexuschakras. Im Zentrum dieses Chakras befindet sich der Chiemsee, das vitalenergetische Zentrum Europas. Folgt man der Achse weiter in nordwestlicher Richtung, dann stößt man in der Region zwischen

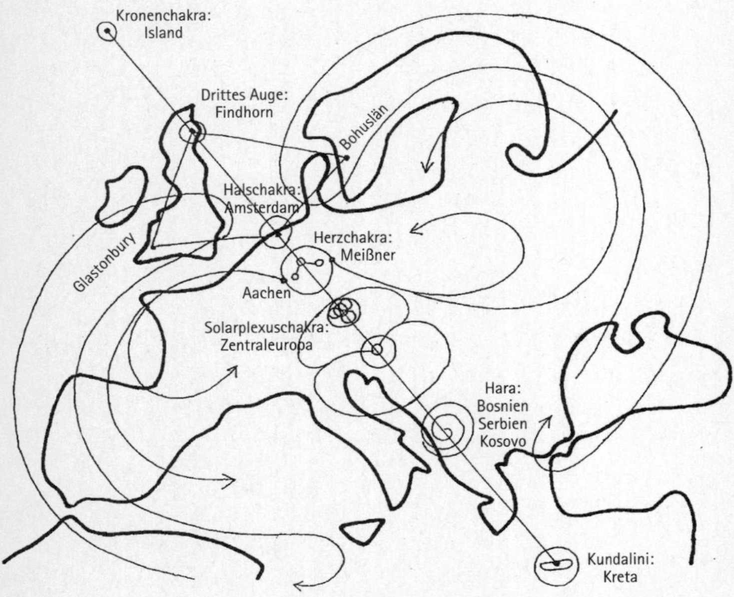

Der Landschaftstempel Europa nach der neuerlichen Integration und Weihe, welche die Gruppe am Vorabend der Sonnenfinsternis vom 11. August 1999 vornahm.

Aachen und Kassel (Hoher Meißner im Hessischen Bergland) auf das Herzzentrum. Der Landschaftstempel, der sich zwischen Amsterdam, Glastonbury, Findhorn und Bohuslän in Schweden erstreckt, vereinigt in sich – wenn man ihn mit dem Lichtkörper des Menschen vergleicht – die Funktionen des Halschakras und des dritten Auges. Island im Nordatlantik stellt das Kronenchakra dar.

Wenn Sie sich meine Zeichnung vom Landschaftstempel Europa ansehen, dann werden Sie feststellen, dass sich links und rechts der »Wirbelsäule« noch weitere Landschaftstempel befinden, die den Lichtkörper Europas ergänzen. Meine Wahrnehmungen lassen darauf schließen, dass der Lichtkörper des Kontinents nicht flach, sondern sphärisch ist und aus verschiedenen Schichten besteht, die um die zentrale Achse »rotieren«.

Revitalisierung des atlantischen Landschaftstempels

Basierend auf meinen mehrjährigen Erfahrungen mit Erdheilungen in Brasilien und Mexiko, konnte ich mein Konzept sogar noch über Europa hinaus erweitern. Als ich mich auf die Arbeit für den 10. August vorbereitete, erkannte ich, dass der Landschaftstempel Europa nur ein Teil eines noch umfassenderen, sich über den gesamten Nordatlantik erstreckenden Lichtkörpers ist.

Der atlantische Landschaftstempel setzt sich aus zwei Dreiecken zusammen. Die eine Seite des nördlichen Dreiecks verbindet die »Wirbelsäule« Europas mit der Ostküste der Vereinigten Staaten. Das südliche Dreieck schließt Afrika mit Südamerika zusammen. Zwischen den beiden Dreiecken herrscht eine Polarität, die jener zwischen Europa und dem Balkan ähnelt. Das nördliche Dreieck ist verstandes- und fort-

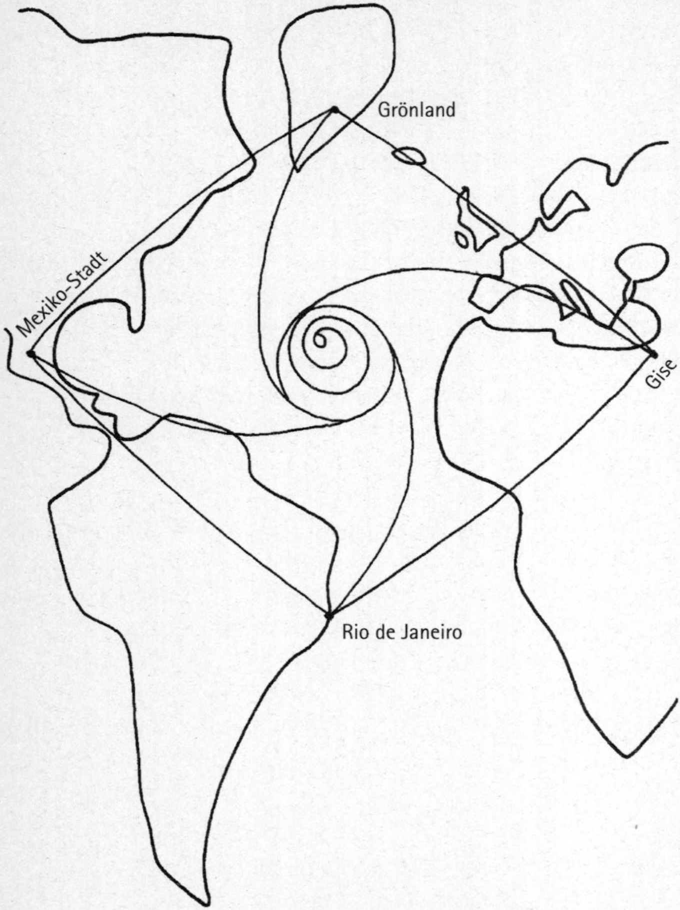

Der atlantische Landschaftstempel, der den Landschaftstempel Europa beinhaltet.

schrittsorientiert, das südliche hingegen ist von Lebenskraft und emotionaler Intensität erfüllt.

Dieser Unterschied zwischen den beiden Dreiecken des atlantischen Landschaftstempels, der sich auf den wirtschaftlichen, politischen und kulturellen Ebenen manifestiert, verstellt den Blick auf ein unglaubliches synergetisches Potenzial, das jedoch erst noch richtig verstanden und ins Gleichgewicht gebracht werden muss.

Das Ziel der gemeinsamen Ritualarbeit am Vorabend der Sonnenfinsternis vom 11. August war es vornehmlich, die abgesplitterten Teile der europäischen Landschaftstempel zu stabilisieren und wieder in das Gesamtbild des atlantischen Landschaftstempels einzugliedern. Eine solche Ritualarbeit ist auch zukünftig erforderlich, um die bewussten Bemühungen von Gruppen und Einzelpersonen überall auf der Welt um die Mithilfe beim Erdwandlungsprozess zu fördern und zu unterstützen.

Während ich dieses Buch schreibe, machen Gruppen in Europa die ersten Schritte, um ein internationales geomantisches und transformatives Netzwerk zu begründen. Damit sollte die Fortsetzung dieser wichtigen Arbeit gewährleistet sein.

10. Die Kunst des Lebens – der Weg der Göttin

Meine Ausführungen über den gegenwärtigen Erdwandlungszyklus und die mit ihm verbundene Transformation des Menschen kommen nun zum Abschluss. Ich habe mich zunächst mit dem veränderten Rhythmus der Erdstrahlung und dann mit der Abfolge der sieben apokalyptischen Siegel beschäftigt, um deutlich zu machen, dass der Prozess der Erdwandlung auf vielen unterschiedlichen Ebenen gleichzeitig abläuft. Im achten Kapitel habe ich die heiligen Dimensionen des Lebens beschrieben sowie die Möglichkeit, dass sie sich gemeinsam mit der Erde wandeln könnten.

Alle Dimensionen des Lebens sind auf ihre eigene Weise heilig, doch empfinden wir vor allem eine von ihnen als besonders geheiligt, weil sie mehr als alle anderen Göttlichkeit verkörpert und sich auf den spirituellen Hintergrund sowohl des Kosmos als auch der Natur und der Landschaft bezieht. Traditionell bezeichnen wir sie als die spirituelle Dimension oder bringen sie mit bestimmten religiösen Praktiken in Beziehung. Doch kommt es nur allzu oft vor – sowohl in traditionellen Religionen wie auch in modernen spirituellen Bewegungen –, dass religiöse Glaubenssysteme oder spirituelle Praktiken den natürlichen Fluss des Lebens kontrollieren und steuern wollen.

Die Tendenz, einen Aspekt aus dem Ganzen herauszulösen und ihm eine Sonderstellung einzuräumen, steht im Gegensatz zu dem Verbundensein, das wir als eine der Grundeigenschaften des entstehenden Erdkosmos erkannt haben. Dieses Verbundensein ist der rote Faden, der mir klar gemacht hat, worum es bei dem Transformationsprozess der Erde überhaupt geht. Ich hoffe, ich habe dies im Verlauf des Buches deutlich genug zum Ausdruck gebracht. Wir müssen uns nicht nur entschieden gegen jede Vorstellung wehren, dass irgendeine Manifestation des Lebens, selbst die Furcht einflößendste, aus dem Gesamtbild ausgeschlossen wird, sondern auch gegen den Versuch, irgendeine religiöse oder spirituelle Schicht über die Gesamtheit des Lebens zu erheben.

Um die Vorstellung von einer Göttlichkeit, die vollständig im Gesamtbild des Lebens integriert ist, fassbarer zu machen, will ich einen Traum erzählen, den ich am 20. Januar 1999 empfing. Er begann mit der Information, dass man mitten in Belgrad, einer Stadt, die heutzutage mit Diktatur und den Grausamkeiten des Balkankriegs assoziiert wird, ein äußerst interessantes und vollkommen intaktes Heiligtum gefunden hatte. ich fragte mich, wie es möglich war, dass niemand bisher das Heiligtum bemerkt hatte. Ich machte mich sofort auf den Weg, um es aufzusuchen. Als ich dort eintraf, versetzte mich das mehrstöckige Gebäude in Erstaunen. Das Äußere des Heiligtums hatte die Form einer Pyramide, und jedes seiner Stockwerke war in einem anderen Stil gestaltet. Merkwürdigerweise passte es ausgezeichnet zu den schlichten Fassaden der umstehenden Gebäude.

Doch als ich in meinem Traum das Heiligtum betrat, fand ich mich in der Küche einer Familie wieder, in der überall kleine Kinder waren und in der das für Küchen typische vollkommen normale Alltagsleben stattfand. Überrascht stellte ich fest, dass der Herd, auf dem die Familie kochte, zugleich auch der Altar des Heiligtums war. Doch nach einer Weile bemerke ich, dass der Raum zwar einen äußerst gewöhnlichen Anblick bot, man aber dennoch zwei Barrieren aus feinstem weißen Marmor passieren musste, um sich dem Altar beziehungsweise Herd zu nähern.

Die erste Barriere war so niedrig, dass man unter ihr hindurchkriechen und dabei den Boden mit dem ganzen Körper berühren musste. Die zweite war höher, so dass der Besucher darüber hinwegspringen musste. Erstaunt war ich, als ich feststellte, dass die Mitglieder der Familie einfach durch die Barrieren hindurchgingen, so als seien sie nicht aus Marmor, sondern aus reinem Geist. Sie mussten sich weder auf die Knie begeben noch springen.

All dies versetzte mich in so große Erregung, dass ich zum Haus eines Freundes lief, um ihm von meiner außergewöhnlichen Entdeckung zu berichten. Mein Verstand entwickelte eine ganze Geschichte zu der Vorstellung, dass der heilige Ort in Verbindung mit einer in der Nähe liegenden, wichtigen historischen Stätte stand.

Doch als ich mit meinem Freund im Schlepptau den Ort erreichte, wo sich zuvor das Heiligtum befunden hatte, konnte ich weder seine beeindruckende Fassade noch seine Eingangstür finden. Ich lief suchend umher und stieß schließlich auf eine Person, die mir versprach, mich zu dem Heiligtum zu führen. Während ich der Person folgte, verfestigte sich in mir der Eindruck, dass sie mich in die Irre führte. Dennoch blieb ich ihr auf den Fersen, da sie meine einzige Hoffnung war, das Heiligtum jemals wieder zu sehen. Doch als ich einen Moment lang abgelenkt war, verschwand der Fremde hinter einer Tür. In der Gegend, in der ich mich nun befand, gab es zahlreiche Türen, und ich öffnete eine, in der Hoffnung, den Mann wieder zu finden, doch es war die falsche Tür. Ich hatte mich verirrt.

Als ich über den Traum nachdachte, wurde mir als Erstes klar, dass seine Botschaft sich auf die Illusionen bezog, die ich mir über die heiligen Dimensionen des Lebens machte. Ich erwar-

tete, dass sich die neu entstehende Heiligkeit der Erde in besonderen, hoch interessanten Formen manifestieren würde, wie wir sie noch nie zuvor gesehen hatten. Die Erwartung, neue religiöse und spirituelle Muster zu entdecken, führte mich in die Irre und war verantwortlich dafür, dass ich den Kontakt zu der wahrhaft heiligen Qualität des sich manifestierenden Erdkosmos verlor.
Außerdem zeigte mir der Traum ein überraschendes Bild von einer heiligen und spirituellen Dimension, die aus dem Stoff normalen, alltäglichen Lebens gemacht war. Und doch unterschied es sich klar von der chaotischen und zerstreuten Lebensweise, wie wir sie heute kennen. Der Unterschied besteht in den beiden Barrieren aus feinstem weißem Marmor. Sie stellen klar, dass jeder, der Zugang zur spirituellen Dimension des Lebens finden will, sich zunächst einer informellen Initiation unterziehen muss. Würde es sich um formelle Schwellen handeln, die den Menschen, die in dieser erstaunlichen Verschmelzung von Wohnhaus und Tempel lebten, bestimmte Vorbedingungen und Dogmen auferlegen, dann könnten sie durch die Barrieren nicht frei und nach ihren eigenen Vorstellungen hindurchgehen, als ob sie gar nicht existierten. Die Motive des Traums zeigen deutlich, dass die Barrieren nur für jene eine Herausforderung darstellen, die sich den neuen Qualitäten des Lebens von außen nähern.
Die beiden Barrieren sind Sinnbild für die Initiation, die Voraussetzung für die Teilnahme an der heiligen, sich im erneuerten Erdkosmos manifestierenden Qualität des Lebens ist. Man muss sich zunächst auf der Erde ausstrecken, bevor man dann über die zweite weiße Marmorbarriere »hinwegfliegen« kann. Diese Initiation verlangt vom Menschen, die mit der Vielfalt der Möglichkeiten auf der irdischen Existenzebene in Zusammenhang stehende extreme Fragmentierung zu durchlaufen, dabei doch in der kosmischen Ganzheit verwurzelt zu bleiben.

Dabei handelt es sich keineswegs um eine symbolische Initiation, sondern um eine äußerst praktische, die, weil sie mit dem Fluss des Lebens verbunden ist, jeden Tag neu geübt werden muss. Ich würde sie mit dem Weg der Göttin gleichsetzen. Um einen Zugang zu den heiligen Dimensionen des Erdkosmos zu finden, reicht es nicht aus, lediglich eine neue Beziehung zum aktiven männlichen Aspekt des Göttlichen zu suchen. Wir müssen auch die Leben spendende Gegenwart der Göttin kennen. Dies lässt sich meiner Ansicht nach nicht umgehen.

Die europäische Kultur erfindet immer neue Gründe, um der Begegnung mit der Göttin aus dem Weg zu gehen. Dem weiblichen Aspekt des Göttlichen die gleiche Bedeutung beizumessen wie dem männlichen, wird häufig mit Heidentum gleichgesetzt – als ob man aus einem Gott zwei machen würde. Andererseits werden Gott auf Grund seines allumfassenden Wesens weibliche Eigenschaften zugesprochen. Dieser Umstand liefert scheinbar »gültige« Erklärungen dafür, warum es überflüssig ist, sich der Wirklichkeit der Göttin zu öffnen.

Doch warum sollte man die Sache nicht einmal von der anderen Seite betrachten und die Aufmerksamkeit *erst* auf die Göttin richten und *dann* entscheiden, wie das männliche Gegenstück in das Gesamtbild passt, für das sie steht? So jedenfalls ist die Offenbarung des Johannes strukturiert, als wolle sie eine neue Beziehungsqualität zum göttlichen Kern des Universums herbeiführen. Ich werde nun näher erläutern, welche Vorschläge die Offenbarung hierzu macht.

Dass die Apokalypse eine sphärische Komposition aus Visionen und Einsichten ist, die sich um die Offenbarung der Göttin gruppieren, habe ich bereits herausgearbeitet. Ich beziehe mich hier auf das zwölfte Kapitel der Offenbarung und den Augenblick, als »ein großes Zeichen am Himmel [erschien]: ein Weib, mit der Sonne bekleidet, und der Mond unter ihren Füßen und auf ihrem Haupt eine Krone von zwölf Sternen. Und sie war schwanger und schrie in Kindesnöten und hatte große Qual bei der Geburt.« (Offenbarung 12,1–2)

Das Bild von der Jungfrau, das die Ganzheit des Universums darstellt, ist ein mächtiger Archetyp, der im Gedächtnis aller Kulturen verankert ist. Um diesen Archetyp in all seinen Facetten kennen zu lernen, muss man dem symmetrischen Pfad der Offenbarung folgen, wie er sich aus der zentralen Vision von der Jungfrau entwickelt. Auf diesem Weg werden uns die von alters her bekannten Attribute der Göttin eines nach dem anderen vorgestellt.

Zunächst ist sie die Mutter des göttlichen Kindes, mit dem sie schwanger ist. Als sie das kosmische Prinzip des Lichts gebiert, wird zugleich das kosmische Gegenstück ins Leben gerufen. Die Apokalypse veranschaulicht es als »die alte Schlange«. »... und [ihr] Schwanz fegte den dritten Teil der Sterne des Himmels hinweg ...« Und um die ergänzende Rolle in der Beziehung zum Lichtprinzip, das gerade geboren wird, anzudeuten: »... der Drache trat vor das Weib, die gebären sollte, auf dass, wenn sie geboren hätte, er ihr Kind fräße.« (Offenbarung 12,4)

Unsere Kultur pflegt seit vielen Jahrhunderten dualistische Gedankenformen, doch wir sollten es nicht zulassen, dass sie die tiefgründige Bedeutung dieses Bildes unkenntlich machen. Wir dürfen nicht vergessen, dass die dem Kern des Universums zugeordneten Archetypen weder gut noch böse sind. Denken Sie beispielsweise an das Yin-Yang-Symbol. Es ist fast identisch mit dem Bild der das Lichtprinzip gebärenden Frau, die sich gleichzeitig dem Prinzip der Dunkelheit als ihrem Gegenspieler stellen muss. Ist nicht im Yin-Yang-

Die jungfräuliche Göttin mit ihrem göttlichen Sohn – nach einer nordgriechischen Plastik aus der Bronzezeit.

Symbol der gleiche Gegensatz, die gleiche Ergänzung von Schwarz und Weiß vereinigt, und stehen nicht Yin und Yang für das Prinzip, das die Dynamik des Lebens bedeutet?
Die Jungfrau mit ihrem göttlichen Kind ist nur dann stark genug, das Universum zu bewegen, wenn sie der Macht des gleichfalls göttlichen Drachen widersteht. Wie kommt es, dass wir das synergetische Prinzip im Symbol einer fernen Kultur akzeptieren können, während wir im Hinblick auf unser eigenes Erbe meinen, mit dem gefährlichen Feind konfrontiert zu sein, den wir aus dem Weg räumen müssen?
Als ich mich im September 1999 zu meinem jährlichen Retreat zurückzog, suchte ich nicht nur das Gespräch mit Julius, dem Alten Weisen aus der Welt der Natur. Als ich über die Anfangsvision im Zentrum der Apokalypse nachdachte, »ein Weib, mit der Sonne bekleidet, und der Mond unter ihren Füßen und auf ihrem Haupt eine Krone von zwölf Sternen« (Offenbarung 12,1), da bekam ich einen intensiven Zugang zu dem göttlichen weiblichen Prinzip in mir. Ich war sehr erstaunt darüber, dass ihre Anwesenheit meine Einstellung zu dem »großen, roten Drachen« sofort veränderte. Ich war plötzlich dazu in der Lage, ihn als Symbol der Zentripetalkräfte des Universums zu akzeptieren. Diese Kräfte haben die Aufgabe, das Leben wieder in den Kern des Zentrums zu bringen, den wir als das Nichts bezeichnen. Ihre dynamischen Gegenspieler sind die Zentrifugalkräfte der Liebe, die den Anstoß zu Expansion und Wachstum geben.
Damit will ich nicht behaupten, die Kräfte der Dunkelheit seien ungefährlich. Die Menschheit hat erfahren, wie destruktiv sie sein können, wenn sie aus dem Ganzen und ihrer Rolle in der kosmischen Ordnung herausgelöst werden. Doch auch die Kräfte der Liebe verwandeln sich in oberflächliche Romantik, wenn unablässig ein einseitiger Optimismus aufrechterhalten wird.

Die Jungfrau Maria nach einer Darstellung in der mittelalterlichen Kreuzfahrerkirche in Ljubljana in Slowenien.

Am zweiten Tag meines Retreats wandte ich mich, der symmetrischen Zusammenstellung der Offenbarung folgend, den beiden Tieren im dreizehnten Kapitel zu. Als ich sie durch den Spiegel der Göttin in mir betrachtete, wurde ich der furchtbaren Verzerrung gewahr, die diesem alterslosen Symbol der Göttin zugemutet wurde. Ich begriff, dass die beiden Tiere ursprünglich die im Erdkosmos inkarnierten Lebenskräfte der Jungfrau symbolisierten. Ich hätte weinen können, als ich erkannte, wie verzerrt sie da dargestellt werden und wie verdreht unser Bild von ihnen ist. Ich musste daran denken, dass der Jungfrau in Darstellungen aus der Jungsteinzeit oft zwei Krafttiere, die ihre auf der Ebene der Erde inkarnierten kreativen Kräfte symbolisieren, zugeordnet sind. Es ist kein Zufall, dass sich in der Offenbarung das eine Tier aus dem Meer und das andere aus der Erde erhebt.

Die Pendants der beiden Tiere lernen wir kennen, wenn wir uns auf die andere Seite der zentralen Achse der Offenbarung begeben und uns mit den beiden Zeugen aus dem elften Kapitel beschäftigen. Sie stehen für die Kräfte der Seele, die aus der Dimension der Ewigkeit in die Raum-Zeit-Strukturen hineinwirken. Wir sind ihnen bereits in der Gestalt der Verstorbenen, der Vorfahren und aufgestiegenen Meister begegnet.

Wenn wir uns also mit den Bildern im zentralen Abschnitt der Apokalypse befassen, dann begegnen wir dem Jungfrau-Aspekt der Göttin, der für die Totalität sowohl des kosmischen wie des irdischen Lebens steht. Die Jungfrau hält die Kräfte der Dunkelheit im Gleichgewicht und gebiert das alles erneuernde Bewusstsein des Universums, das in unserer Kultur Christus heißt. Indem sie zwischen den beiden Tieren und den beiden Zeugen steht, erscheint sie in der Apokalypse als die Herrin sowohl der irdischen Kräfte als auch der ewigen Kräfte der Seele.

In der Nationalgalerie von Slowenien in Ljubljana kann man

ein Tympanon aus einer der mittelalterlichen Klosterkirchen der Kreuzfahrer bewundern. Das Tympanon stellt die Jungfrau genau in einer solchen erhabenen Position dar. In der einen Hand hält sie den goldenen Apfel der universellen Ganzheit und im anderen Arm ihren göttlichen Sohn.* Ihr Thron befindet sich über einem zweiköpfigen Drachen und wird von zwei Tieren und zwei hohen, mit Tauben gekrönten Säulen flankiert. Die beiden Tiere symbolisieren ihre Schöpfungskräfte und die beiden Tauben die ewigen Seelenkräfte.

Die Übersetzung des in der Apokalypse wiedergegebenen Bildes der Jungfrau in die Sprache von Landschaft und Geomantie macht deutlich, dass es mit den unsichtbaren Landschaftstempeln korrespondiert, die überall auf der Erdoberfläche verteilt sind. Sie verkörpern die reinste und feinste Schicht geomantischer Phänomene, jene nämlich, die Plätzen, Landschaften und Kontinenten und zuletzt auch der Erde als Ganzes eine heilige Dimension verleiht.
Ich möchte kurz die geomantischen Schichten des Erdkosmos rekapitulieren. Sie werden sich erinnern, dass am Anfang des Buches das Erdversorgungssystem und seine archetypischen Kräfte thematisiert wurden. Dann habe ich mich mit der vitalenergetischen Dimension und den »Chakras« der Erde als Quelle ihrer Lebenskräfte und -qualitäten befasst. Eine Reihe verschiedener Kraftlinien und -felder vervollständigen den verzweigten Vitalkörper einer Landschaft. Weitere geomantische Phänomene finden sich auf der emotionalen Ebene der Erde, die ich als ihr Bewusstsein bezeichnet habe. Auf der Ebene planetaren Bewusstseins lassen sich drei verschiedene Schichten unterscheiden:

* Eine andere Darstellung dieser Art findet sich in meinem Buch *Erdsysteme und Christuskraft* (Seite 23).

- Das allumfassende Bewusstsein des Erdkosmos, das wir traditionell als »Mutter Erde« oder »Gaia« bezeichnen und das den Aspekt einschließt, dass sich der Planet seiner selbst bewusst ist;
- Die tiefe Schicht der unterelementaren Ebene des Erdbewusstseins, in der die archetypischen Kräfte und Wesenheiten der Erde lagern; von dort aus unterstützen sie die Evolution auf der Erdoberfläche;
- Die äußere Schicht des Erdbewusstseins, die sich in einer Vielzahl von Elementarwesen, Naturgeistern und Devas manifestiert. Sie stellen das mehr oder weniger individualisierte Bewusstsein von Pflanzen, Tieren, Mineralen, Menschen*, Flüssen, Plätzen, Bergen, Landschaften, Kontinenten und so fort dar.

Als Nächstes beschäftigten wir uns mit dem Erdkosmos, indem wir die ätherische Basis einer Umgebung beziehungsweise ihren Lichtkörper erläuterten. Die Grundlage hierzu stellte der dritte der sieben apokalyptischen Siegel dar. Der Lichtkörper setzt sich aus mehreren Schichten, Kuppeln und Sphären zusammen, die gemeinsam das Holon eines Platzes darstellen und seinen Organen und Funktionen Stabilität verleihen. Die einzelnen Schichten des Lichtkörpers von Plätzen und Landschaften kommen durch das Zusammenspiel der vier Elemente und ihrer dazugehörigen Äther zum Ausdruck.
Und schließlich habe ich mich, nachdem ich einen Überblick über die Seelenwelten gegeben habe, auf dem Weg zur vollständigen Manifestation des Erdkörpers der physischen Struktur zugewandt, einer Ebene, auf der der Erdkosmos am

* Der natürliche Aspekt menschlichen Bewusstseins wird nur selten erwähnt. In meinen Büchern *Elementarwesen* (siehe insbesondere Seite 227ff.) und *Wege der Erdheilung* (siehe insbesondere Seite 126ff.) beschäftige ich mich ausführlicher damit.

Dimension	*Geomantische Manifestation*	*Entsprechende menschliche Ausdrucksform*
Erdversorgungs-system	Quellen archetypischer Kraft »Drachenkraft«	Hintere archetypische Kräfte Sexualkraft
Vitalenergetische Dimension	Vitalenergetische Organe (Kraftzentren) Leylinien (Energielinien)	Chakrensystem Akupunkturmeridiane
Planetares Bewusstsein	Unterelementare Ebene Elementarwesen und Naturgeister »Selbst-Bewusstsein« der Erde (Gaia)	Unbewusstes Emotionale Ebene des Bewusstseins Mentales Bewusstsein
Lichtkörper	Bodenstrahlung (Aura) Ätherische Basis einer Umgebung (vier Elemente)	Aurisches Feld Lichtkörper
Physischer Körper	Materie Geologischer Körper der Landschaft	Materie Physischer Körper
Seelenwelten	Unterwelt	Vorfahren
Heilige Dimension	Landschaftstempel: Achse göttlichen Atems Dreifache Gestalt der Göttin Archetyp der Identität	Bewusste Verbindung zur Erde und zum Kosmos Die ewige Seele Spirituelle Identität
Engelreich	Konzentrationspunkte des Engelbewusstseins in der Landschaft	Spirituelle Lehrer und Meister

ehesten fassbar ist. Bei dieser Aufgabe war die Entschlüsselung des Textes zur Öffnung des sechsten Siegels hilfreich.

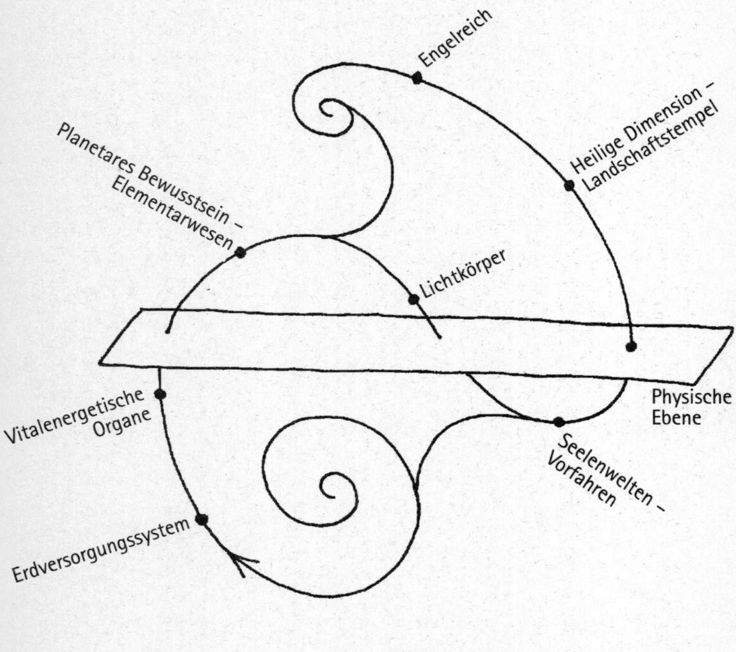

Das in diesem Buch entwickelte Modell des Erdkosmos (nähere Erläuterungen siehe Tabelle auf Seite 281).

Als letztes Phänomen möchte ich mich dem Landschaftstempel zuwenden. Doch was hier als Letztes beschrieben wird, könnte genauso gut auch als das Erste bezeichnet werden, da wir es mit der subtilsten Ebene einer Landschaft zu tun haben, die mit allen anderen Aspekten der Erde in Beziehung steht.
Der Organismus eines Landschaftstempels hat die Aufgabe, all die bisher erwähnten geomantischen Ebenen miteinander zu verbinden und sie abzurunden, indem er ihnen ihre einzigartige Identität zuweist. Die unsichtbare Gegenwart entsprechender Landschaftstempel sorgt dafür, dass Plätze oder Landschaften mehr sind als komplizierte Zusammenballungen unterschiedlicher geomantischer Phänomene. Durch Landschaftstempel erhalten Plätze und Landschaften einen eigenen göttlichen Kern und eine göttliche Ausstrahlung.
Die Bilder der drei zentralen Kapitel der Apokalypse zusammengenommen offenbaren das Prinzip der jungfräulichen Göttin, welches Archetypen, Kräfte und Manifestationen des Universums vereint. Auf vergleichbare Weise vereinen auch Landschaftstempel – als eine Form, mittels derer die Göttin ihre Gegenwart in der Landschaft manifestiert – alle geomantischen Schichten eines Platzes, indem sie ihm eine Identität verleihen.

Um zu zeigen, wie man einen Landschaftstempel als solchen erkennen kann, möchte ich mich Ljubljana, der Hauptstadt Sloweniens, zuwenden.
Im Laufe der letzten paar Jahre habe ich gemeinsam mit Gruppen an der Reinigung und Neueinstimmung der Vitalzentren, des ätherischen Lichtkörpers und der verschiedenen Elementarwesenzentren, die überall in Ljubljana verstreut sind, gearbeitet. Ich bin sogar für die slowenische Stadtverwaltung tätig geworden, indem ich alle Zentren und die dazugehörigen Leylinien für die zukünftige Stadtplanung in eine Karte einge-

tragen habe. Durch diese Arbeit hat sich schließlich die archetypische Form des Landschaftstempels von Ljubljana in meinem Bewusstsein fest verankert. Ich habe ihn als Zusammensetzung der drei Komponenten kennen gelernt, die für die meisten Landschaftstempel typisch sind: aus der Achse göttlichen Atems, der dreiteiligen Struktur der Göttin und dem Archetypen der Identität.

Mit der Achse göttlichen Atems meine ich das »geomantische Rückgrat«, wie ich es bereits im vorangegangenen Kapitel im Zusammenhang mit dem Landschaftstempel Europa beschrieben habe. Dieses »Rückgrat« verbindet das Einatemzentrum kosmischer Kräfte mit dem Zentrum tellurischer Ausatmung. Irgendwo auf der Achse zwischen den beiden Atemzentren

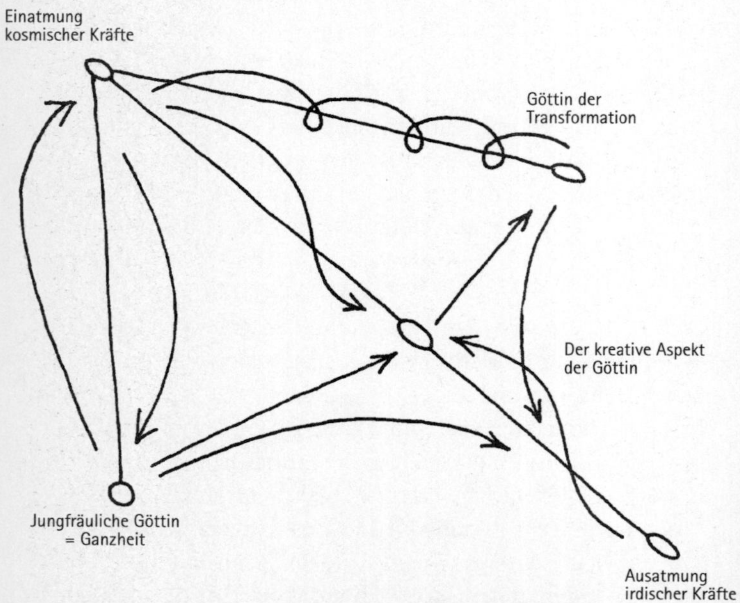

Allgemeine Anordnung in einem Landschaftstempel.

befindet sich der dritte Brennpunkt der »Landschaftswirbelsäule«. An dieser Stelle interagiert der göttliche Atem mit der Landschaft und dem in ihr vorhandenen Leben.

Dieser dritte Brennpunkt auf der Achse des Landschaftstempels deckt sich für gewöhnlich mit ihrem zweiten Aspekt, der dreiteiligen Struktur. Der zentrale Brennpunkt der dreiteiligen Struktur konzentriert in sich die kreativen Kräfte der Göttin, die mit der Landschaft und den in ihr vorhandenen Lebensströmen in Wechselwirkung treten. Die beiden anderen Punkte innerhalb der dreiteiligen Struktur sind die Göttinnen-Aspekte der Ganzheit und der Transformation. Die Plätze der Ganzheit sind Ausdrucksformen der jungfräulichen Göttin. Ihre Aufgabe ist es, die Verbindung zwischen den einzelnen Organismen eines Platzes oder einer Landschaft herzustellen. Die Plätze der Transformation beziehen sich auf die dunkle Göttin und führen Leben zurück zu seinem Ursprung. Sie sind Plätze von Tod, Wandlung und Wiederauferstehung.

Nachdem wir mit unserer Gruppe die Achse göttlichen Atems und die dreiteilige Struktur des Landschaftstempels von Ljubljana herausgearbeitet hatten, entschlossen wir uns, zusätzlich noch den Archetyp seiner Identität zu ermitteln. Wie ich es im vorangegangenen Kapitel beschrieben habe, teilten wir uns in kleinen Gruppen auf und begaben uns zu den verschiedenen Chakras, den Elementarwesenzentren und den Konzentrationspunkten des Landschaftstempels. Zu einem festgelegten Zeitpunkt vollzogen die Teilgruppen das Ritual der Gruppenbegründung und ließen ihm Übungen zur holografischen Berührung und den Gruppengesang folgen. Das vollständige Ritual dauerte etwa 25 Minuten.

Währenddessen beobachtete ich die inneren Ebenen der Stadtumgebung, um nach möglichen Merkmalen ihres Archetyps der Identität Ausschau zu halten. Meiner Erfahrung zufolge erleichtert die durch telepathische Gruppenarbeit hergestellte Synergie die Wahrnehmung des archetypischen Hintergrunds eines Ortes. Als »Aussichtspunkt« hatte ich einen besonderen Platz vor der Kunsthalle von Ljubljana gewählt. Um die Objektivität der Vorgänge und Beobachtungen zu gewährleisten, hatte ich für mich behalten, wo ich meinen Beobachtungsposten beziehen wollte.

Anfangs fühlte ich mich geradezu überschwemmt von der Kraft der Gruppensynergie, die in dem Augenblick auf mich einströmte, als die Gruppen wie geplant miteinander in Beziehung traten. Eine Welle kräftiger Vibration folgte der anderen, und ich konnte spüren, wie der subtile Organismus der Landschaft an Kraft und Klarheit gewann, während er aus unterschiedlichen Richtungen und von verschiedenen Ebenen zugleich angesprochen wurde. Die Kraft und Schönheit des Lebens, die unserer Wahrnehmung meist verborgen bleibt, überwältigte mich.

Nachdem das erste Erstaunen vorüber war, bemerkte ich die stufenweise Ausbildung einer immer deutlicher erkennbaren Form. Es fühlte sich an, als würde die Lichtform den gesamten Stadtbereich einschließen. Nach und nach erkannte ich sie als Muschel, die die Form einer Vulva hatte. Dann bemerkte ich, dass sich die Muschel weit geöffnet hatte, und ich versuchte festzustellen, was sich in ihrem Inneren befand. Als ich mit meinem Bewusstsein in das Innere eindrang, bemerkte ich darin eine wertvolle Perle. Damit war eine Verbindung zum Wappen von Ljubljana hergestellt, das einen verschlossenen Turm darstellt, auf dem ein Drache sitzt. Seit Jahren spüre ich intuitiv, dass irgendeine besondere Kraft der heiligen Jungfrau in diesem Turm eingesperrt ist und dass es die Aufgabe des Drachen ist, sie vor der Neugier der Menschen zu schützen. Auch der Name der Stadt ist ein Hinweis in diese Richtung. Ljubljana ist fast identisch mit dem slowenischen »ljubljena«, das »geliebte Frau« bedeutet.

Die Perle in all ihrer überwältigenden Schönheit wird aus dem Schmerz geboren. Wenn ein winziges Sandkorn in den »Turm« der Muschel gerät, dann verursacht dies dem Leben darin Schmerzen. Um den Fremdkörper unschädlich zu machen, überzieht der Organismus ihn schließlich mit einer Vielzahl von Perlmutterschichten, ein Vorgang der zur Entstehung eines der edelsten Schmuckstücke führt.

Ich bin bereits mehrfach auf die Offenbarung als sphärisches Ganzes zu sprechen gekommen. Sie entwickelt sich aus ihrem Zentrum, der Vision von der jungfräulichen Göttin, der Muttergottes und Herrin über Dunkel und Licht. Wenn man sich auf diese Weise mit der Offenbarung befasst und sich von ihrem Zentrum aus dem formalen Beginn des Textes nähert, dann wird man auf diesem Weg zu einer Vision vom männlichen Aspekt der Göttlichkeit geführt. Im achten Kapitel dieses Buches haben wir diesen Weg bereits nachvollzogen. Wählt man die entgegengesetzte Richtung und nähert sich dem formalen Ende des Textes, dann lernt man das Gegenstück des männlichen Prinzips, den Pfad der dreifachen Göttin, kennen.

Wie die Geschichte von der einzigartigen Perle ist auch der zweite Teil der Offenbarung eher traurig. Nachdem das Bild von der Jungfrau oder dem »weißen« Aspekt der Göttin im Kern der Apokalypse dargestellt wird, setzt sich der Bericht im siebzehnten Kapitel mit einer an Johannes gerichteten Einladung des Engels fort: »Komm, ich will dir zeigen das Gericht über die große Hure, die an vielen Wassern sitzt, mit welcher Unzucht getrieben haben die Könige auf Erden; und die da wohnen auf Erden, sind trunken geworden von dem Wein ihrer Unzucht.« (Offenbarung 17,1–2)

Und der Engel führt Johannes in die Wüste. »Und ich sah ein Weib sitzen auf einem scharlachfarbnen Tier, das war voll lästerlicher Namen und hatte sieben Häupter und zehn Hörner. Und das Weib war bekleidet mit Purpur und Scharlach und übergoldet mit Gold und edlen Steinen und Perlen und hatte einen goldenen Becher in der Hand, voll Gräuel und Unflat ihrer Hurerei, und an ihrer Stirn war geschrieben ein Name, ein Geheimnis: ...« (Offenbarung 17,3–5)

Dieser Abschnitt ist die Einführung zu einem Teil der Apokalypse, den ich lange Zeit nicht ausstehen konnte. Ich betrachtete ihn lediglich als einen weiteren Abschnitt der Heiligen Schrift, die das weibliche Prinzip dafür anklagt, die Menschheit auf den falschen Weg gebracht zu haben, und damit das Weibliche allein für die Verschlechterung der Weltsituation verantwortlich macht. Doch kaum hatte ich mich entschlossen, diese Abschnitte zu übergehen, da wurde ich auch schon gezwungen, mich mit ihnen zu beschäftigen. Gemäß der symmetrischen Struktur der Offenbarung soll »die große Hure, die an vielen Wassern sitzt« aus dem siebzehnten Kapitel den »einen auf dem Thron« aus dem vierten Kapitel ergänzen. Sollte sie tatsächlich die Ergänzung Christi sein? Den Mustern unserer Kultur zufolge entspricht die »große Hure« doch wohl eher der gefährlichen gegnerischen Kraft, die gnadenlos unterworfen werden muss.

Während meines Retreats rang ich drei Tage lang mit diesem überwältigenden Gedankengang. Ich fand, dass die Apokalypse durch ihren symmetrischen Aufbau einen äußerst mutigen Ton anschlägt, indem sie zwei Prinzipien, die unsere Kultur kategorisch auseinander hält, auf ein und dieselbe Bedeutungsstufe stellt. Doch mein Bewusstsein beharrte weiterhin auf der Mauer, die es zwischen dem heiligen Bild des Christus auf dem himmlischen Thron und der abscheulichen Frau »be-

kleidet mit Purpur und Scharlach«, die Menschen und Völker verführt, errichtet hatte.
Am dritten Tag stand ich frühmorgens auf, um mich auf meine unsichtbare Freundin, die Fee des Olivenhains, einzustimmen, wo ich an den Vorbereitungen für dieses Buch arbeitete. Ich hatte mir vorgenommen, das Thema Göttin weiterzuverfolgen und mich mit der Frage zu beschäftigen, welche Aspekte ihr außer dem jungfräulichen aus dem zwölften Kapitel noch zugeschrieben wurden. Als ich bei dem Hain eintraf, schloss ich die Augen und öffnete mich für die Vibrationen des Platzes. Sogleich wurde ich innerlich tief auf den Grund meines Körpers gezogen. Meine Aufmerksamkeit wurde auf eine intensive, sanfte Energie gelenkt, die in der Tiefe meines Seins pulsierte und auf meinem Schambein zu sitzen schien. Mit der Christusgegenwart in mir bin ich, seit ich jahrelang an der Entschlüsselung des fünften Evangeliums arbeitete, bestens vertraut. Um seine Stimme zu hören, musste ich in den Raum meines Herzens eintauchen. Der Weg in das Zentrum des Herzens ist sicher und angenehm, und es war mir nie peinlich, ihn zu beschreiben.* Diesmal jedoch wurde ich aufgefordert, mich auf den abscheulichen Raum unter meinen Eingeweiden einzustimmen. Mir kam es vor, als trete ich mit dem Mittelpunkt der Erde in Verbindung.
Draußen war es noch dunkel, und die Venus, der Morgenstern, schien als letzter Stern hell am Firmament. Langsam näherte sich ein Tag mit einer eigentümlichen Zahlenfolge. Es war der neunte Tag im neunten Monat des Jahres 1999, ein Tag, der offensichtlich der dreifachen Göttin gewidmet war. Weil jede Erscheinungsform der Göttin – die weiße Jungfrau, die rote Schöpferin und die schwarze Göttin der Transformation – alle

* Weitere Einzelheiten entnehmen Sie bitte dem siebten Kapitel meines Buches *Erdsysteme und Christuskraft*.

drei Aspekte ihrer Identität in sich vereinigt, ist drei mal drei und damit neun ihre symbolische Zahl.

Dann begann aus der Tiefe meiner selbst eine kraftvolle Stimme zu mir zu sprechen: »Die Göttin gibt, und sie nimmt fort. Sie schenkt den Menschen zahllose Möglichkeiten, um Erfahrungen mit den Dimensionen menschlicher Freiheit zu sammeln und sie kennen zu lernen. Dabei verzichtet sie auf eine Beurteilung dessen, was richtig und was falsch ist. Zugleich nimmt sie den Menschen ihre angehäuften Schätze fort, damit sie nicht vergessen, wer sie in ihrer Essenz sind. Der Tod oder die Auflösung ihrer eingebildeten Großartigkeit führt sie nackt zu ihrer Quelle zurück.«

Und tatsächlich stößt man im weiteren Verlauf des siebzehnten Kapitels* auf die Erklärung, die Johannes von dem Engel erhält: »Die Wasser, die du gesehen hast, wo die Hure sitzt, sind Völker und Scharen und Heiden und Sprachen. Und die zehn Hörner, die du gesehen hast, und das Tier, die werden die Hure hassen und werden sie einsam machen und bloß und werden ihr Fleisch essen und werden sie mit Feuer verbrennen.« (Offenbarung 17,15–16)

Es besteht kein Zweifel daran, dass die gleiche göttliche Energie, die Appetit und Erwartungen schürt und »Völker, Scharen und Sprachen« in blinde Euphorie versetzt, auch diejenige ist, die die Illusion zerstört. Es ist ein und dieselbe Göttin, die uns Menschen alle nur denkbaren Arten von Erfahrungen bietet – gute und schlechte – und zugleich dafür sorgt, dass wir im Verlauf dieser Erfahrungen nicht unsere Freiheit verlieren. In dieser letztgenannten Funktion wird sie traditionell als der schwarze Aspekt der Göttin begriffen, der Göttin der Trans-

* Die Zahl 17, die äußerst unsymmetrisch und instabil ist, stellt genau aus diesem Grund ein Symbol für Veränderung und Transformation dar. Weitere Erklärungen hierzu finden Sie in meinem Buch *Landschaft der Göttin* (siehe insbesondere Seite 39 bis 51).

formation, die durch Vernichtung in die Freiheit und durch Tod zur Wiedergeburt führt.
In der christlichen Tradition symbolisiert die Jungfrau Maria, die das Jesuskind auf ihrem Schoß hält, das jungfräuliche Prinzip der universellen Göttlichkeit. Die Göttin der Transformation hingegen ist in der Gestalt der Schwarzen Madonna erkennbar. Sie symbolisiert den Aspekt der Göttin, der den Menschen durch die dramatischen Erfahrungen des Lebens, durch Tod und Wiedergeburt leitet.
Damit man sich in dem überwältigenden Symbolreichtum nicht verliert, muss man sein Ziel im Auge behalten. Ich bin nicht auf der Suche nach irgendeiner Ordnung der zahllosen

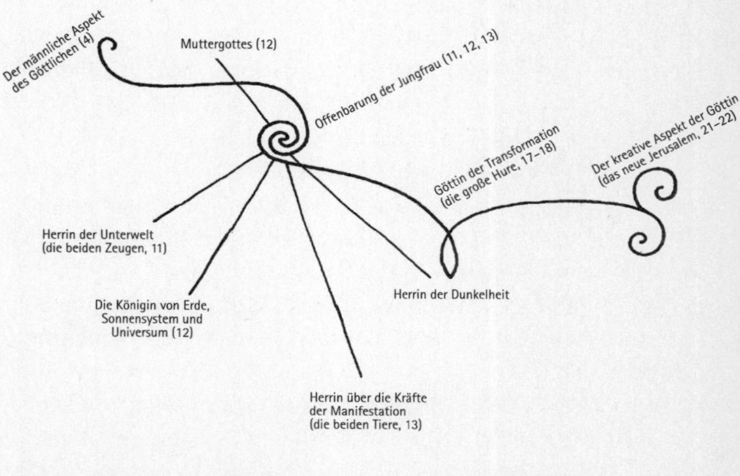

Der Weg der Göttin, wie er sich in der Offenbarung des Johannes widerspiegelt (die Zahlen in Klammern stehen für die betreffenden Kapitel).

Symbole, die Völker und Kulturen erschaffen haben, um die göttlichen Fundamente des Kosmos, in dem wir leben, besser begreifen zu können. Ich habe auch nicht vor, den Staub von den alten Bildern der Göttin zu wischen. Vielmehr möchte ich einen Einblick in die Wandlungen der sensiblen Beziehungen zwischen Menschen und der heiligen Dimension des Lebens erlangen, die durch die Transformation des Erdkosmos initiiert werden.
Die Jungfrau, wie sie in dem häufig zitierten Kernkapitel der Offenbarung dargestellt wird, verkörpert die alles verbindende, unwandelbare und ewige Einheit des Kosmos. Traditionell wird sie auch als die weiße Göttin bezeichnet. Ihre Entsprechung im Menschen ist die göttliche Seele, die jenseits der Begrenzungen durch Raum und Zeit pulsiert.

Hingegen verkörpert die Schwarze Madonna – das symbolische Bild für die Göttin der Transformation – die dem Menschen erteilte göttliche Genehmigung, seine grundlegende Ganzheit und Reinheit zu vergessen und sich verschiedenen erfreulichen, abscheulichen oder kreativen Erfahrungen hinzugeben. Selbst wenn unsere Identität vorübergehend in Vergessenheit gerät und wir eine Fragmentierung bis hin zur völligen Verzweiflung erleben, können wir nicht verloren gehen, weil wir in uns eine Facette der Göttlichkeit tragen, die jedes Geschöpf bis auf den Grund der allerschrecklichsten Erfahrung begleitet. Diese Facette ist die schwarze Göttin.
Während sie uns durch die schlimmsten Erfahrungen von Leid und Tod führt, befreit sie uns zugleich von unseren Abhängigkeiten und Illusionen. Es handelt sich dabei um unsere persönlichen Wünsche und Vorstellungen, die uns dazu veranlassen, alle nur denkbaren Aspekte des Lebens, seien sie gut oder schlecht, zu erfahren. Die Einzigartigkeit der Persönlich-

keit sorgt dafür, dass jeder Mensch ganz individuelle Erfahrungen sammelt.
Die Einsicht, dass der schwarze und der weiße Aspekt der Göttlichkeit im Rahmen der Evolution des Lebens gleichermaßen heilig und wichtig ist, ist entscheidend. Zudem sind sie in jeder einzelnen Lebenseinheit gleichzeitig vorhanden. Die Botschaft der sphärischen Anordnung der Apokalypse fordert uns stumm dazu auf, die beiden nicht voneinander zu trennen, nicht den einen hochzuhalten und den anderen zu verfluchen. Beide haben spezifische Funktionen und Rollen.
Der siebzehnte Vers im siebzehnten Kapitel der Offenbarung, der allein schon von der Zahlenanordnung her bemerkenswert ist, lässt keinen Zweifel an der Heiligkeit der schwarzen Göttin zu. Der Abschnitt nimmt Bezug auf die »Völker und Scharen und Heiden und Sprachen«, die sich zu Sklaven der »großen Hure« und des »Tiers«, auf dem sie sitzt, gemacht haben: »Denn Gott hat's ihnen gegeben in ihr Herz, zu tun seinen Ratschluss und zu tun einerlei Ratschluss und zu geben ihr Reich dem Tier, bis dass vollendet werden die Worte Gottes.«
Sieht man über einige Schwierigkeiten bei der Übersetzung hinweg, dann bestätigt der Vers, dass der Verlust der eigenen Identität – »und zu tun einerlei Ratschluss« – und das Eintauchen in die kontrastierenden Erfahrungen des Alltags den göttlichen Willen widerspiegeln.

Doch die Göttin hat noch ein drittes Gesicht, das Antlitz der universellen Schöpferin, traditionell unter dem Namen »Rote Göttin« bekannt. Sie treibt die Schöpfung zu immer größerer Stärke und Schönheit voran. Ihr wichtigstes kreatives Hilfsmittel ist die gegenseitige Interaktion von weiblichen und männlichen Facetten der Göttlichkeit oder, um es anders auszudrücken, zwischen der Lebenskraft des Universums und seinem Bewusstsein.

Folgt man der christlichen Ikonografie, kann man sie als Sophia, die göttliche Weisheit*, und als weibliche Ergänzung Christi bezeichnen. Die Verflechtung der Impulse des Bewusstseins mit den Kräften des Lebens, um auf diesem Wege ein vitales, sich entwickelndes Universum zu schaffen, ist tatsächlich ein Akt tiefster Weisheit. Auch heute noch wird die göttliche Rolle der Sophia in der christlichen Theologie des orthodoxen Ostens hoch bewertet. Im Westen hingegen ist sie weitgehend in Vergessenheit geraten. Erst in jüngster Zeit versuchen verschiedene Strömungen, sie wieder ins Bewusstsein zurückzurufen. Auch an der Schwelle zum Mittelalter trat sie im Marienkult in Erscheinung.
In einigen wenigen Kunstwerken des Mittelalters und der Renaissance wird Sophia mit Christus auf ein und demselben Thron dargestellt, wobei Christus ihr die Krone aufsetzt, um klarzustellen, dass Sophia seine Partnerin ist. Die Offenbarung des Johannes gibt ihr den Namen »das neue Jerusalem« und macht sie zur Braut Christi. Dieser Hinweis ist für uns schon deshalb besonders wertvoll, weil wir wissen, dass das neue Jerusalem ein Synonym für den transformierten Erdkosmos ist.

Von Anfang an bewahrt die sphärische Dimension der Offenbarung den gesamten Text hindurch ein vollkommenes Gleichgewicht zwischen den weiblichen und männlichen Aspekten der Göttlichkeit – unabhängig davon, ob die jeweilige Geschichte im Zusammenhang mit den heiligsten oder profansten Dimensionen des Lebens steht. Durch die Aufrechterhaltung dieses Gleichgewichts wird eine Plattform für die Heilige Hochzeit zwischen den Gegensätzen und für das daraus folgende Hervortreten des neuen Erdkosmos vorbereitet.

* Sophia ist das griechische Wort für Weisheit. Die christliche Vorstellung von Sophia ist eine Fortführung der biblischen Shekina.

In seiner Beziehung zur Jungfrau wird Gott zunächst als ihr Kind dargestellt. Er steht für das »Selbst-Bewusstsein« des Universums, das aus der Ganzheit, welche die Jungfrau symbolisiert, heraus geboren wird. Wenn wir der sphärischen Anordnung der Apokalypse weiter folgen, dann stellen wir überrascht fest, dass die schwarze Göttin aus der rechten Hemisphäre der Offenbarung ihr Gegenstück in der Gestalt des Christus auf dem Thron in der linken Hemisphäre hat. Während sie für die vorurteilsfreie und unkontrollierte Erfahrung des Lebens steht, ist er das Bewusstsein, das die Qualität der hinzugewonnenen Erfahrungen bewertet und ihnen einen angemessenen Platz im Mosaik der hervortretenden Totalität zuweist.

Nachdem der dunkle Aspekt der Göttin und der helle Aspekt Gottes, wie sie im siebzehnten und achtzehnten beziehungsweise im vierten und fünften Kapitel der Offenbarung dargestellt werden, als voneinander getrennt und als Gegensätze erlebt werden, bereitet das neunzehnte Kapitel die Bühne für ihre Heilige Hochzeit. Dort findet sich die Passage von der Ankunft des Bräutigams, der aus der linken Hemisphäre der Offenbarung in die rechte überwechselt: »Und ich sah den Himmel aufgetan; und siehe, ein weißes Pferd, und der darauf saß, hieß: Treu und wahrhaftig, und richtet und streitet mit Gerechtigkeit. Seine Augen sind eine Feuerflamme und auf seinem Haupt viele Kronen; und er trug einen Namen geschrieben, den niemand wusste als er selbst.« (Offenbarung 19,11–12)

Die Symbolik des Verses zeigt, dass der »Bräutigam« tatsächlich für das »Selbst-Bewusstsein« des Universums steht. Dass er auf einem Pferd reitet, weist auf seine Macht als spirituelles Wesen hin, während seine Treue und Wahrhaftigkeit für die Fähigkeit des Bewusstseins steht, zu entscheiden und zu urteilen.

Seine Braut als sein Gegenüber steht für den Lebensstrom und die Erschaffung von Welten, in denen sich das Leben entfalten kann. Es ist daher kaum erstaunlich, dass sie durch eine Stadt symbolisiert wird, ist dies doch einer der komplexesten Lebensbereiche überhaupt: »Und ich sah einen neuen Himmel und eine neue Erde; denn der erste Himmel und die erste Erde vergingen, und das Meer ist nicht mehr. Und ich sah die heilige Stadt, das neue Jerusalem, von Gott aus dem Himmel herabfahren, bereitet wie eine geschmückte Braut ihrem Mann.« (Offenbarung 21,1–2)
Durch einen schwierigen Veränderungsprozess entsteht der neue Erdkosmos auf der Basis einer heiligen Hochzeit zwischen zwei Partnern, die sich in ihrer Opposition zueinander verloren hatten und nun im Begriff sind, zueinander zurückzufinden. Die Menschheit, die ihre Zugehörigkeit zur Totalität des Erdkosmos wieder entdeckt, symbolisiert den heiligen Raum, in dem sich die Wiedervereinigung vollzieht.
Die Fortsetzung im Kapitel 21 beschreibt das neue Jerusalem als vollkommenes Mandala, das auf zwölf verschiedenen heiligen Steinen begründet ist: »Und die Grundsteine der Mauer um die Stadt waren geschmückt mit allerlei Edelgestein. Der erste Grundstein war ein Jaspis, der zweite ein Saphir, der dritte ein Chalcedon, ... Und die zwölf Tore waren zwölf Perlen, und ein jegliches Tor war von einer einzigen Perle ...« (Offenbarung 21,19–21)

Ich habe in diesem Buch die Grundsteine des neuen Jerusalem – den neuen Erdkosmos – in praktische Begriffe übersetzt: die erneuerte Erdaura, die umgestalteten geomantischen Systeme, die psychischen Qualitäten der sich wandelnden Menschen, die neue Beziehung zur Heiligkeit des Lebenskosmos und so fort. Ehe ich das Buch schließe, möchte ich Ihnen

eine Botschaft meiner inneren weiblichen Stimme zugänglichen machen.
Im Oktober 1997 hatten die Erdwandlungen bereits begonnen, doch ich war mir der Richtung, die sie einschlagen würden, noch nicht bewusst. Damals sollte eine Ausbildung über Geomantie und Erdheilung unter der Schirmherrschaft der Hagia-Chora-Schule für Geomantie stattfinden, und Johanna Markl, Stefan Brönnle und mir fiel die Aufgabe zu, den Kurs zu leiten. Die Teilnehmer sollten in Quedlinburg in Mitteldeutschland zusammenkommen.
Kurz vor dem Beginn des Kurses sammelte ich mich, um herauszufinden, ob es irgendeine besondere Information gab, die ich der Gruppe sozusagen als Einstimmung mitteilen konnte. Als ich mich meinem inneren Raum geöffnet hatte, sprach unerwartet eine kristallklare weibliche Stimme aus meinem Inneren zu mir. Erst als ich im Begriff war, das vorliegende Buch zum Abschluss zu bringen, wurde mir bewusst, dass ich eine Einführung in den eben anlaufenden Erdveränderungsprozess erhalten hatte.

»Das Leben ist zu kostbar, um es sinnlos zu vertun. Die Erde ist zu wertvoll, um sie zur Befriedigung egoistischer Bedürfnisse zu missbrauchen. Ihr Menschen seid zu einzigartig, um durchs Leben zu gleiten, ohne überhaupt die Erde mit den Füßen zu berühren!
Eine Bewusstseinstransformation setzt ein, die euch die tiefere Bedeutung eures Daseins auf der Erde offenbaren wird. Um es anders auszudrücken, ihr werdet euch mit der wahren Beschaffenheit der Erde und ihrer wahren Essenz vertraut machen. Die Bedeutung dieser beiden Aspekte für das menschliche Bewusstsein ist gleich groß. Ihr sollt sie in ihrer gegenseitigen Einwirkung verstehen und in Ehren halten.
Ihr werdet nicht nur die Geheimnisse um die Erschaffung der

Erde kennen lernen, sondern im Spiegel dieses Wissens um die Weisheit der Erde auch eurer wahren menschlichen Essenz näher kommen. Die Erde hat euch schon vor langer Zeit akzeptiert und in ihr Lebens- und Kraftsystem einbezogen, um in euch den Partner zu finden, mit dessen Hilfe sie ihre Schöpfung auf eine neue Existenzebene zu heben hofft. Doch könnt ihr diese Aufgabe nicht erfüllen, solange ihr die Erde nur als Mittel zum Überleben betrachtet und deshalb inmitten all der irdischen Reichtümer auf reine Bedürfnisbefriedigung beschränkt seid.

Ihr seid aufgerufen, diesen Kreislauf der Selbstverleugnung und Verachtung der Erde zu durchbrechen und den ersten Schritt hin zur Selbsterkenntnis durch eure Liebe für den Erdkosmos zu tun.

Ihr werdet viel Mut benötigen, um euch zu Gunsten der neuen Beziehung, die sich jetzt zwischen der Erde und den Menschen entwickelt, von all den alten, unzureichenden Bildern und Bindungen zu verabschieden. Große Anstrengung wird erforderlich sein, um all die vergessenen Begabungen zu reaktivieren, um mit ihrer Hilfe die Erde neuerlich als Ganzheit zu erkennen.

Ihr werdet lernen müssen, die stille Weisheit in eurem Inneren zu entdecken, damit ihr der Abfolge von Offenbarungen und Wandlungen nachkommen könnt, die in und um euch sichtbar wird, und damit ihr euch als Spiegel der noch bevorstehenden Entdeckungen begreifen könnt.

Ihr sollt wissen, dass die Erde in ihrer tiefsten Essenz ein Herzsystem ist und dass ihr in Wahrheit hierher gekommen seid, um die Macht der Liebe in euch zu erwecken. Wie sollt ihr dieses Ziel erreichen, wenn ihr keine Liebe für eure Lehrerin, die Erde, in euch verspürt? Befreit euch von den alten Mustern, die eure Herzen beherrschen, gebt eure schlauen menschlichen Machenschaften auf! Das Leben wartet darauf, in Würde, Liebe und Freude gelebt zu werden.«

Nachwort

Nur einige Wochen nachdem ich das englische Manuskript dieses Buches zum Abschluss gebracht hatte, konnte ich eine weitere Welle von Erdveränderungen beobachten. Sie ereigneten sich um den 3./4. Mai 2000, als sich am Himmel eine ungewöhnliche Sternenkonstellation ergab: Die »alten« Planeten Merkur, Venus, Mars, Jupiter, Saturn, der Mond und die Sonne standen in einer Reihe im Tierkreiszeichen Stier. Neptun und Uranus, zwei der »neuen« Planeten, befanden sich in einer starken Opposition.
Ich wusste schon lange, dass der Sonnenfinsternis vom 11. August 1999 und dem gleichzeitig von den Planeten am Himmel gebildeten Kreuz neun Monate später eine weitere einmalige Konstellation folgen würde. Doch war ich mir nicht darüber im Klaren, dass sie so tiefen Einfluss auf den Prozess der Erdwandlungen nehmen würde, und schenkte den astrologischen Ereignissen daher keine weitere Beachtung. Erst ein Anruf meiner Tochter Ana am 3. Mai 2000 machte mir die Zusammenhänge bewusst.
Also ging ich hinaus, um mir ein Bild von der Bodenstrahlung zu machen. Inzwischen hatte ich mich an die neue viel versprechende Bodenstrahlung, die ich seit Februar 1998 wahrnehme, gewöhnt. Zu meinem Entsetzen war sie verschwunden! Die Kraft der vier Elemente schien gebrochen und die Lebenskraft des Planeten schwächer als je zuvor!
Ich hielt die gefährliche Situation für eine Art Schockzustand, der nur einige Zeit anhalten würde. Doch als nach ein paar Tagen noch immer keine Änderung eingetreten war, fragte ich mich besorgt, wie lang ein solches Ausblenden der Kräfte wohl anhalten darf?
Erst ein Traum in der Nacht vom 15. Mai 2000, den ich hatte,

als ich mich anlässlich eines Workshops im schweizerischen Obwalden aufhielt, verschaffte mir Klarheit. Im Traum hatte ich meinen Terminkalender verschluckt. Da er nicht durch meine Speiseröhre passte, blieb er mir im Hals stecken. Ich konnte ihn weder ausspucken noch hinunterschlucken. Meine Not war so fürchterlich, dass ich davon aufwachte. Als ich dann über den Traum nachdachte, rief mich eine zarte weibliche Stimme beim Namen, obwohl weit und breit niemand da war.

Bereits zweimal zuvor und immer in Verbindung mit den Erdwandlungen hatte ich diese Stimme gehört, und ich begriff sofort, dass der Traum im Zusammenhang mit einem der neuen Schritte im Erdwandlungsprozess stehen musste. Da einem Terminkalender zu entnehmen ist, wo sich eine bestimmte Person im Raum- und Zeitgefüge gerade befindet, könnte man ihn als Symbol der räumlich-zeitlichen Struktur schlechthin auffassen, die im Zentrum unserer Wirklichkeit steht. Folglich könnte mein Traum ein Hinweis auf eine gravierende Blockade der Raum-Zeit-Struktur sein, in der unsere »alte« Erde verwurzelt ist. Im Zusammenhang mit der oben beschriebenen Konstellation könnte der Traum auch bedeuten, dass sich nun die erste Phase in der Trennung der »alten« von der »neuen« Erde vollzieht. Die Opposition zwischen »neuen« und »alten« Planeten hat im irdischen Kosmos offenbar eine ähnliche Polarisation bewirkt.

Den ganzen Juni hindurch konnte ich keine wesentliche Änderung dieser Situation feststellen. Der extreme Vitalitätsverlust des Bodens hielt weiter an. Wo hätte man die »neue« Erde suchen sollen? Weitere Träume ermutigten mich, nicht in Panik zu geraten und geduldig zu warten.

Am 3. Juli 2000 endlich, als ich mit meiner Frau Marika an unserem Lithopunkturprojekt im schweizerischen Seeland arbeitete, nahm ich deutlich eine Schwelle im ablaufenden

Prozess war. Der 61 Tage dauernde Vorgang schien zum Abschluss gekommen zu sein. Das Bild, das ich in der Meditation hierzu empfing, zeigte mir eine Schlange, die sich erfolgreich gehäutet hatte. Daraus schloss ich, dass die Erde in den vorangegangenen zwei Monaten die erste Schicht ihrer alten Gestalt abgestreift hatte. Wie viele Schichten wohl noch abgestreift werden müssen, bis die planetare Wandlung vollständig vollzogen ist?
Die Erde hat während der vergangenen 61 Tage sozusagen ihre alte Frequenzebene verlassen und befindet sich nun auf einer neuen. Wer weiterhin auf die alte Frequenzebene eingestimmt ist, findet sich natürlich auch weiterhin zurecht, doch in den Genuss der »neuen« Erde kommt man erst, wenn man sich auf die grundlegend neue Qualität der Erdstrahlung einstellt. Die nachfolgende Übung wird Sie in diesem Schritt unterstützen:

1. Stellen Sie sich vor, dass ein Strom strahlenden weißen Lichts durch Sie hindurch aus dem Himmel in die Erde fließt.
2. Als Antwort darauf steigt aus der Erde durch Sie hindurch eine breite Welle kristallklaren Lichts in den Himmel.
3. Beide Ströme treffen sich in Ihrem Herzen. Es ist der Punkt, an dem Sie sich jetzt sammeln sollen.
4. Nach einiger Zeit lassen Sie die Bilder, die entstehen, los, nehmen die neu entstandene Umgebungsqualität wahr und genießen die Kraft und Schönheit der neuen Erde. Der Ausgangspunkt für diese Erfahrung ist Ihr Herzzentrum.

Als ich diese Einstimmungsübung durchführte, war der Eindruck einer extrem schwachen Erde, der mir 61 Tage lang Sorgen gemacht hatte, im Nu verschwunden. Stattdessen konnte ich ohne weitere Schwierigkeiten die neue Qualität der Erdstrahlung fühlen, wie ich sie im Buch mehrfach beschrieben habe, nur war sie jetzt erheblich kräftiger als zuvor. Deutlich konnte ich die spiralartige Schwingung des Luftelements ausmachen, die zur leitenden Qualität der neuen Erde werden soll. Die schwingende Präsenz des Wasserelements war so stark, dass sie Meeresgetöse glich. Das Feuerelement nahm ich als goldene Lichtstäbe wahr, die aus der Erde emporwuchsen, und auch das Erdelement zeigte sich von einer kristallenen Klarheit.

Als ich dagegen meine energetischen Wurzeln in den Boden schlug und mich auf die Erde einstimmte, trat wieder die Schwäche des Erdkörpers und die dazugehörige Blockade der Raum-Zeit-Struktur zu Tage. Die wunderbare neue Qualität der Erdstrahlung war mit einem Schlag verschwunden.

Zusammenfassend könnte man also sagen, dass es derzeit zwei Erden gibt, die in zwei verschiedenen Frequenzbereichen pulsieren. Die eine stellt den nun äußerst schwachen Erdraum dar, wie wir ihn seit je kennen. Die zweite ist der neue Erdkosmos. Was die beiden voneinander trennt, ist noch sehr klein, und folglich bemerkt man die Lücke zwischen den beiden Erden kaum.

Wir haben gelernt, unbewusst zwischen beiden Erdfrequenzebenen hin- und herzuspringen. Damit steht es uns frei, auch weiterhin auf der alten Erde zu leben und den Zeitpunkt der persönlichen Anpassung an die neue Situation noch hinauszuzögern. Ich meine jedoch, dass wir inzwischen, ohne uns darüber im Klaren zu sein, bereits auf die neue Erde angewiesen sind, da uns die alte – wie die Bodenstrahlung zeigt – inzwischen nicht mehr ausreichend mit Lebensenergie versorgen kann.

Zuletzt werden wir doch lernen müssen, uns ganz und gar auf die neue Erde einzustimmen, wenn wir nicht den toten Strukturen der alten Erde verhaftet bleiben wollen. Die Natur hat

damit offenbar kein Problem. Sie vollzieht die Wandlungsprozesse einfach mit der Erde mit.
Eine Vision, die mir am 27.5.2000 während eines Erdheilungsseminars in Greimerath im Saarland zuteil wurde, verdeutlichte mir, welche tief greifenden Wandlungen die Natur zurzeit durchmacht. Die Gruppe hatte gerade die Revitalisierung des vitalenergetischen Zentrums (Solarplexus) zum Abschluss gebracht, und ich beschäftigte sie als Nächstes mit der Wahrnehmung der Elementarwesen am nahe gelegenen Bach. Um sie bei ihren Übungen nicht zu stören, wanderte ich den Bach entlang, bis ich zu einer Gruppe prächtiger alter Erlen kam, die fast direkt im Bach standen.
Als ich mich auf den Platz einstimmte, erschien mir Pan, die Naturgottheit der Antike. Seine Präsenz war äußerst stark und schien mir zum Greifen nahe. Als er seine Arme hob, konnte ich deutlich die Stigmata Jesu an ihnen erkennen. Auch an den Füßen und an der Seite konnte ich die Wundmale des gekreuzigten Christus sehen. Kaum hatte ich sie bemerkt, da gingen von ihnen auch schon silberne Strahlen aus und berührten die entsprechenden Stellen meines Körpers.
Die sich mir während des Ereignisses übermittelnde Botschaft besagte, dass die Naturwelt einen Wandlungsprozess durchmachte, den ich im achten Kapitel dieses Buches auf der Basis des Offenbarungstextes offenbar richtig gedeutet hatte: die Inkarnation Christi durch die Naturreiche. Die Botschaft enthielt außerdem eine Einladung an die Menschheit, sich dem Entwicklungsprozess der Natur, die sich bereits im Einklang mit dem entstehenden Erdkosmos befindet, anzuschließen.
Nachdem ich die Erdwandlungen nun drei Jahre lang genauestens beobachtet habe, bin ich zu dem Schluss gekommen, dass es sich offenbar um einen aus zwei Strängen bestehenden Prozess handelt. Einerseits geht es um die Wandlungen in den Naturreichen und den geomantischen Systemen der Erde,

andererseits um die inneren Wandlungen der Menschheit. Dabei scheinen die beiden Stränge abwechselnd im Vordergrund zu stehen. Während nach dem 3. Mai 2000 die Veränderungen der Erde in den wahrnehmbaren Bereich eintraten, schien das Pendel nun im Juli nach der anderen Seite auszuschlagen und der menschlichen Entwicklung Vorrang einzuräumen. Diese Phase hielt bis Weihnachten 2000 an. Man muss sich wohl vorstellen, dass das Bewusstsein der Erde in dieser Zeit eine relative Ruhephase erlebte beziehungsweise im Hintergrund bereits die zukünftige Phase der Erdwandlungen vorbereitete.
Bei den Veränderungen, die die Menschen zwischen Mai und Weihnachten 2000 durchliefen, standen vor allem Reinigung und Transformation der veralteten emotionalen, energetischen und mentalen Muster im Vordergrund. Thema waren insbesondere psychische und ätherische Strukturen, die jeden Einzelnen und die jeweiligen Kulturen an die »alte Erde« und an die alte menschliche Identität binden.
Meine in den letzten vier Monaten gesammelten Erfahrungen bestärken mich in meiner Vermutung, dass es vor allem um zwei Arten von Ballast geht, den wir in unserem Unterbewusstsein gespeichert haben und als Überbleibsel mitschleppen. Zum einen handelt es sich um energetische und psychische Filterstrukturen, die wir auf Grund unserer schmerzvollen Erfahrungen in der Vergangenheit entwickelt haben. Sie können ihren Ursprung sowohl in diesem wie in einem vorangegangenen Leben haben und mehr oder weniger unbemerkt Einfluss auf unsere Gedankenmuster und die Qualität unserer Gefühle und Handlungen nehmen.
Zum anderen ist der Ballast gemeint, mit dem wir uns in der Form von Wunden und Traumata, die wir in diesem oder in einem vorangegangenen Leben nicht verarbeiten konnten, belasten. Gespeichert im Unbewussten stellen sie Problemherde dar, die eine Teilnahme an der vollkommen reinen

Schwingung der sich erneuernden Erde verhindern. Beides behindert uns in unserem Vorankommen und sollte nun abgestreift werden.
Hierbei erhalten Sie Unterstützung durch die Kräfte des Erdwandlungsprozesses, die Ereignisse »inszenieren«, die Ihnen Ihre Blockaden bewusst machen und Sie darin fördern, Ihre eingefrorenen Kräfte freizusetzen. Es handelt sich dabei meist um kleine »Alltagsunfälle« oder um Krankheiten, die sich sofort auflösen, wenn man die Bereitschaft zeigt, die Altlasten anzuerkennen, sich von ihnen zu befreien, zu verzeihen oder sie zu transformieren.
Als Hilfsmittel für diesen Prozess wurde mir die nachfolgende Übung eingegeben.

1. Einatmung. Stellen Sie sich während des Einatmens vor, dass Sie den Atem aus der Tiefe der Erde schöpfen und ihn durch den unteren Teil des Rückens in Ihren Körper einströmen lassen. Führen Sie den Atem bis auf die Höhe ihres Herzchakras, und verharren Sie während der Pause zwischen Ein- und Ausatmen im Herzchakra.
2. Ausatmung. Stellen Sie sich während des Ausatmens vor, dass der Atem spiralförmig durch die festgefahrenen Muster gleitet, die der Umwandlungskraft bedürfen.
3. Einatmung. Dieses Mal holen Sie Ihre Atemluft aus der Weite des Kosmos und gewähren ihr durch den Hinterkopf Zugang zu Ihrem Körper. Leiten Sie den Atemstrom hinunter auf die Höhe des Herzens, und verbringen Sie die Atempause konzentriert in der Herzmitte.
4. Ausatmung. Erneut lassen Sie die Atemluft spiralförmig durch die festgefahrenen Muster gleiten, die der Umwandlungskraft bedürfen.
5. Wiederholen Sie den dargestellten Übungsablauf noch ein paar Mal. Die Wandlungskraft des Atems können Sie

stärken, indem Sie sich vorstellen, die Farbe Violett, die Farbe der Wandlung, in den Ausatemstrom einzuflechten.

In der Zeit um Weihnachten 2000 kündigte sich im Zusammenhang mit der Bodenstrahlung ein neuer Impuls an. Möglicherweise müssen wir ihn als Einleitung zu einer neuen Erdwandlungsphase verstehen. Typisch für sie ist die ausgeprägte Dynamisierung des wässrigen Äthers und der emotionalen Qualitäten der Umgebung. Offenbar versetzt dieser Impuls die materielle Raumebene in eine Pendelbewegung. In welche Richtung das Pendel schließlich ausschlagen wird, muss die Zeit zeigen.

Zum Schluss möchte ich Sie noch auf einen wichtigen Zusammenhang aufmerksam machen. Die Erdwandlungen, die ich in meinem Buch beschrieben habe, ereignen sich zurzeit noch auf einer äußerst subtilen Ebene, die fast keine objektive Form aufweist. Wer sie wahrnimmt, der muss sie, wenn er über sie sprechen will, in Worte fassen. Auch die zeitliche Strukturierung ist meist individuell verschieden. Das bedeutet, dass jeder Autor zu verschiedenen Darstellungen kommen kann, aus denen er dann seine eigenen Schlüsse zieht – in diesem Fall eine vollkommen natürliche Folge.

Nehmen Sie, was Ihnen geschildert wird, also nicht einfach als gegeben hin, denn es ist hier keine objektive Darstellung möglich. Vergleichen Sie Ihre Beobachtungen untereinander, und beurteilen Sie sie im Spiegel Ihrer eigenen Gefühle, Einsichten und Intuitionen. Letztendlich geht es vor allem darum, Menschen für die feinen Wandlungsvorgänge zu sensibilisieren, die man zwar heute noch ignorieren kann, die unser Leben aber schon bald entscheidend prägen werden.

Šempas, 4. Januar 2001
Marko Pogačnik

Aktuelle Informationen finden Sie unter:

- www.ljudmila.org/pogacnik/
- www.pogacnik.org
- oder in der Kolumne zur Erdwandlung, die ich regelmäßig für die Geomantiezeitschrift *Hagia Chora* schreibe.

Thomas Schäfer
Was die Seele krank macht und was sie heilt

Thomas Schäfer bringt die Erkenntnisse des bekannten Psychotherapeuten Bert Hellinger auf den Punkt: Die Familie ist das zentrale soziale System und der Verursacher von Freud und Leid. Durch Hellingers Therapie können krank machende Dynamiken gelöst werden.

Bernd Frederich
Wenn Partnerschaft krank macht

Die Ursachen von Krankheiten liegen oft innerhalb von Beziehungen und Familien. Anhand von zahlreichen Fallbeispielen zeigt der Autor, wie vorhandene Muster erkannt und Wahrnehmungs- und Verhaltensänderungen herbeigeführt werden können.

Knaur
MensSana

Edward Bach / Jens-Erik Petersen
Heile dich selbst mit den Bach-Blüten

Nach dem Verfahren von Dr. Bach werden primär seelische Zustände wie Unzufriedenheit, Groll, Aufregung, Angst, Besorgnis etc. behandelt. Hierzu leitet das vorliegende Buch mit seinen ausführlichen Beschreibungen der Qualitäten der 39 Bachblüten an.

Erich Ballinger
Lerngymnastik für Kinder

Bereits im Kindergartenalter angewandt, zielen diese Übungen darauf ab, Lernschwierigkeiten durch die Zusammenschaltung der rechten und linken Gehirnhälfte gar nicht erst aufkommen zu lassen.